O que dizem sobre *Gênio da Negociação*

"Pouco depois de começar a ler *Gênio da Negociação*, já peguei uma caneta e um bloco de notas. Mesmo com 25 anos de experiência e centenas de grandes negociações, ainda tenho o que aprender com esta obra. É um livro extraordinário que eu recomendaria a pessoas em qualquer nível de experiência. Com uma envolvente combinação de histórias reais, ferramentas inteligentes e ênfase em ética e integridade, é uma leitura obrigatória para todos que desejem se destacar."
— Brian McGrath, vice-presidente global e CPO da Johnson & Johnson Consumer Companies

"Malhotra e Bazerman estão oferecendo um baita negócio: por uma pequena quantia, você tem acesso a um livro que o leva para uma verdadeira discussão em uma sala de aula da Escola de Negócios de Harvard — uma experiência que normalmente custa uma pequena fortuna. Você só tem a ganhar. Não é de se admirar que tenham escrito tão bem sobre os gênios da negociação."
— David Gergen, ex-conselheiro presidencial dos EUA; diretor do Centro de Liderança Pública na Escola de Governo John F. Kennedy

"Inestimável. Seja nos negócios, na política ou no terceiro setor, líderes devem se basear no poder de persuadir, e Malhotra e Bazerman revelam os segredos sobre como fazê-lo de maneira estratégica, ética e bem-sucedida."
— Bill Shore, fundador e diretor executivo da Share Our Strength

"Seja sua paixão por esporte, política ou comércio, negociações são parte vital do mundo. *Gênio da Negociação* oferece uma perspectiva apurada e divertida sobre o processo de negociação e — ainda mais importante — conselhos altamente efetivos e relevantes para se conduzir negociações no dia a dia."
— Andy Wasynczuk, ex-COO, três vezes campeão do Super Bowl, New England Patriots

GÊNIO DA NEGOCIAÇÃO

DEEPAK MALHOTRA
MAX H. BAZERMAN

COMO SUPERAR OBSTÁCULOS E ALCANÇAR
RESULTADOS BRILHANTES NOS NEGÓCIOS E ALÉM

GÊNIO DA NEGOCIAÇÃO

APRENDA COM
ESTRATÉGIAS REAIS DA
PRÁTICA DA NEGOCIAÇÃO

ALTA BOOKS
GRUPO EDITORIAL

Rio de Janeiro, 2024

Gênio da Negociação

Copyright © 2024 Alta Books.
Alta Books é uma empresa do Grupo Editorial Alta Books (STARLIN ALTA EDITORA E CONSULTORIA LTDA).
Copyright © 2007 by Deepak Malhotra and Max Bazerman
ISBN: 978-85-508-2408-6

Translated from original Negotiation Genius. Copyright © 2007 by Deepak Malhotra and Max Bazerman. ISBN 978-0-553-38411-6. This edition published by arrangement with Bantam Books, an imprint of Random House, a division of Penguin Random House LLC. BRAZILIAN edition published by Alta Books, Copyright © 2024 by STARLIN ALTA EDITORA E CONSULTORIA LTDA.

Impresso no Brasil – 1ª Edição, 2024 – Edição revisada conforme o Acordo Ortográfico da Língua Portuguesa de 2009.

```
Dados Internacionais de Catalogação na Publicação (CIP)
            (Câmara Brasileira do Livro, SP, Brasil)

     Malhotra, Deepak
        Gênio da negociação : como superar obstáculos e
     alcançar resultados brilhantes nos negócios e além /
     Deepak Malhotra, Max H. Bazerman. -- Rio de Janeiro :
     Alta Books, 2024.

        ISBN 978-85-508-2408-6

        1. Economia 2. Gestão de negócios 3. Negociação
     I. Bazerman, Max H. II. Título.

     24-194239                                   CDD-658.4052
              Índices para catálogo sistemático:

        1. Negociação : Administração de empresas   658.4052

     Eliane de Freitas Leite - Bibliotecária - CRB 8/8415
```

Todos os direitos estão reservados e protegidos por Lei. Nenhuma parte deste livro, sem autorização prévia por escrito da editora, poderá ser reproduzida ou transmitida. A violação dos Direitos Autorais é crime estabelecido na Lei nº 9.610/98 e com punição de acordo com o artigo 184 do Código Penal.

O conteúdo desta obra fora formulado exclusivamente pelo(s) autor(es).

Marcas Registradas: Todos os termos mencionados e reconhecidos como Marca Registrada e/ou Comercial são de responsabilidade de seus proprietários. A editora informa não estar associada a nenhum produto e/ou fornecedor apresentado no livro.

Material de apoio e erratas: Se parte integrante da obra e/ou por real necessidade, no site da editora o leitor encontrará os materiais de apoio (download), errata e/ou quaisquer outros conteúdos aplicáveis à obra. Acesse o site www.altabooks.com.br e procure pelo título do livro desejado para ter acesso ao conteúdo.

Suporte Técnico: A obra é comercializada na forma em que está, sem direito a suporte técnico ou orientação pessoal/exclusiva ao leitor.

A editora não se responsabiliza pela manutenção, atualização e idioma dos sites, programas, materiais complementares ou similares referidos pelos autores nesta obra.

Alta Books é uma Editora do Grupo Editorial Alta Books

Produção Editorial: Grupo Editorial Alta Books
Diretor Editorial: Anderson Vieira
Editor da Obra: Gorki Starlin
Vendas Governamentais: Cristiane Mutüs
Gerência Comercial: Claudio Lima
Gerência Marketing: Andréa Guatiello

Assistente Editorial: Andreza Moraes e Marlon Souza
Tradução: Paulo Henrique Aragão
Copidesque: Andresa Vidal
Revisão: Patricia Barbosa
Diagramação: Catia Soderi

Rua Viúva Cláudio, 291 – Bairro Industrial do Jacaré
CEP: 20.970-031 – Rio de Janeiro (RJ)
Tels.: (21) 3278-8069 / 3278-8419
www.altabooks.com.br – altabooks@altabooks.com.br
Ouvidoria: ouvidoria@altabooks.com.br

Editora
afiliada à:

Dedicado a Shikha e Marla,

cujas ideias e encorajamento influenciam tudo o que fazemos.

E a Jai,

um gênio da negociação no sentido mais verdadeiro do termo.

SUMÁRIO

Agradecimentos   xi
Sobre os autores   xiv
Tornando-se um Gênio da Negociação   1

Parte 1. A CAIXA DE FERRAMENTAS DO NEGOCIADOR   11

1. Reivindicando Valor na Negociação   13
2. Criando Valor na Negociação   47
3. Negociação Investigativa   81

Parte 2. A PSICOLOGIA DA NEGOCIAÇÃO   101

4. Quando a Racionalidade Falha: Vieses da Mente   103
5. Quando a Racionalidade Falha: Vieses do Coração   123
6. Negociando Racionalmente em um Mundo Irracional   137

Parte 3. NEGOCIANDO NO MUNDO REAL   153

7. Estratégias de Influência   155
8. Pontos Cegos na Negociação   173
9. Enfrentando Mentiras e Trapaças   191
10. Reconhecendo e Solucionando Dilemas Éticos   213
11. Negociando de uma Posição de Fraqueza   231
12. Quando o Negócio Fica Feio   251
13. Quando *Não* Negociar   275
14. O Caminho do Gênio   291

Glossário   299
Notas   305
Índice   317

AGRADECIMENTOS

Os autores e as ideias deste livro foram fortemente influenciados por seus colegas. E somos mesmo muito bons em encontrar colegas excelentes. Muitos deles são ou foram integrantes do corpo docente de programas de graduação e de doutorado em duas instituições renomadas: a Universidade de Northwestern e a Universidade de Harvard — entre os quais estão muitos colegas da Escola de Administração de Kellogg e da Escola de Negócios de Harvard, respectivamente. As duas universidades são centros de liderança em pesquisa e ensino na área de negociações e muitas ideias deste livro foram desenvolvidas por — ou em colaboração com — excelentes estudiosos com quem interagimos nessas escolas. De nossos dias na Kellogg, gostaríamos de agradecer as observações de Sally Blount, Jeanne Brett, Tina Diekmann, Craig Fox, Adam Galinsky, Dedre Gentner, Andy Hoffman, Michael Jensen, Mark Kennedy, Laura Kray, Gillian Ku, Terri Kurtzberg, Rick Larrick, Beta Mannix, Doug Medin, Victoria Medvec, David Messick, Don Moore, Keith Murnighan, Maggie Neale, Tetsu Okumura, Holly Schroth, Pri Pradhan Shah, Harris Sondak, Ann Tenbrunsel, Leigh Thompson, Cathy Tinsley, Tom Tripp, Kimberly Wade-Benzoni, Mark Weber e Laurie Weingart.

Na Universidade de Harvard, somos ambos afortunados por sermos professores na unidade de Negociações, Organizações e Mercado da Escola de Negócios de Harvard, onde temos sido rodeados de excelentes colegas que aprimoram a qualidade do nosso trabalho: Nava Ashraf, George Baker, Gregory Barron, Yoella Bereby-Meyer, Peter Coles, Francesca Gino, Jerry Green, Brit Grosskopf, Brian Hall, Lorraine Idson, Kathleen McGinn, Simone Moran, Al Roth, Jim Sebenius, Ravi Singh, William Simpson, Guhan Subramanian, Andy Wasynczuk, Michael Watkins, Toni Wegner e Michael Wheeler.

Também somos associados ao Programa de Negociações na Escola de Direito de Harvard, que tem sido uma grande fonte de apoio social e intelectual. Nossa afiliação a esse programa, a uma variedade de programas de doutorado, e a outras escolas e departamentos da universidade, permitiu que nos beneficiássemos das ideias e observações de muitas outras pessoas durante nosso tempo em Harvard, incluindo Modupe Akinola, Mahzarin Banaji, John Beshears, Iris Bohnet, Hannah Riley Bowles, Daylian Cain, Eugene Caruso, Heather Caruso, Dolly Chugh, Luke Coffman, Nick Epley, Steve Garcia, Dan Gilbert, Joshua Greene, Fiona Grieg, Susan Hackley, Karim Kassam, David Laibson, Jolie Martin, Mary Carol Mazza, Wendy Mendes, Katy Milkman, Jason Mitchell, Bob Mnookin, Sendhil Mullainathan, Neeru Paharia, Jeff Polzer, Todd Rogers, Ben Shenoy, Larry Susskind, Carmit Tadmor, Mike Tushman e Dan Wegner.

Da mesma forma, aprendemos muito com Jon Baron, Linda Babcock, Art Brief, Jenn Lerner, George Loewenstein, Brian McGrath, Madan Pillutla, Phil Tetlock e muitos outros colegas e amigos, que mais tarde ficaremos envergonhados por ter esquecido.

Nós também gostaríamos de agradecer aos milhares de executivos ao redor do mundo que foram nossos alunos ou clientes. Algumas de suas experiências foram relatadas neste livro. Muitos de seus problemas, questões e histórias motivaram o conteúdo desta obra. E todos nos inspiraram a escrevê-la.

Quanto à escrita propriamente dita, fomos extremamente afortunados por ter um auxílio editorial absolutamente fantástico. Katie Shonk, assistente de pesquisa de longa data de Max, levou incontáveis horas lendo, editando e comentando cada palavra, parágrafo e capítulo. Sua ajuda foi inestimável. Nossas excelentes assistentes na universidade, Alyssa Razook e Elizabeth Sweeny, revisaram, verificaram e, de modo geral, consertaram bastante coisa neste livro. Nosso editor original, Toni Burbank, sabia exatamente quando nos pressionar e quando confiar em nosso julgamento. O processo de escrita do livro melhorou bastante graças à sua assertividade, entusiasmo e coleguismo.

Por fim, gostaríamos de agradecer o apoio de nossas famílias. Os pais de Deepak, Chandler e Sudesh Malhotra, e seu irmão, Manu Malhotra, que leram múltiplos rascunhos do livro e forneceram inúmeras sugestões úteis. À esposa de Deepak, Shikha, que não apenas leu e editou cada página do livro, mas também forneceu o encorajamento e o apoio necessários para conduzir o projeto até o final. À esposa de Max,

Marla Felcher, que sempre forneceu uma crítica meticulosa sobre todas as ideias dele, refinando seus argumentos nesse processo. Também gostaríamos de agradecer à Shikha e à Marla por deixar claro — ao ser parte de nossas vidas — que as melhores coisas não requerem negociação.

SOBRE OS AUTORES

Deepak Malhotra é professor associado da unidade de Negociações, Organizações e Mercado na Escola de Negócios de Harvard. Ele leciona cursos de Negociação no programa de MBA e em uma variedade de programas executivos.

As pesquisas de Deepak se concentram em estratégias de negociação, desenvolvimento de confiança, resolução de disputas internacionais e étnicas, e nas dinâmicas da escalada competitiva. Suas pesquisas foram publicadas em periódicos das áreas de administração, psicologia e resolução de conflitos. Ele recebeu inúmeros prêmios, tanto por seu ensino quanto por suas pesquisas.

As atividades profissionais de Deepak incluem treinamento e consultoria para empresas de todo o mundo em diversos setores, incluindo as áreas de bancos, educação, energia, gestão financeira, assistência médica, hospitalidade, tecnologia da informação, manufatura, mídia, imprensa, organizações sem fins lucrativos, farmacêuticas, publicações, imóveis, varejo e telecomunicações.

Para mais informações sobre Deepak, por favor,
acesse: www.DeepakMalhotra.com

Max H. Bazerman ocupa o cargo de professor Jesse Isidor Straus de Administração de Empresas na Escola de Negócios de Harvard. Além disso, é formalmente afiliado à Escola de Governo Kennedy, ao Departamento de Psicologia da Universidade de Harvard, ao Instituto de Ciências Sociais Qualitativas, ao Centro Universitário de Harvard sobre o Meio Ambiente e ao Programa de Negociações.

As pesquisas de Max se concentram na tomada de decisões em negociações e no aperfeiçoamento de tomada de decisões em organizações, em nações e na sociedade. Ele é autor de 180 artigos e capítulos, assim como autor, coautor ou editor de quinze livros anteriores, incluindo *Processo Decisório, Predictable Surprises*, com Michael Watkins [sem publicação no Brasil] e *You Can't Enlarge the Pie: Six Barriers to Effective Government*, com Jon Baron e Katie Shonk [sem publicação no Brasil]. Ele é membro dos conselhos editoriais dos periódicos acadêmicos *American Behavioral Scientist, Perspectives on Psychological Science, Journal of Management and Governance, Mind and Society, Negotiations and Conflict Management Research*, e *The Journal of Behavioral Finance*. Também é membro do conselho consultivo internacional do *Negotiation Journal*.

De 2002 a 2005, Max foi consistentemente listado como um dos quarenta maiores autores, palestrantes e professores de administração pelo Executive Excellence. Na Escola Kellogg, foi nomeado "Professor do Ano" pelo Programa de Mestrado Executivo. Em 2003, recebeu o Prêmio Everett Mendelsohn de Excelência em Mentoria, da Escola de Pós-Graduação de Artes e Ciências da Universidade de Harvard. Em 2006, Max recebeu um doutorado honorário pela Universidade de Londres (Escola de Negócios de Londres), assim como o Prêmio Literário Kulp-Wright, da Associação Americana de Riscos e Seguros, por *Predictable Surprises* (com Michael Watkins), e o Prêmio Life Achievement, do Programa de Negócios e Sociedade do Aspen Institute.

Seus ex-alunos de doutorado conseguiram posições nas principais escolas de negócios dos Estados Unidos, incluindo a Escola Kellogg, da Northwestern; a Escola Fuqua, da Duke; a Escola Johnson em Cornell; a Universidade Carnegie-Mellon; a Escola Stern, na NYU; a Universidade Stanford; as Universidades de Chicago, Notre Dame, Columbia; e a Escola de Negócios de Harvard.

Suas atividades profissionais incluem projetos com Abbott, Aetna, Alcar, Alcoa, Allstate, Ameritech, Amgen, Apex Partners, Asian Development Bank, AstraZeneca, AT&T, Aventis, BASF, Bayer, Becton Dickinson, Biogen, Boston Scientific, BP, Bristol-Meyers Squibb, Business Week, Celtic Insurance, Chevron, Chicago Tribune, Cidade de Chicago, Deloitte and Touche, Dial, Ernst and Young, First Chicago, Gemini Consulting, General Motors, Harris Bank, Home Depot, Hyatt Hotels, IBM, John Hancock, Johnson & Johnson, Kohler, KPMG, Lucent, The May Company, McKinsey, Merrill Lynch, Monitor, Motorola, National Association of Broadcasters, Nature Conservancy, PriceWaterhouseCoopers, R. P. Scherer, Sara Lee, Siemens, Sprint,

Sulzer Medica, Unicredito, Union Bank da Suíça, Wilson Sporting Goods, World Bank, Xerox, Young Presidents Organization, e Zurich Insurance. As consultorias, aulas e palestras de Max já alcançaram mais de 25 países.

Para mais informações sobre Max, por favor, acesse:
https://www.hbs.edu/faculty/Pages/profile.
aspx?facId=6420

INTRODUÇÃO

Tornando-se um
Gênio da Negociação

O que é um gênio da negociação? Vamos começar com a simples observação de que você reconhece um gênio da negociação quando vê um. É possível ver a genialidade no modo como a pessoa pensa, prepara e executa uma estratégia de negociação. É possível ver a genialidade no modo como a pessoa consegue reverter por completo uma negociação aparentemente perdida. É possível ver a genialidade no modo como a pessoa consegue negociar acordos de sucesso — com regularidade — enquanto mantém sua integridade e fortalece suas relações e reputação. E, muito provavelmente, você sabe quem são os gênios da negociação em sua organização. Este livro compartilhará os segredos desses gênios.

Considere as histórias a seguir, em que negociadores enfrentaram grandes obstáculos, mas conseguiram sobrepujá-los, alcançando patamares memoráveis de sucesso. Porém, não revelaremos *como* fizeram isso... ainda. Em vez disso, revisitaremos estas histórias — e muitas outras similares — nos capítulos seguintes, conforme compartilhamos as estratégias e as percepções necessárias para que você possa negociar como um gênio em todos os aspectos da vida.

UMA LUTA PELA EXCLUSIVIDADE

Representantes de uma empresa listada na Fortune 500 estavam negociando com um pequeno fornecedor europeu sobre a compra de um novo ingrediente para um produto. As partes haviam chegado a um acordo de US$18 por cada meio quilo em meia tonelada do produto por ano, mas surgiu um conflito sobre os termos de exclusividade. O fornecedor não concordava em vender o ingrediente exclusivamente

2 • Gênio da Negociação

para a empresa norte-americana, e esta não estava disposta a investir na produção de um novo produto, caso seus concorrentes pudessem ter acesso a um dos ingredientes-chave. Essa questão parecia um impedimento para o negócio. Os negociadores norte-americanos estavam frustrados e surpresos com a hesitação da pequena empresa europeia na questão da exclusividade; acreditavam que sua oferta não era apenas justa, mas generosa. Após algum tempo, decidiram melhorar o acordo, garantindo um número mínimo de pedidos e um maior pagamento por quilo. Ficaram em choque quando a empresa europeia, mesmo assim, recusou-se a fornecer o produto com exclusividade! Como último recurso, os norte-americanos decidiram chamar seu "gênio da negociação" residente, Chris, que voou para a Europa e rapidamente ficou a par da situação. Em questão de minutos, Chris foi capaz de estruturar um acordo que ambas as partes aceitaram de imediato. Ele não fez concessões substanciais nem ameaçou a pequena empresa. Como Chris conseguiu salvar o dia? Revisitaremos essa história no Capítulo 3.

UM IMPASSE DIPLOMÁTICO

No outono de 2000, alguns membros do Senado norte-americano começaram a pedir que os EUA se retirassem das Nações Unidas. Enquanto isso, o país estava prestes a perder seu voto na Assembleia Geral da organização. O conflito girava em torno de um débito de cerca de U$1,5 bilhão, que os Estados Unidos deviam à ONU. O país não estava disposto a pagar, a menos que a organização concordasse com uma série de reformas que considerava há muito atrasadas. E, o mais importante, os EUA queriam uma redução em suas "contribuições" — a porcentagem do orçamento regular anual que os Estados Unidos eram obrigados a pagar — de 25% para 22%. O problema era: se os EUA pagassem menos, outros teriam de pagar mais.

Ainda havia outras sérias complicações. Em primeiro lugar, as regras da ONU estipulavam que Richard Holbrooke, embaixador norte-americano, teria de convencer todos os 190 países a ratificar as mudanças solicitadas pelos Estados Unidos. Em segundo, Holbrooke tinha um prazo: se ele não conseguisse fechar um acordo até o fim de 2000, o dinheiro reservado pelo Congresso para pagar as taxas dos EUA desapareceria do orçamento. Em terceiro lugar, nenhuma nação parecia disposta a aumentar suas contribuições para favorecer os Estados Unidos. Como Holbrooke conseguiria convencer uma nação a aumentar sua contribuição quando todas alegavam que isso seria impossível? Conforme o fim de 2000 se aproximava, Holbrooke optou por uma estratégia diferente. Ele parou de tentar persuadir as outras nações a concordar com suas demandas. O que ele fez, em vez disso, operou maravilhas: a questão foi resolvida e Holbrooke foi parabenizado pelos estados-membros da ONU, bem como pelos membros de ambos os partidos políticos no Congresso dos EUA. Como Holbrooke resolveu o conflito? Revisitaremos esta história no Capítulo 2.

UMA DEMANDA DE ÚLTIMA HORA

O CEO de uma construtora estava negociando um acordo no qual sua empresa seria contratada para construir prédios de escritórios de médio porte para um cliente. Após meses, a negociação foi finalmente concluída, mas pouco antes de o contrato ser assinado, o cliente interpelou o construtor com uma demanda completamente nova e potencialmente custosa. O cliente queria incluir uma cláusula no contrato que obrigasse a construtora a pagar uma multa pesada se a conclusão do projeto atrasasse mais de um mês. O construtor ficou irritado pela demanda repentina; parecia que o cliente estava tentando arrancar dele uma concessão de última hora. O construtor pesou suas opções: ele poderia aceitar a demanda do cliente e selar o acordo; poderia rejeitá-la e torcer para que isso não destruísse o acordo; ou poderia negociar para reduzir a multa proposta. Após considerar essas opções, o construtor decidiu por uma abordagem completamente diferente. Negociou com o cliente para aumentar o valor das multas que ele, o construtor, teria de pagar se o projeto atrasasse — e o acordo revisado deixou ambas as partes em melhor posição. Como? Revisitaremos este exemplo no Capítulo 3.

UMA CATÁSTROFE NA CAMPANHA

Era 1912, e o ex-presidente dos Estados Unidos, Theodore Roosevelt, estava disputando um terceiro mandato. A campanha era difícil; cada dia parecia apresentar novos desafios. Mas houve um desafio que ninguém havia previsto. Três milhões de cópias de uma fotografia de Roosevelt já tinham sido impressas para distribuição, acompanhadas de um discurso, quando o coordenador da campanha descobriu um erro catastrófico: não haviam pedido permissão ao fotógrafo para usar o

4 ● Gênio da Negociação

retrato que fez de Roosevelt. Para piorar, logo descobriram que a lei de direitos autorais permitia que o fotógrafo exigisse até US$1 por cópia pelo uso da fotografia. Perder US$3 milhões em 1912 seria equivalente a perder mais de US$60 milhões hoje. Nenhuma campanha poderia pagar por isso. A alternativa também era igualmente desinteressante: reimprimir três milhões de brochuras teria um custo tremendo e poderia causar sérios atrasos. O coordenador da campanha deveria tentar negociar um preço menor com o fotógrafo. Mas como? O fotógrafo parecia estar com todas as cartas. O coordenador da campanha, entretanto, tinha algo melhor: uma estratégia efetiva, que usou para negociar um acordo quase inacreditável. Revelaremos o acordo — e a estratégia — no Capítulo 1.

Como esperamos persuadi-lo, as pessoas raramente nascem "gênios da negociação". Em vez disso, o que parece ser genial, na verdade reflete preparação cuidadosa, compreensão da estrutura conceitual da negociação, percepção sobre como evitar erros e vieses que afetam até mesmo negociadores experientes, e a habilidade de estruturar e executar negociações de maneira estratégica e sistemática. Este livro lhe fornecerá essa estrutura — e todo um conjunto de estratégias e táticas de negociação que podem ser colocadas em uso de imediato. Conforme você começa a aplicar essa estrutura e essas estratégias em muitas negociações que encontre — nos negócios, na política ou na vida cotidiana — começará a construir sua própria reputação como um gênio da negociação.

NOSSA ABORDAGEM

Algumas décadas atrás, eram raros os cursos de negociação em escolas de administração ou em programas de educação executiva. Agora estão entre os cursos mais procurados em escolas de negócios ao redor do mundo. Cursos de negociação são extremamente populares em escolas de direito, de políticas públicas e de governo. Por quê? Porque em nosso mundo, cada vez mais complexo, diverso e dinâmico, a negociação é vista como a maneira mais prática e efetiva que temos de alocar recursos, equilibrar interesses concorrentes e solucionar conflitos de todos os tipos. Atuais e futuros administradores, advogados, políticos, legisladores e consumidores, todos querem e precisam saber como obter melhores resultados em suas negociações e disputas. Negociação é, talvez mais do que nunca, uma habilidade essencial para o sucesso em todas as áreas da vida.

Por que, então, tantas pessoas continuam negociando de modo inefi-caz? Em nossos trabalhos como educadores e consultores, um dos maio-res problemas que encontramos é a crença dominante de que as pessoas ou são boas ou ruins em negociação, e que pouco pode ser feito para mudar isso. Não poderíamos discordar mais. Além disso, muitas pessoas — inclusive experientes condutores de negócios — pensam na negociação apenas como arte, não como ciência; então, como resultado, são depen-dentes de seus instintos e intuição para negociar. Mas instinto não é estra-tégia. Nem agir de improviso ou "dar um jeito".

Nós oferecemos uma abordagem mais sistemática e efetiva, que reúne as recentes pesquisas em negociação e resolução de disputas, a experiência de nossos milhares de clientes e alunos executivos, e nossa própria experiência como negociadores, consultores e educadores. Essa abordagem tem sido desafiada e refinada em nosso MBA, em nossos cur-sos de educação executiva na Escola de Negócios de Harvard e em nossos trabalhos, com mais de 50 grandes corporações, em mais de 25 países. A estrutura resultante irá ajudá-lo a minimizar a dependência em sua intuição, aumentar sua compreensão e uso de estratégias comprovadas, e alcançar melhores resultados nas negociações, com consistência.

Também pretendemos desfazer a noção de que uma negociação efetiva é simplesmente alcançar um "acordo ganha-ganha". Se você é como os muitos executivos com quem trabalhamos, já teve a experiên-cia de querer negociar de boa-fé por um resultado mutuamente gra-tificante, apenas para descobrir que a outra parte está fazendo jogo duro, comportando-se de forma antiética, ou negociando apenas em benefício próprio. Ou talvez você tenha se visto negociando de uma posição de fraqueza, lidando com alguém que não era sofisticado o sufi-ciente para negociar de forma eficaz, ou estando de frente para alguém que não possuía a autoridade para negociar o tipo de acordo que você gostaria. Como o princípio "ganha-ganha" pode ajudá-lo em situações como essas? Em negociações complexas, que podem incluir múltiplas partes, grande incerteza, ameaças de processo, emoções à flor da pele e aparente irracionalidade, pode não estar claro o que realmente significa um "ganha-ganha". Como essas complexidades são comuns, você deve lidar com elas de maneira sistemática. Este livro fornecerá as ferramen-tas que você precisa para fazer exatamente isso. Em outras palavras, enquanto preservamos uma mentalidade de "ganha-ganha", ajudare-mos você a entender como traçar estratégicas eficazes para quando o "ganha-ganha" não puder salvá-lo.

6 • Gênio da Negociação

A seguir, um breve resumo do que você encontrará neste livro.

PARTE I: A CAIXA DE FERRAMENTAS DO NEGOCIADOR

Na Parte I, desenvolvemos uma estrutura que você pode usar para analisar, preparar e executar praticamente qualquer negociação que possa encontrar. A Parte I também oferece uma caixa de ferramentas com grande variedade de princípios, estratégias e táticas que lhe ajudarão a executar cada etapa de um acordo, desde antes da primeira oferta até a palavra final. Uma porcentagem significativa dos problemas milionários que nossos executivos enfrentam encontra solução nestes capítulos iniciais. Como desenvolvemos a estrutura e a caixa de ferramentas de forma metódica, recomendamos que você leia a Parte I na ordem apresentada.

Capítulo 1: Reivindicando Valor na Negociação. Iniciamos focando um tópico de grande importância e interesse para todos os negociadores: como consigo o melhor acordo possível para mim? Construímos nossa estrutura analisando uma negociação direta entre duas partes, na qual um comprador e um vendedor estão negociando sobre uma questão: preço. Este capítulo cobre, entre outros tópicos: preparação da negociação, erros comuns do negociador, quando fazer a primeira oferta, respondendo a ofertas da outra parte, estruturando sua oferta inicial, descobrindo o quanto você pode pressionar a outra parte, estratégias para barganhar com eficácia, e como maximizar, não apenas seus resultados, mas também a satisfação para ambas as partes.

Capítulo 2: Criando Valor na Negociação. Aqui expandimos a estrutura de "reivindicação de valor" ao examinar as mais difíceis — e mais críticas — tarefas de criação de valor. Uma percepção-chave deste capítulo é que negociadores que focam somente a criação de valor atingem piores resultados que aqueles que cooperam com o outro lado para melhorar o acordo para ambos. Para demonstrar isso, consideramos uma negociação mais complexa, em que as partes estão negociando múltiplas questões e enfrentando grande incerteza. Este capítulo cobre tópicos como: estratégias para criação de valor, uma estrutura para negociação de acordos eficientes, preparação e execução de negociações complexas, como e quando fazer concessões, como saber os interesses reais da outra parte, e o que fazer depois da assinatura do acordo.

Capítulo 3: Negociação Investigativa. Muito do que os negociadores devem fazer para criar e capturar valor depende de suas habilidades para obter informação do outro lado. Este capítulo apresenta uma abordagem poderosa para reunir informações do que chamamos de "negociação investigativa". Os princípios e estratégias da negociação investigativa lhe ajudarão a descobrir e a potencializar os interesses, prioridades, necessidades e restrições da outra parte — mesmo quando essa parte estiver relutante ou indisposta a compartilhar tais informações.

PARTE II: A PSICOLOGIA DA NEGOCIAÇÃO

Mesmo negociadores experientes cometem erros ao preparar e executar estratégicas de negociação. Afinal, até peritos em negociação são humanos, e todos os seres humanos são vulneráveis a vieses psicológicos — sistemáticos e previsíveis desvios de racionalidade — que podem inviabilizar uma estratégia de negociação que, de outra forma, seria sólida. A Parte II se baseia em pesquisas de ponta sobre psicologia da negociação e tomada de decisões. Destilamos a teoria em ferramentas práticas que você precisa para evitar erros custosos, e para reconhecer e potencializar erros quando cometidos pelo outro lado.

Capítulo 4: Quando a Racionalidade Falha: Vieses da Mente. Neste capítulo, focaremos *vieses cognitivos* — os enganos que até mesmo os melhores negociadores cometem, devido à maneira com que nossa mente funciona. Como mostraremos, a mente humana está acostumada a tomar atalhos que, embora úteis para tomar decisões rapidamente, também podem levar a movimentações estratégicas desastrosas em negociações.

Capítulo 5: Quando a Racionalidade Falha: Vieses do Coração. Em seguida, veremos *vieses motivacionais* — os enganos que cometemos devido ao desejo de ver o mundo como gostaríamos que fosse, em vez de como realmente é. Infelizmente, é possível ter uma estratégia de negociação fraca e ainda assim se sentir bem em relação a si mesmo e às suas perspectivas de sucesso. Também é possível prosseguir em um caminho errado e nunca se permitir descobrir como e quando uma alteração de estratégia é crucial. O Capítulo 5 lhe ajudará a identificar e a evitar essas potenciais armadilhas, e a ver o mundo através de lentes mais objetivas e realistas.

Capítulo 6: Negociando Racionalmente em um Mundo Irracional. Aqui oferecemos ainda mais estratégias para superar seus próprios vieses e potencializar os vieses dos outros. Também explicamos quando é do seu interesse ajudar o outro lado a ser enviesado. Por quê? Porque, muitas vezes, a irracionalidade pode ferir tanto ele quanto você.

PARTE III: NEGOCIANDO NO MUNDO REAL

Por fim, veremos diversos tópicos, geralmente ignorados em seminários e livros sobre o tema, mas que são cruciais para o sucesso em negociações no mundo real. Como perceber que alguém está mentindo? Como persuadir negociadores relutantes a concordar com suas demandas ou propostas? Como negociar quando se tem pouco ou nenhum poder? Como incorporar negociações éticas em sua estratégia de negociação? Como negociar com seus competidores, oponentes e inimigos? Assim como na primeira parte do livro, nossas percepções e conselhos nesses tópicos emergem da experiência de milhares de negociadores reais e de anos de pesquisas sistemáticas e científicas em negociação, tomadas de decisões estratégicas, também da psicologia e da economia. Cada um destes capítulos pode ser lido como uma obra autônoma, então fique à vontade para escolher primeiro os tópicos mais relevantes para sua situação.

Capítulo 7: Estratégias de Influência. Na maioria das vezes, não é suficiente ter uma boa ideia, uma proposta bem estruturada, ou um grande produto ou serviço para oferecer. Este capítulo apresenta oito estratégias comprovadas de influência que aumentarão a probabilidade dos outros aceitarem suas solicitações, demandas, ofertas e propostas. Perceba que essas estratégias não melhoram os méritos do seu caso; em vez disso, tornam mais provável que o outro lado diga "sim" sem a necessidade de você mudar de posição. Logicamente, você também será alvo das estratégias de influência do outro lado, então oferecemos estratégias detalhadas de defesa que desarmarão as tentativas alheias de manipular suas preferências e interesses.

Capítulo 8: Pontos Cegos na Negociação. Muitos negociadores se concentram tanto em um problema na negociação, que falham em considerar, adequadamente, o contexto, as decisões do outro lado e as regras do jogo de negociação que afetarão sua estratégia e suas perspectivas de sucesso. Também perdem oportunidades de mudar as regras do jogo para alcançar melhores resultados. Neste capítulo, daremos conselhos específicos sobre como expandir seu foco para garantir que você considere todos os elementos que podem entrar no jogo enquanto negocia.

Capítulo 9: Enfrentando Mentiras e Trapaças. Ao mesmo tempo em que muitas pessoas se identificam com a máxima "honestidade é o melhor negócio", a maioria das pessoas admite ter mentido em algum ponto de suas negociações, e praticamente todas acreditam que outros já mentiram para elas. Neste capítulo, respondemos a perguntas como: O que pode motivar alguém a mentir em uma negociação? Quais são os custos estratégicos de mentir? Como perceber que alguém está mentindo? Como impedir que as pessoas mintam para você? O que você deve fazer se pegar alguém mentindo? Se você está interessado em dizer a verdade, mas não quer se enrascar na mesa de negociação, quais seriam as alternativas inteligentes à mentira?

Capítulo 10: Reconhecendo e Solucionando Dilemas Éticos. Muitas pessoas acreditam que ética é algo muito pessoal e idiossincrático para ser discutido de modo amplo ou categórico. Essa é uma indubitável verdade — até certo ponto. Ainda que pesquisas recentes sugiram que as pessoas geralmente se comportam de maneira menos ética do que consideram apropriado. Em outros casos, não estão nem mesmo cientes dos danos que podem infligir aos outros, ao deixar de buscar certas estratégias. E, à sombra de grandes escândalos corporativos, há uma ênfase renovada em manter a integridade, enquanto se alcança o sucesso nas negociações. Fornecemos uma estrutura para se pensar de modo mais cuidadoso e abrangente sobre essas questões.

Capítulo 11: Negociando de uma Posição de Fraqueza. Este capítulo é sobre poder — e a falta dele. Em algum momento, a maioria dos negociadores se encontrará em uma posição de fraqueza, com aparentemente poucas alternativas, ou até mesmo nenhuma. (De fato, muitos de nossos alunos executivos e clientes se queixam por estarem sempre negociando de uma posição de fraqueza, quando frente a frente com clientes, com chefes ou com o cônjuge!) Tais negociações requerem análise cuidadosa, pensamento criativo e percepções sobre como reverter essas situações. Mostramos como você pode negociar com eficiência de uma posição inferior e como pode desequilibrar a balança de poder, de modo que possa se mover de uma posição de fraqueza para uma posição de força.

Capítulo 12: Quando o Negócio Fica Feio: Lidando com Irracionalidade, Desconfiança, Raiva, Ameaças e Ego. Como você negocia quando o outro lado parece ser completamente irracional? Como negocia quando a verdade se perdeu e a outra parte não está disposta a retornar à mesa? Como neutralizar táticas duras como ultimatos e ameaças? Como deve lidar com uma parte raivosa ou orgulhosa demais para admitir que a estratégia dela foi falha? Nossa abordagem neste capítulo reconhece que as negociações mais importantes incluem ao menos algumas dessas dificuldades, e que ignorá-las não é apenas extremamente ineficiente, mas muitas vezes completamente impossível.

Capítulo 13: Quando *Não* Negociar. Há ocasiões em que negociar não é a resposta. Caso você tenha poder limitado e pouca probabilidade de sucesso, pode ser muito melhor desistir de qualquer quantidade de poder que tenha. Ou, caso os custos da negociação sejam altos, você pode querer encontrar alternativas mais baratas para fazer um acordo ou resolver a disputa. Em outros casos, a própria negociação pode ser uma barreira para criar o tipo de relação que se deseja com o outro lado. Então, em vez disso, o que você deveria fazer? Neste capítulo, fornecemos uma estrutura para distinguir as ocasiões em que você deveria jogar o jogo da negociação, das ocasiões em que deveria mudar o jogo.

Capítulo 14: O Caminho do Gênio. A genialidade em negociação requer conhecimento, compreensão e prática consciente. Este livro pode lhe dar o primeiro item e lhe ajudar com o segundo, mas o terceiro dependerá em grande parte de você. Terminamos falando sobre o que acontece quando você vira a última página e volta para o mundo real. Qual tipo de mentalidade maximizará sua capacidade de colocar seu aprendizado em prática? Quais hábitos você deseja cultivar nas semanas e meses seguintes? Quais expectativas você deve ter em relação a si mesmo e aos outros? Como pode ajudar as pessoas em sua organização a negociar de modo mais eficiente?

Um pensamento expressado por Ralph Waldo Emerson captura a essência da mensagem: "Um Homem espera; um Gênio cria". Quando a tarefa é difícil, quando os obstáculos surgem, quando as negociações não se desenrolam, e quando parece que o negócio está perdido, a maioria dos negociadores entrará em pânico ou em oração. Gênios da negociação, ao contrário, apenas fortalecerão sua determinação para formular e executar uma estratégia de negociação sólida. Esperamos que este livro o convença a agir assim e que forneça as percepções e ferramentas de que você precisa para negociar como um gênio nos negócios — e além.

PARTE I

A CAIXA DE FERRAMENTAS DO NEGOCIADOR

CAPÍTULO 1

Reivindicando Valor na Negociação

Era o ano de 1912, e a eleição presidencial dos EUA estava a todo vapor. O ex-presidente Theodor Roosevelt tinha decidido retornar à arena política devido à frustração com a maneira com que seu sucessor, o presidente William Howard Taft, vinha comandando o país. Era uma campanha difícil, e cada dia apresentava um novo desafio. Mas eis um desafio que ninguém havia previsto: três milhões de cópias de uma fotografia de Roosevelt já tinham sido impressas para distribuição, acompanhadas de um discurso, quando o coordenador da campanha descobriu um erro catastrófico: não haviam pedido permissão ao fotógrafo para usar o retrato. Para piorar, descobriram que a lei de direitos autorais permitia que o fotógrafo exigisse até US$1 por cópia pelo uso da fotografia. Em 1912, perder US$3 milhões seria equivalente a perder mais de US$60 milhões hoje. Nenhuma campanha poderia pagar esse preço. A alternativa também era igualmente desinteressante: reimprimir três milhões de brochuras teria um custo tremendo e poderia causar sérios atrasos. O coordenador da campanha deveria tentar negociar um preço menor com o fotógrafo. Se você fosse o coordenador, como conduziria essa negociação?

Agora, veja como o coordenador de Roosevelt lidou com a situação. Depois de analisar cuidadosamente o problema, ele enviou ao fotógrafo o seguinte telegrama: "Planejamos distribuir três milhões de cópias de um discurso de campanha com fotos. Excelente oportunidade de publicidade para fotógrafos. Quanto está disposto a pagar para que utilizemos suas fotos? Resposta imediata."

O fotógrafo não demorou muito para responder. Enviou de volta um telegrama com a seguinte mensagem: "Aprecio a oportunidade, mas só posso arcar com US$250."[1]

Gênio da Negociação

A maioria das pessoas fica surpresa ao ouvir essa história. Como o coordenador de campanha inverteu completamente uma situação tão desesperadora? O motivo para essa reação é que até mesmo os negociadores mais experientes podem não pensar sistematicamente sobre negociações, nem se preparar, ou executá-las de modo estratégico. Nosso objetivo é fazer a solução do coordenador para esse problema de negociação parecer óbvia pra você. Ao compreender e aplicar os princípios e estratégias de reivindicação de valor apresentadas neste capítulo, você também será capaz de manejar negociações difíceis, como o tipo de genialidade demonstrada pelo coordenador de campanha de Roosevelt.

ESTRATÉGIAS PARA REIVINDICAR VALOR EM NEGOCIAÇÃO

Ao longo deste livro, falaremos bastante sobre valor. Como definimos o termo, exatamente? *Valor* é tudo o que se considere útil ou desejável. Pode-se medir o valor em dólares, utilidade, felicidade ou em uma diversidade de métricas. A negociação ajuda a criar valor por meio de acordos que fazem ambas as partes ficarem melhores do que eram antes do acordo. Mas *quanto melhor* fica cada parte? Isso depende, parcialmente, de qual parte conseguiu reivindicar (ou capturar) mais do valor criado. Por exemplo, se um comprador negocia um preço muito baixo para um item, essa pessoa reivindica maior valor; já o vendedor reivindica maior valor (criado pelo negócio) quando o preço é alto.

Para muitas pessoas, aprender a negociar com mais eficiência significa, mais do que tudo: "Como consigo um negócio melhor para mim mesmo?" Ou, de outra forma: "Como posso reivindicar a maior fatia do valor em qualquer negociação?" Embora *Gênio da Negociação* traga uma visão muito mais ampla da negociação, também começamos com este objetivo básico: obter o melhor negócio possível para nós mesmos.

Iniciamos considerando uma negociação sobre uma venda imobiliária que nos permite abordar questões-chave que você enfrentará em praticamente todas as negociações. O caso do Imóvel em Hamilton é uma negociação relativamente simples: duas partes (um comprador e um negociador) estão negociando sobre uma questão (preço). Neste quadro, cobrimos todos os seguintes aspectos da negociação: como se preparar para negociar, evitar erros comuns de negociador, decidir quando fazer sua primeira oferta, responder às ofertas do outro lado, estruturar sua oferta inicial, descobrir o quanto pressionar o outro lado, barganhar de forma eficaz, reivindicar o valor máximo sem sacrificar a relação, e administrar sua própria satisfação.

Quando usamos o caso do Imóvel em Hamilton em nossos cursos de negociação com executivos e alunos de MBA, nós alocamos metade dos estudantes no papel de "vendedor" e a outra metade no papel de "comprador". Para cada lado entregamos informação confidencial relacionada às suas necessidades e interesses, e pedimos para que preparem sua estratégia para a simulação de negociação. Os lados então se encontram e tentam negociar um acordo sobre o preço de venda da propriedade.

Conforme lê o caso da perspectiva do vendedor, pense sobre qual seria sua abordagem nesta negociação.

O IMÓVEL EM HAMILTON[2]

Você é o vice-presidente executivo da Pearl Investments, uma *holding* especializada em investimentos imobiliários. Dentre seus muitos imóveis há uma grande propriedade de terra localizada na cidade de Hamilton, no Canadá. O imóvel em Hamilton está reservado para desinvestimento, e você é o responsável pela negociação de venda.

A quantidade de potenciais compradores que pagarão pela propriedade em Hamilton depende de diversos fatores, incluindo as possibilidades de pagamento e o uso planejado para a propriedade. Cada um desses fatores é fundamental. Por exemplo, seus especialistas estimaram que se o terreno fosse utilizado para fins comerciais (como um conjunto de prédios de escritórios), poderia valer 1,5 ou 2 vezes mais, do que se utilizado para fins residenciais (como prédios de apartamentos). Infelizmente, é improvável que construtoras comerciais se interessem pela propriedade, pois as leis de zoneamento em Hamilton não permitem o uso comercial.

Embora alguns políticos locais tenham discutido, recentemente, permitir o desenvolvimento comercial na região, não tomaram nenhuma atitude nesse sentido. Como resultado, Hamilton saiu do radar das construtoras de prédios comerciais.

16 ● Gênio da Negociação

Nas últimas semanas, você recebeu ofertas de alguns compradores em potencial. Todas essas ofertas, exceto uma, ficaram substancialmente aquém das suas expectativas. A oferta que mais lhe interessou é da Quincy Developments, uma construtora que planeja erguer um conjunto de apartamentos de alto padrão no terreno em Hamilton. A oferta é de US$38 milhões.

Além de ser a maior oferta que recebeu, este negócio o interessou pela reputação da Quincy Development em negociar de boa-fé. Embora isso dê confiança de que a oferta é razoável, você não necessariamente está pronto para aceitá-la. Você espera conseguir aumentar o preço em mais 10% a 15%, se optar por prosseguir com o negócio. Você acha que a Quincy Developments não iria mais alto do que isso.

Por enquanto, porém, você decidiu não negociar com a Quincy Developments. Por quê? Porque a Estate One, uma das principais empresas imobiliárias da região, acabou de sinalizar que também está interessada na propriedade em Hamilton. Você acredita que a Estate One utilizaria o local para construir condomínios de luxo, como ela faz com praticamente todas as suas propriedades. Você deve conseguir um melhor preço de venda pela propriedade em Hamilton se o terreno for utilizado para condomínios de luxo, do que para prédios de apartamentos.

Você decidiu se encontrar com a CEO da Estate One, Connie Vega, para negociar a venda. Se a conversa não for bem-sucedida, você planeja retornar para a Quincy Developments e fechar negócio. Você não esperará por outras ofertas. A Quincy Developments informou que a oferta expira em três dias.

O que você sabe sobre a Estate One é o seguinte: é uma empresa de tamanho médio, mas uma das maiores construtoras de imóveis residenciais da região. A CEO da Estate One está na empresa desde sua fundação, há vinte anos, e é conhecida por ser extremamente bem relacionada politicamente, conectada a intermediários em todos os níveis de governo, estaduais e locais. A Estate One não compete com sua empresa.

Para se preparar para a negociação, você coletou o máximo de dados possível. As seguintes informações são de conhecimento público, e certamente conhecidas pela CEO da Estate One:

- A Pearl Investments comprou a propriedade em Hamilton há 7 anos, pelo preço de US$27 milhões.

- Desde a compra, o valor da terra em Hamilton cresceu substancialmente. Uma avaliação das vendas recentes de propriedades similares sugere que o terreno em Hamilton poderia valer US$36–44 milhões, se utilizada para fins residenciais.

- Se o terreno for utilizado para a construção de condomínios de luxo, em vez de prédios de apartamentos, provavelmente pode valer 20% a mais.

A iminente negociação em Hamilton levanta muitas questões. Qual seria seu primeiro passo nessa negociação? Como seria sua abordagem à CEO da Estate One, Connie Vega? Você faria a primeira oferta ou deixaria que ela a fizesse? Que informação, se houver, você compartilharia com ela? Que informação, se houver, tentaria obter dela? Quanto espera ganhar com a venda em Hamilton? Como saberia que fez um bom negócio?

PREPARANDO-SE PARA NEGOCIAR

Ao longo do treinamento e da consultoria com dezenas de milhares de negociadores e peritos em negociação, percebemos que, de longe, os erros mais comuns e custosos em negociação acontecem antes mesmo do início das conversas. Curiosamente, o problema não costuma ser uma preparação defeituosa, mas uma falta de preparação total! Sob a falsa suposição de que negociação é "arte, não ciência", a maioria das pessoas falha ao se preparar adequadamente para uma negociação. Quando comparada à crença de que a "ação pra valer" começa na mesa de negociações, mesmo pessoas inteligentes, atenciosas e motivadas entram mal preparadas em negociações substanciais.

Assim, é crucial adotar uma metodologia completa para lhe ajudar a negociar. Nossa estrutura de pré-negociação em cinco passos oferece uma abordagem simples, mas eficaz. (Nos capítulos seguintes, adicionaremos mais itens à lista, à medida que enfrentarmos negociações mais complexas.)

Passo 1: Avalie sua BATNA. O primeiro passo em qualquer negociação é perguntar a si mesmo: "O que farei se a negociação atual não terminar em um acordo?" Em outras palavras, você precisa avaliar sua

BATNA, ou *best alternative to negotiated agreement* [em português, melhor alternativa para o acordo negociado] — o curso de ação que você tomará, caso a negociação atual termine em um impasse.[3] Sem uma clara compreensão da sua BATNA, é impossível saber quando aceitar uma oferta final e quando sair para procurar outras opções. A avaliação da sua BATNA requer os seguintes passos:

1. Identifique todas as alternativas plausíveis que você pode buscar se não conseguir chegar a um acordo com a outra parte.
2. Estime o valor associado a cada alternativa.
3. Escolha a melhor alternativa; esta é sua BATNA.

No caso Hamilton, há várias alternativas caso a negociação com Connie Vega termine em um impasse: você pode aguardar por outras ofertas, pode tratar com a Quincy Developments para fechar um acordo, ou pode decidir não vender, afinal. As informações disponíveis para você sugerem fortemente que sua BATNA seria fechar um acordo com a Quincy.

Passo 2: Calcule seu valor de reserva. Uma análise da sua BATNA é essencial, pois permite que você calcule seu *valor de reserva* (RV, na sigla em inglês), ou seu ponto de saída da negociação atual. Como vendedor no caso Hamilton, seu valor de reserva é a oferta mais baixa que você estaria disposto a aceitar de Connie Vega. O que pode ser essa oferta? Se a negociação terminar em impasse, você pode retornar à Quincy e fechar a venda. A Quincy ofereceu US$38 milhões. Este é seu valor de reserva? Não exatamente, pois você pode negociar mais este preço com a Quincy. Especificamente, você acredita que poderia negociar um aumento de 10% a 15% na oferta, o que daria uma quantia entre US$41,8 e US$43,7 milhões. O seu valor de reserva deve estar dentro desse intervalo.

O que determina seu exato valor de reserva dentro desse intervalo? Se você é avesso a riscos, pode estar inclinado a ir para a extremidade inferior do intervalo. Mas se está otimista sobre suas habilidades para negociar com a Quincy, pode se inclinar para a extremidade superior. Digamos que se decida pelo ponto médio desse intervalo e estabeleça US$42,65 milhões como seu valor de reserva. Se a oferta final de Connie Vega for abaixo dessa quantia, você deixará o negócio. Se for maior, e você tem certeza de que não pode negociar um preço mais alto com Connie, você fechará negócio. Outra forma de pensar sobre seu valor de reserva é considerar seu *ponto de indiferença*. Se a oferta final de Connie for exatamente US$42,65 milhões, será indiferente aceitar essa oferta ou rejeitá-la, em favor de seguir sua BATNA.

Como pode ver, uma avaliação cuidadosa da sua BATNA é essencial, se você pretende estabelecer um valor de reserva racional, baseado em uma avaliação realística de suas alternativas. Infelizmente, as pessoas costumam cometer erros estratégicos ao confundir suas BATNAs com outros elementos da negociação. Tenha em mente que sua BATNA não é o que você considera justo, ou o que você originalmente pagou pelo item que está vendendo, ou o preço desejado. Sua BATNA é a realidade que você enfrentará se não conseguir um acordo na negociação atual.

Passo 3: Avalie a BATNA da outra parte. Agora que já avaliou sua BATNA e calculou seu valor de reserva, você sabe a menor oferta que está disposto a aceitar na negociação em Hamilton. É claro que você não desejará estabelecer um preço baixo, então precisará descobrir o quão alto pode negociar. Em outras palavras, você precisa descobrir o valor de reserva *da outra parte*. O valor de reserva de Connie Vega é a maior quantia que a Estate One está disposta a pagar pela propriedade em Hamilton. Como você pode determinar essa quantia? Como saberá o quanto poderá pressionar o outro lado? Você descobre isso avaliando a BATNA da outra parte. Esse passo crítico pode fazer a diferença entre obter um bom acordo e um grande acordo. Às vezes, marca até mesmo a diferença entre o sucesso fenomenal e o fracasso total.

Você se lembra do coordenador de campanha de Roosevelt? Se ele tivesse focado apenas em sua própria BATNA (reimprimir três milhões de brochuras) e em seu próprio valor de reserva (pagar milhares de dólares ao fotógrafo), a negociação teria sido um desastre. A genialidade do coordenador consistiu em sua decisão de avaliar a BATNA do fotógrafo. Em outras palavras, ele perguntou: "O que o fotógrafo faria se a negociação terminasse em um impasse?" Se nenhum acordo pudesse ser feito e Roosevelt decidisse não utilizar a fotografia, o fotógrafo conseguiria pouco ou nenhum dinheiro, e também perderia a oportunidade de ter publicidade nacional. Em outras palavras, da mesma forma que a BATNA do coordenador era fraca, também era a do fotógrafo. Como resultado, o fotógrafo poderia ser induzido a aceitar pouco ou mesmo nenhum dinheiro.

Da mesma forma, pensar nas alternativas de Connie Vega pode ajudar a descobrir a BATNA dela. Provavelmente, caso não consiga comprar a propriedade em Hamilton, Connie desejará investir os dólares da Estate One em outro projeto de construção; sua alternativa possível será tentar encontrar outro terreno para erguer condomínios de luxo. Se essas propriedades estiverem em falta na cidade de Hamilton a BATNA dela pode ser construir em outro lugar — ou esperar até que outros terrenos fiquem disponíveis. Você desejará pensar cuidadosamente em cada uma dessas alternativas — da perspectiva de Connie. Por ora, vamos presumir que sua análise sugere que a BATNA de Connie é esperar. Em outras palavras, se ela não conseguir um acordo com você, a Estate One segurará seu dinheiro e esperará por novas oportunidades no futuro.

Passo 4: Calcule o valor de reserva da outra parte. Agora que você avaliou a BATNA de Connie, uma maneira razoável de determinar seu valor de reserva é considerar o que ela provavelmente fará com a propriedade em Hamilton. Você sabe que a Estate One costuma utilizar seus terrenos para construções residenciais. Além disso, você acredita que a Estate One construirá condomínios, em vez de apartamentos para alugar, o que torna a propriedade mais valiosa para eles do que para a Quincy. Especificamente, a construção de condomínios aumentaria o valor da propriedade em 20%. Para avaliar o valor de reserva da Estate One (ou sua maior disposição a pagar), pode ser apropriado o seguinte raciocínio:

- Estimativas sugerem que a propriedade vale de US$36 a US$44 milhões, se utilizada para prédios de apartamentos.

- O ponto médio dessa faixa é US$40 milhões.

- Um aumento de 20% (devido à construção de condomínios) sobre US$40 milhões aumenta o valor para US$48 milhões.

- Assim, é razoável esperar que o valor da reserva de Connie Vega seja de US$ 48 milhões (supondo que a avaliação já tenha contabilizado os custos de construção).

Passo 5: Avalie a ZOPA. Uma vez que tenha uma ideia do valor de reserva da outra parte, você pode avaliar a *zona de possível acordo,* ou *ZOPA.* A ZOPA é o conjunto de todos os acordos possíveis, aceitáveis para ambas as partes. Falando de outro modo, a ZOPA é o espaço entre o valor de reserva do vendedor e o valor de reserva do comprador. Na negociação atual, a ZOPA é qualquer oferta entre US$42,65 milhões e US$48 milhões:

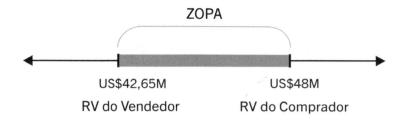

Figura 1.1: A Zona de Possível Acordo

A ZOPA contém todos os acordos possíveis porque qualquer ponto nessa faixa é um possível acordo final que ambas as partes concordariam; qualquer ponto fora dessa faixa será rejeitado pelas duas partes. Você rejeitará qualquer oferta abaixo de US$42,65 milhões; Connie Vega rejeitará qualquer preço acima de US$ 48 milhões.

A ZOPA lhe dá a configuração do terreno, mas diz pouco sobre onde exatamente a negociação atual acabará. Você desejará fazer um acordo a um preço alto que seja o mais próximo possível do valor de reserva de Connie, enquanto ela vai querer que o preço seja o mais baixo possível. E assim começa a negociação. Sua tarefa aqui não é simplesmente fechar um negócio, mas reivindicar o máximo de valor possível. Agora que você tem uma ideia de quanto valor está em disputa (US$48M − US$42,65M = US$5.35M), você está pronto para fazer o possível para reivindicar a maior parte.

FAZENDO NEGÓCIO

Se você fosse aluno de nossos cursos de negociação, teria aproximadamente vinte minutos para negociar este acordo. Seria tempo suficiente, pois esta é uma negociação relativamente simples (baseada apenas em preço). Após os vinte minutos, reuniríamos todos os acordos — isto é, o preço acordado entre cada par de comprador-vendedor — e então colocaríamos no quadro para todos verem. A razão é que isso nos permite considerar, durante a discussão em classe, quais estratégias levaram a melhores (ou piores) resultados. Mas há mais um benefício em torná-los públicos: você se surpreenderia com o quanto a maioria dos executivos

Gênio da Negociação

e estudantes de MBA leva um exercício a sério quando seu desempenho será julgado por seus pares!

Para estabelecer nossa própria análise do caso, vamos considerar como sua negociação com Connie pode ter se desenrolado:

> Você se encontrou com Connie e começaram conversando amenidades. Você ficou feliz em saber que ela estava bastante interessada na propriedade. Quando a conversa séria começou, você tomou o controle e começou a preparar terreno para um alto preço de venda. Mencionou que já havia recebido diversas outras ofertas e que estava seriamente considerando uma delas. Para aproveitar o cenário que criou, você fez uma oferta inicial agressiva: "Considerando o fato de que múltiplas partes estão interessadas nesta propriedade, e o fato de que o terreno vale 20% a mais se for utilizado para a construção de condomínios, acreditamos que um preço de venda de US\$49 milhões é justo e aceitável." Connie demonstrou surpresa; balançou a cabeça e respondeu: "Bom, certamente não era o que esperávamos." Assim que você começou a se perguntar se havia pedido demais, para seu grande alívio, Connie decidiu fazer uma contraproposta: US\$45 milhões. Essa oferta já ultrapassava seu RV (excelente!), mas você gostaria de aumentar os lucros o quanto possível, então você continuou com o negócio. No final, você conseguiu convencer Connie a aceitar o preço de US\$46 milhões.

Como você se sentiria ao final dessa negociação? O que fez de correto? O que, se possível, poderia ter feito melhor? Como avaliar se você fez um bom negócio, um ótimo negócio ou um mau negócio?

NEGOCIAÇÃO POST MORTEM

Uma forma de avaliar seu desempenho é verificar se você superou seu valor de reserva: claramente o fez. Isso é bom, mas pode não ser uma medida adequada para o sucesso da negociação. Por quê? Porque é possível ultrapassar seu RV e ainda assim reivindicar somente uma pequena porção do valor total em jogo. Outra forma de avaliar seu desempenho é considerar toda a ZOPA. O preço que você negociou (US$46 milhões) parece mais próximo do RV de Connie do que do seu, considerando que você reivindicou mais de 50% do valor em jogo (embora não todo). Dependendo de quão altas suas aspirações eram no início da negociação, você pode estar feliz ou descontente com esse resultado.

Embora essas duas métricas sejam úteis, ambas sofrem de uma desvantagem importante: avaliam seu desempenho com base apenas no que você sabia *antes* na negociação. Uma medida mais completa avaliaria seu resultado de acordo com o que você descobriu *durante* a negociação. Como você se sentiria se descobrisse que o RV de Connie não era de US$48 milhões, mas de US$46 milhões? Provavelmente, você sentiria que se saiu ainda melhor do que havia originalmente pensado: você capturou toda a ZOPA. Por outro lado, se o RV de Connie fosse muito mais alto — US$55 ou US$60 milhões? Nesse caso, Connie teria conseguido a maior parte do valor. Como pode ver, o quão bem você realmente se saiu nessa negociação depende de uma avaliação de quão bem você poderia ter se saído.

Agora, considere algumas informações que apenas Connie sabia no início da negociação:

- A Estate One, na verdade, *não* estava interessada na propriedade em Hamilton para fins residenciais; esperavam usá-la para entrar no ramo de construções para uso comercial.

- Connie Vega, com suas ligações políticas, estava entre as primeiras pessoas a saber que as leis de zoneamento em Hamilton estavam previstas para mudar em breve, permitindo o uso comercial.

- A Estate One estaria disposta a pagar até US$60 milhões para comprar a propriedade em Hamilton.

Dadas essas informações, como deveríamos avaliar o acordo que você negociou? Claramente, o preço de venda de US$46 milhões parece bem menos impressionante! Sob essa nova perspectiva, o resultado que você negociou está bem mais próximo do *seu* RV do que do de Connie. Você poderia ter se saído muito melhor! Mas, de novo, é realmente justo avaliar o seu resultado considerando informações que não possuía durante a negociação?

Acreditamos que sim. Gênios da negociação não estão atados às circunstâncias, nem limitados às informações que lhes passam. Gênios da negociação sabem como agir com as informações que possuem, como conseguir as que não possuem, e proteger a si mesmos das informações que não possam obter. Dessa forma, avaliam seu desempenho pelos mais rígidos padrões.

ERROS COMUNS DO NEGOCIADOR

Agora que você tem mais informações sobre o que estava acontecendo do outro lado da mesa, dê mais uma olhada em sua negociação com Connie Vega. Em retrospecto, quais erros você cometeu? O que poderia ter feito diferente? Como poderia ter reivindicado uma porção maior da ZOPA?

Para começar, aqui estão alguns erros claros:

1. Você fez a primeira oferta quando não estava em uma posição forte para fazê-la.
2. Você fez uma primeira oferta que não foi suficientemente agressiva.
3. Você falou, mas não ouviu.
4. Você tentou influenciar a outra parte, mas não tentou aprender com ela.
5. Você não desconfiou de suas suposições sobre a outra parte.
6. Você calculou mal a ZOPA e não a reavaliou durante a negociação.
7. Você fez maiores concessões do que a outra parte.

Ao que parece, esses são os erros mais comuns que negociadores cometem ao tentar reivindicar valor em um negócio. Nas seções seguintes, apresentaremos uma melhor abordagem à negociação em Hamilton — e a negociações em geral — ao responder uma série de questões que executivos, alunos e clientes nos perguntaram centenas de vezes. Ao fazê-lo, nosso objetivo não é apenas equipá-lo com estratégias de negociação eficazes, mas também oferecer compreensão sobre importantes princípios psicológicos que ajudarão a antecipar e responder ao comportamento do outro na negociação.

VOCÊ DEVE FAZER A PRIMEIRA OFERTA?

Quando colocamos essa questão aos executivos em nossas aulas, a maioria insiste que você *nunca* deve fazer a primeira oferta. Em vez disso, dizem para deixar a outra parte fazer a primeira oferta; isso fornece informação valiosa e diz de onde a pessoa vem. Mas também há muitos executivos que acreditam que você *sempre* deve fazer a primeira oferta; ao fazê-la, argumentam, você toma controle do diálogo e negocia "em seus termos". A resposta correta — pouco surpreendente para quem conhece uma pergunta capciosa quando a vê — é "depende".

O principal benefício de fazer uma primeira oferta na negociação é que isso estabelece uma *âncora*. Uma âncora é um número que concentra a atenção e as expectativas do outro negociador. Especialmente quando a outra parte não tem certeza sobre o resultado correto, justo ou apropriado, é provável que gravite em torno de qualquer número que a ajude a se concentrar e resolver sua incerteza. Acontece que as primeiras ofertas tendem a servir bem a este propósito: ancorar a negociação e influenciar fortemente o resultado final.

Por exemplo, imagine que você calculou o valor de reserva de Connie em US\$48 milhões, e que esperava que ela fizesse uma primeira oferta agressiva de cerca de US\$40 milhões. Se, em vez disso, ela fizer uma oferta de US\$32 milhões, é provável que você comece a questionar sua avaliação do RV dela. Connie começaria com um valor tão baixo se pudesse pagar US\$48 milhões? A Estate One está planejando construir apartamentos, não condomínios? Talvez sua disposição máxima para pagar seja muito menor que US\$48 milhões. Quando a outra parte estabelece uma âncora, isso influencia não apenas suas percepções do RV dela (e, portanto, da ZOPA), mas também sua contraoferta. Você pode ter planejado iniciar a negociação em US\$50 milhões, mas dada a surpreendentemente baixa primeira oferta de Connie, você começa a imaginar que deveria começar um pouco mais baixo. Uma oferta de US\$50 milhões agora parece extrema, vindo com o risco de um impasse. Em vez disso, você responde aos US\$32 milhões com uma oferta mais razoável de US\$45 milhões. A âncora de Connie funcionou.

O poder das âncoras é substancial. Pesquisas mostram que âncoras afetam até mesmo aqueles com experiência e especialização em negociação. Em uma notável demonstração do poder das âncoras, os professores

Greg Northcraft e Margaret Neale convidaram corretores imobiliários profissionais para avaliar uma casa que estava à venda.4 Os corretores puderam andar pela casa e pela vizinhança, e receberam uma folha do órgão oficial de corretagem imobiliária, informando detalhes sobre a casa, incluindo suas dimensões, ano de construção, comodidades etc. Também receberam informações detalhadas sobre outras propriedades localizadas na mesma vizinhança. Todas as informações fornecidas eram idênticas, exceto uma — o "preço de tabela" na folha entregue a cada corretor havia sido escolhido aleatoriamente entre os seguintes: (a) US\$119.000, (b) US\$129.000, (c) US\$139.000, ou (d) US\$149.000.

Em negócios imobiliários, o preço de tabela é a "primeira oferta" feita pelo vendedor. Assim, este estudo manipulou a primeira oferta para ver se afetaria as percepções de corretores imobiliários experientes. Após ver a casa e ler todas as informações, os corretores deveriam avaliar o imóvel em quatro aspectos:

1. Qual é um preço de tabela apropriado para esta casa? *(Preço de Tabela Apropriado)*
2. Qual é a sua estimativa de valor na avaliação desta casa? *(Valor de Avaliação)*
3. Como comprador, qual é um valor razoável a se pagar por esta casa? *(Disposição para Pagar)*
4. Qual é a oferta mais baixa que você aceitaria por esta casa, se fosse o vendedor? *(Menor Oferta Aceitável)*

A Figura 1.2 representa graficamente as respostas dos corretores que receberam cada um dos preços de tabela. Como se pode ver, eles foram fortemente influenciados por qualquer preço que tenham recebido aleatoriamente! Em todas as medidas, aqueles que receberam um preço de tabela mais alto acharam que a casa valia mais do que aqueles que receberam um preço de tabela mais baixo. Além disso, quando questionados se suas respostas foram influenciadas pelo preço de tabela fornecido na folha de informações, mais de 80% dos corretores disseram que não.

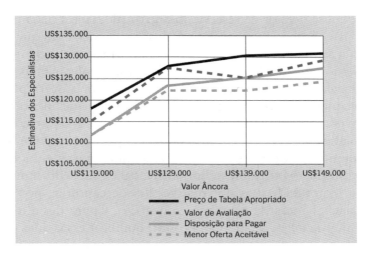

Figura 1.2: Os Poderosos Efeitos da Ancoragem

Dado o poder da ancoragem, fica claro que pode haver vantagem em fazer uma primeira oferta agressiva em uma negociação. Então, por que às vezes é melhor deixar a outra parte fazer o primeiro movimento?

Quando feita de modo prematuro, uma primeira oferta pode sair bastante cara. Considere o que aconteceu na negociação de Hamilton. Sua primeira oferta "agressiva" de US$49 milhões foi baseada na crença de que o valor de reserva de Connie era de US$48 milhões. Porém, sua percepção estava incorreta, e sua primeira oferta foi desastrosamente baixa. (Não é de admirar que Connie tenha ficado surpresa quando você a fez!) Como o RV de Connie era, na verdade, de US$60 milhões, você poderia ter negociado um preço de venda muito mais alto do que realmente fez. No entanto, no momento em que fez uma primeira oferta de US$49 milhões, você definiu o limite máximo do que poderia capturar. Em outras palavras, você perdeu sua reivindicação de uma grande porção da ZOPA ao fazer uma primeira oferta bem abaixo do valor de reserva da outra parte. Não é todo dia que se perde US$11 milhões por simplesmente abrir a boca! Muitas vezes, mesmo negociadores experientes podem perder milhares ou milhões de dólares ao fazer uma primeira oferta quando não estão em posição de fazê-la com sabedoria.

Como esta discussão sugere, se você deve fazer a primeira oferta, ou não, depende de quanta informação possui. Se acredita ter informação suficiente sobre o valor de reserva do outro lado, vale a pena fazer uma razoável (isto é, *suficientemente* agressiva) primeira oferta que ancore a discussão a seu favor. Se suspeita não ter informação suficiente sobre a ZOPA, seria sensato adiar uma oferta inicial até coletar mais informações. Nesse caso, pode até ser uma boa ideia deixar a outra parte fazer a primeira oferta. Você pode perder a oportunidade de ancorar a negociação, mas também evita a desvantagem de não ancorar com agressividade suficiente. Note que uma falta de informação pode levá-lo a ancorar de forma *muito* agressiva, demandando uma quantia que pode ofender e afastar o outro lado. Em outras palavras, pedir muito pouco diminui a quantidade de valor que você pode capturar, pedir demais diminui suas chances de consumar o negócio. Como discutiremos em breve, gênios da negociação sabem como equilibrar essas duas questões, e sabem quais fatores considerar ao estruturar sua oferta inicial.

COMO RESPONDER A UMA OFERTA INICIAL?

Quando a outra parte faz o primeiro movimento, você se torna vulnerável aos efeitos da ancoragem. Como podem ser bastante sutis, é provável que sejam reais, mesmo quando você está ciente desses efeitos. No entanto, existem várias maneiras para se proteger de ser excessivamente influenciado pela âncora do outro lado:

ESTRATÉGIA 1: IGNORE A ÂNCORA

O melhor a se fazer quando a outra parte faz uma primeira oferta agressiva — seja alta ou baixa — é ignorá-la. Isso não significa fingir que não a ouviu. Em vez disso, responda desse modo: "A julgar por sua oferta, creio que estamos olhando para esse acordo de maneiras muito diferentes. Vamos tentar preencher essa lacuna debatendo..." Dessa forma, você pode levar a conversa para um tópico completamente diferente, que lhe permita reassumir o controle da discussão.

ESTRATÉGIA 2: SEPARE INFORMAÇÃO DE INFLUÊNCIA

Toda oferta é uma combinação de *informação* e *influência*. A oferta da outra parte diz algo sobre o que ela acredita e deseja (informação), mas também tem o poder de inviabilizar sua estratégia (influência). Sua tarefa é separar as informações contidas nos detalhes da oferta (e a forma como foi feita) das tentativas do outro lado de influenciar sua percepção. A melhor maneira de evitar a influência é se ater a seu plano original. Se você chegou com uma primeira oferta preparada, não permita que a âncora do outro lado a suavize. Isso não significa que você deva ignorar informações substanciais que alterem suas crenças sobre a verdadeira ZOPA. Por exemplo, se o outro lado acabou de fornecer evidências críveis de que possui uma oferta atrativa de um competidor seu, essa pode ser a razão para ajustar sua contraoferta. Entretanto, é importante perceber que âncoras afetarão percepções e contraofertas, mesmo na ausência de qualquer informação real que você forneça. Por exemplo, a mente do negociador pode, às vezes, falhar em distinguir entre estas duas afirmações:

- *Informação e Influência:* "Recebemos uma oferta melhor da Empresa X. Então, acreditamos que sua oferta inicial seja baixa. Gostaríamos que você considerasse US$7 milhões."

- *Apenas Influência:* "Como você sabe, há outras empresas com as quais fazemos negócios. Falamos com elas. Então, acreditamos que sua oferta inicial seja baixa. Gostaríamos que você considerasse US$7 milhões."

A primeira afirmação fornece alguma (mas não muita) informação substancial que pode levá-lo a pensar se deve aceitá-la, desafiá-la ou questioná-la. A segunda afirmação simplesmente reitera o que você já sabia, mas utiliza uma construção frasal que ajuda o outro lado a enfatizar sua âncora. Assim, você tem todas as razões para ignorá-la.

ESTRATÉGIA 3: EVITE PERMANECER NA ÂNCORA

Muitos negociadores acreditam que, se alguém ancora agressivamente, deveriam pressionar a pessoa a justificar a âncora, depois expondo a natureza frívola de suas demandas extremas. Essa é uma estratégia perigosa. Por quê? Porque quanto mais uma âncora é discutida em uma negociação, mais poderosa se torna. Se pedir à outra parte para justificar sua oferta ou para discuti-la com mais detalhes (por exemplo, "Como chegou a esse número?"), você aumenta o poder dessa âncora de definir os parâmetros da negociação. Quase sempre, sua contraparte encontrará um meio de enquadrar a negociação de forma que a oferta faça um mínimo de sentido.

Por outro lado, você não quer perder a oportunidade de aprender algo novo sobre o negócio ou sobre a perspectiva de sua contraparte. Para resolver esse dilema, tente o seguinte: se ficar surpreso com a oferta, sonde para descobrir se há de fato alguma nova informação substancial que possa obter. Se essa informação não estiver disponível, desvie logo a atenção da âncora, compartilhando sua própria perspectiva e definindo a negociação em seus termos.

ESTRATÉGIA 4: FAÇA UM CONTRAOFERTA ANCORADA, DEPOIS PROPONHA MODERAÇÃO

Por fim, se não for possível ignorar ou descartar a âncora da outra parte, você deve compensar sua influência fazendo uma contraoferta agressiva. Ao fazê-la, você mantém a capacidade de capturar o máximo possível da ZOPA. Entretanto, combater agressão com agressão é um risco: há possibilidade de ambas as partes se entrincheirarem e chegarem a um impasse. Para mitigar os riscos, você deve compensar a âncora com uma contraoferta agressiva, e então sugerir que precisam trabalhar juntos para preencher a lacuna. Além disso, você deve se oferecer para dar o primeiro passo rumo à moderação, discutindo sua própria perspectiva (ou seja, justificando sua contraoferta agressiva). Isso permite esvaziar a âncora e mudar de uma troca agressiva para uma busca a um ponto pacífico. Por exemplo, em resposta a uma âncora agressiva, você pode dizer:

> Bom, com base na sua oferta, que foi inesperada, parece que temos *bastante* trabalho pela frente. De nossa perspectiva, um preço justo seria próximo de US$X (sua contra-âncora). Explicarei como *nós* avaliamos este negócio, mas me parece que se pretendemos chegar a qualquer acordo, ambos teremos que trabalhar juntos para fazer acontecer.

ESTRATÉGIA 5: DÊ TEMPO PARA QUE MODEREM A OFERTA, SEM SE HUMILHAR

Se a oferta inicial da outra parte for *muito* extrema — bastante longe da ZOPA — você pode precisar informá-la de que tal oferta não é nem mesmo uma base para se começar a discussão. Essa afirmação deve ser seguida de informações sobre sua própria perspectiva e de um convite sincero para reabrir as negociações de um ponto de partida muito diferente.

É claro que pode não ser fácil para eles reduzirem suas demandas rapidamente e de forma tão drástica — isso revelaria que estavam simplesmente blefando quando fizeram a oferta inicial. Portanto, você pode querer dar algum tempo para "pensarem no assunto". Se decidirem moderar suas demandas, precisarão de tempo para evitar passar vergonha. Eles podem retornar à mesa de negociações em um dia ou em uma semana, depois de "ter descoberto um jeito de fazer acontecer" ou de "ter lutado contra seus próprios sócios". Em outras palavras, ao reagir a ofertas muito extremas, seu principal objetivo deve ser reancorar com sucesso, não transmitir sua indignação. E reancorar com sucesso muitas vezes significa ajudar o outro lado a encontrar uma maneira de retratar demandas e argumentos anteriores.

QUAL DEVERIA SER MINHA PRIMEIRA OFERTA?

Suponha que você tenha coletado informações suficientes, antes e durante a negociação, para fazer uma primeira oferta apropriada. Quão agressiva deve ser sua âncora? Há quatro fatores a se considerar:

1. Mantenha a ZOPA inteira no jogo. Como você pode atingir o objetivo de fazer uma oferta que mantenha toda a ZOPA em jogo? Fazendo uma oferta que caia fora da ZOPA — uma oferta que você saiba que o outro lado não aceitará. Dessa maneira, quando as negociações substanciais começarem, você ainda terá a capacidade de reivindicar tanto valor quanto possível. A ideia é forçar a outra parte a negociar seu caminho à ZOPA. Caso sua oferta já esteja dentro da ZOPA, você desistiu, desde o princípio, da possibilidade de reivindicar o valor entre sua oferta e o RV da outra parte. Na negociação de Hamilton, sua primeira oferta (US$49 milhões) estava bem dentro da verdadeira ZOPA (como revelado após o fato), assim eliminando a possibilidade de qualquer acordo entre US$ 49 milhões e US$60 milhões.

2. Forneça uma justificativa para sua oferta. O quanto fora da ZOPA deveria ser sua oferta? Sua oferta na negociação de Hamilton deveria ter sido de US$61 milhões? US$70 milhões? US$100 milhões? Por um lado, quanto maior sua primeira oferta, mais provável que *se* você chegar a um acordo, será mais próximo ao valor de reserva do outro lado do que do seu (portanto, mais lucrativo para você). Entretanto, quanto mais agressiva sua oferta, mais provável que a outra parte seja ofendida por ela, pensando que você não é sério, ou acreditando que não há um meio de chegar a um acordo com você.

Como você pode equilibrar essas questões? Primeiro, considere o contexto: o grau de agressividade deve ser adequado à situação. Na maioria dos contextos de negociação no mundo real, você não desejará estar *muito* fora da ZOPA, ou perderá credibilidade. Em outras situações (disputas de negócios envolvendo um mediador, contendas de negociações trabalhistas, pechinchas com um vendedor ambulante etc.) é normal e esperado que ambas as partes comecem com demandas extremas. Nesses casos, não seria inteligente moderar muito suas demandas, porque o outro lado continuará ancorando agressivamente.

Para determinar sua oferta exata, faça a si mesmo a seguinte questão: "Qual é a oferta mais agressiva que consigo *justificar?*" Você nunca deve fazer uma oferta tão extrema que não possa ser dita da seguinte forma: "Eu gostaria de propor X, porque..." Se você não conseguir terminar essa frase de modo aceitável, provavelmente está pedindo demais.

Na negociação de Hamilton, você poderia ter potencializado a variedade de informações para justificar ofertas cada vez mais agressivas a Connie Vega, como a seguir:

- "Pensamos que US$48 milhões é um preço justo, porque a *média* de preços de vendas recentes na área sugerem que o terreno vale US$40 milhões, e porque o uso para construção de condomínios faz o terreno valer 20% a mais."

- "Pensamos que US$52,8 milhões é um preço justo, porque os preços de vendas recentes sugerem que o terreno vale *até* US$44 milhões, e porque o uso para construção de condomínios faz o terreno valer 20% a mais."

- "Pensamos que US$60 milhões é um preço justo, porque o terreno pode ser utilizado para fins comerciais, o que o faz valer *ao menos* uma vez e meia mais do que se utilizado para fins residenciais (que é de US$40 milhões em média)."

- "Pensamos que US$88 milhões é um preço justo, porque o terreno pode ser utilizado para fins comerciais, o que o faz valer *até* duas vezes mais o que *poderia* valer se utilizado para fins residenciais (US$44 milhões)."

Embora Connie pudesse responder a essas diferentes ofertas com variáveis níveis de receptividade e apreensão, a inclusão da justificativa tornaria difícil para ela descartar suas ofertas de imediato. Ela pode querer desafiar suas suposições — mas isso não é um problema, já que aumenta a quantidade de tempo que passam tratando de sua perspectiva e de sua âncora. Connie pode querer barganhar agressivamente para baixar o preço — e tudo bem, porque você abriu alto o suficiente para que ela *deva* negociar dentro da ZOPA (e você deve permitir que ela o faça!).

Por fim, as ofertas mais agressivas (US$60 e US$88 milhões) são inteligentes mesmo que você não acredite que a propriedade será utilizada para fins comerciais — e mesmo que vocês dois saibam que não será. De qualquer modo, a âncora foi lançada e a contraoferta do outro lado provavelmente será menos agressiva do que seria de outra forma.

3. Estabeleça aspirações altas, mas realistas. Em nossos seminários de negociação, pedimos aos participantes para escreverem seus *preços-alvo* — isto é, o resultado que *esperam* alcançar — antes de a negociação começar. Depois que a simulação é concluída, analisamos a relação entre o preço-alvo do negociador e o preço-alvo final. Esses dois têm correlação *alta*, ou seja, aqueles que têm metas mais agressivas tendem a obter resultados mais favoráveis do que aqueles com metas mais modestas.

Por quê? Primeiro, aqueles que estabelecem aspirações altas tendem a fazer primeiras ofertas mais agressivas para atingir seu alvo. Assim, as aspirações influenciam as primeiras ofertas, que por sua vez influenciam os preços finais. Segundo, aqueles com alvos agressivos trabalham mais para barganhar quando as ofertas iniciais de ambas as partes estão na mesa. Aspirações altas servem como profecias autorrealizáveis; elas motivam os tipos de comportamento que nos ajudam a atingir alvos agressivos.

Este conselho simples — "Mire sempre nas estrelas!" — é, no entanto, frequentemente ignorado por negociadores; poucos estabelecem alvos explícitos antes da negociação. Mas alvos inspirados por grandes aspirações e, ainda assim, fundamentados na realidade (ou seja, em sua avaliação da ZOPA) são eficazes porque motivam o comportamento e minimizam sua suscetibilidade a táticas de influência.

4. Considere o contexto e o relacionamento. O mais importante a se considerar quando se faz *qualquer* oferta é o contexto da negociação. Que tipo de relacionamento você quer ter com o outro lado? Uma barganha linha-dura será bem recebida? Reputações estão em jogo? Quais normas guiam suas interações? Por exemplo, você pode ter avaliado perfeitamente a ZOPA e justificado brilhantemente sua oferta, mas se perder de vista o fato de que suas táticas podem afetar o relacionamento, você pode perder o negócio — ou pior: perder o acordo, danificar a relação e arruinar sua reputação, tudo ao mesmo tempo. Assim, suas ofertas e justificativas devem ser baseadas em sua compreensão das necessidades e sensibilidades do relacionamento. Seu objetivo não deve ser simplesmente conseguir o melhor negócio possível enquanto preserva a relação, mas conseguir o melhor negócio possível enquanto fortalece a relação e sua reputação. Você pode ter que abrir mão de alguns ganhos de curto prazo para atingir esse objetivo, mas o sacrifício quase sempre valerá a pena.

O QUANTO POSSO PRESSIONÁ-LOS?

Saber o ponto de saída do outro lado indica o quanto ele pode ser pressionado — e quanto valor você pode capturar. É claro que a outra parte não tem motivo para revelar seu próprio valor de reserva. Como, então, você pode obter a informação que o ajudará a estimar o RV do outro lado com grande precisão? Aqui estão os passos:

Passo 1. Esgote todas as fontes de informação pré-negociação. Geralmente há dúzias de maneiras de coletar informações que não envolvam adivinhar ou perguntar diretamente à outra parte. Por exemplo, em uma negociação como a de Hamilton, mas no mundo real, o vendedor deveria começar falando com políticos locais e estaduais para avaliar as possibilidades de mudança das leis de zoneamento comercial. Connie

Vega obteve essa informação, por meio de suas ligações políticas, mas isso não significa que era algo confidencial. (E note que suas próprias fontes de informação confidencial levantaram essa questão também.) Você poderia ter poupado milhões no acordo ao procurar essa informação. Aqui há outras potenciais fontes de informação no caso Hamilton:

- Membros do conselho, ou executivos da Estate One com quem você ou outras pessoas em sua organização têm laços.

- Indivíduos e empresas com quem a Estate One lidou no passado.

- Construtoras comerciais que podem estar rastreando mudanças propostas nas leis de zoneamento.

- Empresas em Hamilton ou nas proximidades, que podem ser afetadas pelas mudanças propostas nas leis de zoneamento.

- Moradores de Hamilton que podem ter ouvido falar sobre as mudanças propostas nas leis de zoneamento.

Considere outra situação na qual informações pregressas são fundamentais: ao negociar uma oferta de emprego. Frequentemente, quando alunos de MBA nos procuram em busca de conselhos sobre negociações com possíveis empregadores, estão confusos sobre o que e até que ponto algo é negociável, e quanto é razoável exigir. Quando questionamos o que fizeram para resolver essa incerteza, geralmente nos dizem que apenas discutiram as questões informalmente com os colegas de classe. Isso com certeza não é esforço suficiente. Nós os encorajamos a falar com estudantes em seus programas, que foram contratados no ano anterior pela mesma empresa, com amigos e conhecidos que trabalham (ou receberam ofertas) na mesma área, e com a equipe do departamento de colocação profissional do MBA. Também podem obter informações de publicações da indústria ou de sites que forneçam dados sobre contratações e salários de uma variedade de profissões. De modo geral, em qualquer negociação, uma vez que tenha noção sobre o que não se sabe, é importante buscar todas as potenciais fontes de informação.

Ter uma compreensão clara da ZOPA e do interesse do outro lado é apenas um dos benefícios de se adquirir informação antes da negociação. Isso também ajuda a evitar ser manipulado ou enganado. Se a outra parte percebe que você fez sua lição de casa, sua disposição para enganá-lo diminui. Ainda, outro benefício potencial de coletar informações antes da negociação é que você provavelmente será levado mais a sério. Sua contraparte pode se beneficiar de sua ignorância, mas vai querer mesmo fazer negócios com alguém completamente despreparado? Improvável. Negociadores experientes não apenas cometem poucos erros estratégicos, mas também impõem maior respeito durante e após a negociação.

Passo 2. Identifique suas suposições antes da negociação. Acredita-se que Sócrates tenha dito: "É provável que eu seja sábio em uma pequena coisa — não penso saber aquilo que não sei." Tal sabedoria sobre as próprias limitações é algo crítico em negociação. Por exemplo, é improvável que você saiba o exato valor de reserva do outro lado. Sendo assim, você não sabe qual é a ZOPA; pode apenas estimar a ZOPA — e revisar essa estimativa conforme coleta mais informações.

Negociadores sábios criam uma lista abrangente de suas suposições e do que não sabem antes da negociação. Na negociação de Hamilton, você *supôs* que a utilização comercial não era uma opção. Quais outras suposições você fez? Talvez tenha suposto que a Estate One não sabia da oferta da Quincy. Mas e se soubessem? E se Connie conhece o CEO da Quincy — e você mentiu sobre o tamanho da oferta que recebeu?

É claro que, em qualquer negociação, as partes fazem uma infinidade de suposições. Você não precisa nem tem que monitorar cada uma delas. Mas você *precisa* identificar e estar atento a todas as suposições que fundamentam seu curso de ação planejado. Por exemplo, se você não planeja mencionar a oferta da Quincy, não precisa se preocupar com suposições relacionadas à Quincy. Mas como seu plano *requer* uma avaliação do RV da outra parte, mantenha em mente suas suposições com relação aos planos que a Estate One tem para o terreno.

Passo 3. Faça perguntas que desafiem suas suposições. A maneira errada de chegar em uma negociação é começar barganhando, como se suas suposições estivessem corretas. Em vez disso, faça perguntas para esclarecer o assunto. Considere estas três abordagens alternativas para iniciar a conversa no caso Hamilton:

A. "Entendemos que você pode estar interessada em utilizar

este terreno para a construção de condomínios de luxo. Ótimo. É claro que ambos compreendemos que isso torna o terreno mais valioso."

B. "Talvez pudéssemos começar discutindo suas necessidades. Quais são seus planos para este excelente imóvel?"

C. "Caso este terreno seja destinado para uso *comercial*, será bastante valioso. Com isso em mente, vamos discutir alguns detalhes. Quais são seus planos para este excelente imóvel?"

A abordagem A possui o mérito de preparar a discussão para uma âncora agressiva; a menção ao alto valor do terreno é uma boa jogada. Entretanto, o problema com essa abordagem é que ela potencialmente abre mão de US$11 milhões. Mesmo que Connie esteja disposta a responder com sinceridade a cada questão sobre os planos da Estate One, o fato de você não fazer nenhuma pergunta direta torna fácil para ela mantê-lo na ignorância. A abordagem B potencialmente poupa US$11 milhões, pois obriga Connie a mentir explicitamente se tentar convencê-lo de que a Estate One não tem planos de uso comercial. A abordagem C combina e melhora os méritos das abordagens anteriores; nela você tem uma âncora e faz uma pergunta direta sobre os planos da Estate One. Isso torna difícil para Connie mentir, já que agora soa como se você já soubesse dos planos da Estate One (mesmo que não saiba). Assim, essa abordagem — *ancorar*, *interrogar* e *soar informado o suficiente* — resume todas as características de uma abordagem eficaz diante da incerteza.

Passo 4. Faça perguntas indiretas. Naturalmente, algumas vezes a outra parte se recusará a responder questões que possam determinar seu valor de reserva. Nesse caso, você precisa fazer perguntas menos diretas — e menos ameaçadoras. Por exemplo, você pode perguntar à Connie sobre os desafios que sua empresa enfrenta, os objetivos da Estate One nos próximos dez anos, com quais tipos de projetos você pode ajudar no futuro, ou como a compra em Hamilton se encaixa em seu portfólio de projetos. Como a Estate One não é sua competidora, há questões razoáveis que você pode fazer e que ela pode responder.

38 ● Gênio da Negociação

Da mesma forma, considere as questões que nosso aluno de MBA, candidato a um trabalho, pode perguntar a seus possíveis empregadores para determinar o valor de reserva do gerente de contratações:

- Quantas horas os empregados costumam trabalhar por semana?
- Com quais tipos de projetos trabalharei?
- Quem serão meus clientes?
- Quem a empresa costuma contratar?
- Com quem a empresa geralmente compete nas contratações?
- Quais são, se existem, as restrições formais de remuneração para novas contratações?

Passo 5. Proteja a si mesmo de mentiras e incertezas com contratos de contingência. Suponha que você tenha feito tudo certo: identificou o que não sabe, esgotou todas as fontes de informação antes da negociação, e fez todo o possível para obter informações sobre o outro lado. Ainda assim, você está desconfortável, pois ainda faltam algumas informações vitais. Por exemplo, imagine que Connie tenha dito que a Estate One *não* usará a propriedade em Hamilton para fins comerciais. Embora não tenha meios de saber com certeza, você acredita que isso é uma mentira. O que fazer agora? Considere o uso de um *contrato de contingência*. Contratos de contingência são acordos que deixam certos elementos do negócio em aberto, até que a incerteza seja resolvida no futuro. Na negociação de Hamilton, um contrato de contingência pode declarar: "A venda será feita pelo preço-base de US$46 milhões, com a condição de que, caso o terreno seja destinado para uso comercial nos próximos sete anos, a Estate One pagará um adicional de US$10 milhões à Pearl Investments." No momento em que essa cláusula é incluída no acordo, a Estate One não tem mais motivação para mentir! Como o preço de venda está agora vinculado aos planos da própria construtora, ela não tem benefício ao enganá-lo. Além disso, mesmo que Connie *não* estivesse mentindo (isto é, que não estivesse planejando fazer uso comercial), o contrato de contingência o protege de alterações futuras nos planos da Estate One.

Perceba que se a Estate One estiver planejando utilizar o terreno comercialmente, e Connie deseja manter isso em segredo, ela provavelmente resistirá à inclusão do proposto contrato de contingência.

E então? A disposição para concordar com a contingência deve ser um sinal de alerta de que algo pode estar muito errado! Por que ela resistiria a essa cláusula se a Estate One estivesse completamente desinteressada na utilização comercial? Assim, contratos de contingência não apenas o protegem de mentiras, mas também o ajudam a detectar mentiras.

ESTRATÉGIAS EFETIVAS DE BARGANHA

Quando a maioria das pessoas pensa em negociação, pensa sobre *barganha* — o toma-lá-dá-cá que acontece após as partes fazerem suas ofertas iniciais. Barganhar é um componente necessário de toda negociação. Por quê? Porque não é suficiente que as partes discutam opções dentro da ZOPA; para chegar a um acordo negociado específico, deve-se coordenar e ratificar um acordo final mutuamente aceitável. Como nenhuma das partes deseja conceder mais do que a outra, elas tendem a conceder devagar e, geralmente, apenas em resposta às concessões do outro lado. Apesar disso, alguns negociadores são excelentes regateadores, enquanto outros são presas fáceis das táticas de influência do outro lado, e acabam concedendo demais. Além disso, muitos negociadores deixam de tomar medidas básicas para garantir que a outra parte não se aproveite deles. A seguir, consideraremos cada uma dessas questões e oferecemos conselhos específicos sobre barganha efetiva.

ESTRATÉGIA 1: CONCENTRE-SE NA BATNA E NO VALOR DE RESERVA DO OUTRO LADO

Relembre de quando o coordenador de campanha de Roosevelt descobriu que poderia estar devendo até US$3 milhões a um fotógrafo. Em vez de se concentrar em sua própria BATNA fraca (reimprimir milhões de brochuras), o coordenador se concentrou na BATNA fraca do fotógrafo (não ganhar dinheiro e perder uma oportunidade de publicidade). Ao fazê-lo, o coordenador não apenas evitou pagar um preço alto, mas também fez algum dinheiro com o acordo. Negociadores que focam sua própria BATNA (isto é, "O que posso fazer sem a outra parte?")

tendem a não estabelecer aspirações altas e ficam felizes ao conseguir qualquer coisa melhor que seu RV. Enquanto isso, aqueles que se concentram na BATNA do outro lado ("O que farão sem mim?") estão prestando atenção à quantidade de valor que levam à outra parte. Essas pessoas tendem a estabelecer aspirações mais altas e a capturar mais valor nos acordos que negociam.

ESTRATÉGIA 2: EVITE FAZER CONCESSÕES UNILATERAIS

Uma vez que cada parte tenha feito uma oferta inicial, é hora de dar passos calculados em direção a um acordo mutuamente aceitável. Gênios da negociação têm disposição para ser flexíveis e fazer concessões, mas também demandam reciprocidade. É importante evitar fazer concessões unilaterais. Felizmente, uma *norma de reciprocidade* permeia a maioria dos contextos de negociação: as partes amplamente esperam e compreendem que se revezarão nas concessões. Se a outra parte violar essa norma, você deve retificar esse problema imediatamente. Os próximos cinco pontos mostram como fazê-lo.

ESTRATÉGIA 3: FIQUE CONFORTÁVEL COM O SILÊNCIO

Muitas pessoas ficam desconfortáveis com o silêncio. Como resultado, falam quando não deveriam. Um momento particularmente perigoso para falar é depois de ter feito sua oferta e o outro lado estiver considerando-a. Se este parece estar levando muito tempo para responder, os negociadores ficam nervosos e começam a barganhar contra si mesmos. Antes mesmo que sua contraparte expresse uma preocupação ou reclamação, você pode ficar tentado a retratar sua oferta ou fazer maiores concessões.

Negociadores experientes nos contaram que usam o silêncio como vantagem exatamente dessa forma. Em vez de responder negativamente a uma oferta, eles simplesmente aguardam. Muitas vezes, a parte que fez a oferta começará a modificá-la, moderá-la, ou apenas sinalizará uma disposição a ceder. Negociadores eficazes compreendem não apenas o poder do silêncio, mas também a necessidade de ficar confortável com ele. Apenas lembre-se de que, se você fala quando é a vez do *outro*, pagará mais por isso.

ESTRATÉGIA 4: EXPLICITE SUAS CONCESSÕES

De acordo com a norma da reciprocidade, negociadores devem retribuir as concessões feitas pelos outros. Como as pessoas se sentem automaticamente obrigadas a retribuir quando alguém lhes dá algo de valor, essa norma é um poderoso motivador de comportamento. No entanto, as pessoas também são motivadas a subestimar ou ignorar as concessões dos outros para *escapar* de sentimentos de obrigação. Nossas pesquisas mostraram que é fácil para as pessoas não serem recíprocas quando as concessões da outra parte não são evidentes.[6] Por essa razão, é fundamental explicitar suas concessões. Em vez de simplesmente abrir mão de algo ou de moderar suas demandas, deixe claro que a ação tem um custo para você. Como concessões explícitas são difíceis de ignorar, também se torna difícil para o outro justificar a não reciprocidade.

ESTRATÉGIA 5: DEFINA O QUE SIGNIFICA SER RECÍPROCO

A reciprocidade será ainda mais provável se você não apenas explicitar sua concessão, mas especificar o que espera em troca. Essa estratégia elimina outra parte da ambiguidade. Mesmo que a outra parte agradeça sua concessão, ainda poderá dar em troca algo de pouco valor, a menos que você deixe claro que tal ação é uma retribuição satisfatória. Por exemplo, sua concessão pode assumir a seguinte forma: "Entendo que ainda estamos separados por milhões de dólares. Estou disposto a moderar minha demanda, embora isso tenha um custo para mim. Farei uma concessão compreendendo que você retribuirá com concessões de magnitude similar. Esta é a única forma de chegarmos a um acordo o qual ambos possam aceitar."

ESTRATÉGIA 6: FAÇA CONCESSÕES CONTINGENTES

Concessões contingentes vinculam explicitamente suas concessões a ações específicas da outra parte. Em outras palavras, você pode formular suas concessões de maneira a esclarecer que só as fará se o outro lado fizer sua parte. Por exemplo: "Posso pagar um preço mais alto se puder me prometer uma entrega mais rápida."

Embora tais concessões estejam entre as mais seguras que um negociador pode fazer, não significa que sejam sempre apropriadas. Quanto mais condições você colocar em suas concessões e em sua disposição

42 • Gênio da Negociação

para cooperar, mais difícil será construir confiança e fortalecer a relação. Dessa forma, concessões contingentes devem ser usadas quando necessário, mas não sobreutilizadas.

ESTRATÉGIA 7: FIQUE ATENTO AOS EFEITOS DA DIMINUIÇÃO DAS TAXAS DE CONCESSÃO

Na maioria das negociações, as taxas de concessão seguem um padrão: as primeiras concessões são maiores do que as últimas. Em outras palavras, negociadores tendem a diminuir suas taxas de concessão ao longo da negociação. Por exemplo, em uma negociação de carros, o vendedor pode começar em US\$45.000, então diminuir para US\$44.000, depois US\$43.500, depois US\$43.300. Essa pode ser uma tendência sensata; conforme o negociador se aproxima de seu valor de reserva, há menos espaço para maiores concessões. Como resultado, a maioria dos negociadores espera por esse padrão e o vê como um sinal da aproximação do RV da outra parte. Mas também é possível usar essa expectativa de maneira estratégica. Isto é, a parte está longe de seu RV, mas sugere estar ficando sem espaço para oferecer concessões, diminuindo-as rapidamente de tamanho. É importante considerar essa possibilidade ao atualizar suas suposições relacionadas ao verdadeiro tamanho da ZOPA.

NEGOCIANDO O RELACIONAMENTO

Muitas pessoas acreditam que só é possível ou obter um ótimo negócio para si mesmo ou ser gentil e fazer o outro lado feliz. Acontece que não é assim que funciona. O relacionamento ser fortalecido, enfraquecido ou destruído na negociação dependerá de quão satisfeitas as partes estarão ao final — mas satisfação tem menos a ver com quão bem a pessoa *realmente* negociou, e muito mais com o quão bem ela *acha* que negociou. Com isso em mente, gênios da negociação não apenas administram seus resultados, mas também a satisfação do outro lado. De modo claro: você não está apenas negociando um acordo, mas também o relacionamento.

As pessoas com quem você negocia ficarão satisfeitas na medida em que acreditem que fizeram um bom negócio, que se sentiram respeitadas e que acharam que o resultado foi justo. Isso significa que sua reputação como negociador depende de sua capacidade de gerenciar as percepções da outra parte. Para que este conselho não seja visto como maquiavélico, tenha em mente que não estamos recomendando que tire vantagem do outro lado. De fato, alguns negociadores acabarão fechando um acordo desvantajoso para si mesmos (abrindo mão de muito valor) e, no entanto, administrarão o processo tão mal que ainda destruirão seu relacionamento com a outra parte. O que você deve ter em mente é que sempre haverá dois objetivos em qualquer negociação: obter um acordo e fortalecer a relação. Ignorar qualquer um dos dois pode ser desastroso. A seguir, algumas maneiras de como isso se dá na mesa de negociação.

1. Respondendo a uma oferta que você ama — uma abordagem. Imagine que você fez sua lição de casa e avaliou cuidadosamente a ZOPA. Você pensou muito sobre sua primeira oferta e chegou a uma que acredita ser agressiva; ela está fora da ZOPA e deve servir para ancorar efetivamente a negociação. Você faz a oferta. A resposta? A outra parte sorri e a aceita de imediato! Como você se sente? É bem provável que terrível. Percebe que julgou mal a ZOPA, fez uma primeira oferta ruim e falhou em capturar muito do valor que estava em jogo. Você estragou tudo!

Agora, veja pelo outro ângulo. Imagine que o outro lado tenha feito uma primeira oferta que você ache surpreendentemente atrativa. Como você deveria responder? Se aceitar de modo muito rápido ou entusiástico, provavelmente perturbará a outra parte. Para aumentar a satisfação dela no negócio, você deve levar algum tempo para ponderar a oferta. Então, quando você eventualmente aceitar a oferta, sem entusiasmo, ela provavelmente sentirá que fez um grande negócio. O resultado é o mesmo em ambos os casos, mas o último deixa o outro lado mais contente.

2. Respondendo a uma oferta que você ama — outra abordagem. Se realmente deseja aumentar a satisfação da outra parte no acordo, você pode querer fazer mais do que simplesmente aguardar antes de responder. Se aceitar a primeira oferta, mesmo a contragosto, é provável que o outro sinta algum arrependimento e imagine como poderia ter tirado mais de você. Isso sugere uma estratégia diferente: faça uma contraoferta e peça por concessões adicionais. Isto é, se você *realmente* quer que o outro lado saia satisfeito da negociação, pegue mais dinheiro dele! Mesmo que ele tenha que fazer algumas concessões nominais, ficará mais feliz do que se você aceitasse a primeira oferta. Esse interessante resultado ilustra maravilhosamente a dissociação entre resultado e satisfação em negociação: tem tudo a ver com quão bem você sente que se saiu, e menos ou nada a ver com quão bem você realmente se saiu.

3. Respondendo a uma oferta que você ama — mais uma abordagem. Considere a seguinte anedota presente no livro do professor Richard Shell, *Negociar é Preciso*.7 Quando, no início dos anos 1930, o Instituto de Estudos Avançados de Princeton, em Nova Jersey, estava recrutando Albert Einstein, o responsável pelo instituto escreveu perguntando quanto ele esperava receber. Einstein respondeu: "US$3.000 (anuais), a não ser que você ache que eu possa sobreviver com menos." Essa parece uma primeira oferta surpreendentemente tola para um homem inteligente como Einstein. Mas veja a resposta do instituto: "Pagaremos US$15.000 por ano." Einstein aceitou e o negócio foi fechado.

Por que o instituto não aceitou a baixa oferta de Einstein ou, melhor ainda, não negociou um salário ainda mais baixo? Porque, como diz o ditado: "O tempo é o senhor da verdade." Escrevendo da Áustria, Einstein poderia não saber quanto valia em Princeton, mas isso mudaria quando ele ingressasse para o corpo docente nos Estados Unidos. Em outras palavras, a percepção de Einstein da ZOPA poderia ser imprecisa enquanto as negociações estavam em curso; mas, por fim, ele atualizaria sua avaliação. Quando o fizesse, poderia sentir que o instituto negociou de má-fé ao aceitar sua oferta inicial mal-informada. Além disso, ao oferecer cinco vezes mais do que Einstein pediu, os responsáveis pelo instituto de Princeton enviaram um forte sinal sobre a integridade da instituição, o interesse em seu bem-estar e o desejo em negociar de boa-fé. Ao se recusar a aproveitar sua atraente primeira oferta, eles poderiam ter "comprado" barato o tipo de lealdade e forte relacionamento, difícil de se obter na mesa de negociação.

De maneira mais geral, essa história sugere que, às vezes, a resposta mais inteligente a uma oferta que você ama é *dar algo em troca*. Se tiver a oportunidade de fortalecer o relacionamento ou melhorar sua reputação, e tudo o que precisa fazer é ser recíproco a uma generosa (isto é, não agressiva) oferta inicial, pode ser tolice fazer de outra maneira.

4. Respondendo a uma oferta que você ama — uma ressalva! Até agora, tratamos dessa questão supondo que a outra parte tenha feito uma primeira oferta fraca que permita a você capturar a maior parte do valor na negociação. Mas isso pressupõe que *sua* avaliação da ZOPA é a correta! Como discutimos antes, tais suposições podem custar caro. Se o outro lado faz uma oferta que parece lhe dar tudo o que você poderia querer e mais, é fundamental parar e se perguntar: "O que eles sabem que eu não sei?"

Por exemplo, se o outro lado se oferece para comprar algo de você, por uma quantia maior do que poderia sonhar, você deveria se perguntar se cometeu um erro ao estimar o valor de reserva dele. Talvez o item que você esteja vendendo seja mais valioso do que pensava. Talvez eles estejam mais desesperados do que você esperava, ou tenham mais dinheiro do que você previa. Em resumo, *se for surpreendido por uma oferta, não celebre — pense!* Você ainda pode concluir que eles fizeram uma oferta bastante generosa, mas é melhor adiar sua contraproposta até ter certeza sobre a situação.

ADMINISTRANDO SUA PRÓPRIA SATISFAÇÃO

Previamente, afirmamos que uma maneira de se obter melhores resultados é ter grandes aspirações; aqueles que estabelecem alvos agressivos tendem a capturar mais valor. Aqui há algo que deixamos de mencionar: aqueles que estabelecem alvos agressivos e obtêm melhores resultados também tendem a ficar *menos* satisfeitos com os negócios que fecham![8] Por quê? Porque quando a negociação termina, eles comparam o resultado final com suas aspirações iniciais. Naturalmente, aqueles com altas aspirações estarão mais propensos a ficar aquém, mesmo que tenham alcançado melhores resultados do que aqueles que estabeleceram aspirações baixas.

Assim, aumentar sua satisfação com um negócio requer uma simples mudança de hábito mental: concentre-se em seu alvo *durante* a negociação; quando tiver acabado, mude o foco para seu valor de reserva. Ao fazê-lo, você negociará com eficácia (graças às suas altas aspirações) e ainda estará satisfeito com seu resultado final (porque agora estará comparando-o com seu RV). Como sua satisfação com um negócio depende de seu ponto de comparação, ou *ponto de referência,* compensa escolher um ponto de referência baixo, quando não há nada mais a se fazer para mudar o resultado.

ALÉM DA REIVINDICAÇÃO DE VALOR

Até o momento, nosso foco tem sido quase que exclusivamente reivindicar valor na mesa de negociação. No próximo capítulo, começaremos a nos concentrar em um tópico muito mais fundamental — e que também costuma ser ignorado até pelos negociadores mais experientes: como *criar* valor na negociação. Negociadores que ignoram esse aspecto vital da barganha têm grandes decepções e desvantagens.

CAPÍTULO 2

Criando Valor
na Negociação

E m outubro de 2000, Richard Holbrooke, embaixador dos EUA nas Nações Unidas, estava enfrentando uma situação que se deteriorava rapidamente. Membros do Senado norte-americano pediam que seu país se retirasse da ONU. Enquanto isso, na organização, os representantes dos EUA estavam sendo deixados de lado nas reuniões do comitê, e o país estava prestes a perder seu voto na Assembleia Geral. O conflito girava em torno de um grande valor em dinheiro — mais de US$1 bilhão. Os Estados Unidos deviam essa quantia em pagamentos atrasados à ONU, mas não estavam dispostos a pagar, a menos que a organização concordasse com uma série de reformas.

O conflito remontava à fundação das Nações Unidas. Em 1945, os EUA concordaram em pagar 50% do orçamento ordinário anual. A quantia devida por cada país foi recalculada diversas vezes ao longo dos anos, conforme as outras nações começaram a se desenvolver economicamente e desejaram maior influência na organização. Os ajustes mais recentes que afetavam os Estados Unidos ocorreram em 1972, quando a contribuição do país foi reduzida para 25% do orçamento ordinário. Os EUA também estavam pagando aproximadamente 30% do orçamento de manutenção da paz, que, devido a conflitos na Somália, em Ruanda e na Bósnia, era cada vez mais visto como um compromisso imprevisível e pesado. Como resultado, ao final da década, os Estados Unidos demandavam um novo recálculo das contribuições. Sentindo que estavam pagando uma parte muito alta das taxas, o Congresso norte-americano decidiu segurar o débito de quase US$1 bilhão. A exigência (como declarada no projeto de lei Helms-Biden) era esta: os Estados Unidos pagariam seu débito caso a ONU concordasse com uma série de reformas, em particular, com uma redução na contribuição dos EUA, de 25% para 22%.

48 • Gênio da Negociação

Havia um sério problema com essa exigência. Primeiro, outras nações a viam como injusta: essencialmente, os Estados Unidos estavam pedindo por uma concessão em troca de algo que já deviam. Segundo, essa não era uma negociação de duas partes, em que os EUA simplesmente precisavam convencer uma delegação da ONU. Como o regulamento da organização estipulava que uma mudança como essa só poderia ser aprovada com o consenso de todos os estados-membros, o embaixador Holbrooke teria que convencer todos os 189 países a concordarem com a exigência dos EUA. Terceiro, Holbrooke tinha um prazo. O projeto de lei Helms-Biden destinava US$ 1 bilhão para o pagamento de atrasados, mas esse dinheiro desapareceria do orçamento em 1º de janeiro de 2001.

Ficou claro, desde o começo do processo, que as negociações entre a ONU e os Estados Unidos não seriam fáceis. A equipe de Holbrooke esperava que o Japão e a Europa absorvessem a maior parte da lacuna criada pela redução das contribuições dos EUA. Os japoneses, entretanto, deixaram claro que não apenas não estavam dispostos a aumentar suas taxas, como também que, se os Estados Unidos recebessem uma redução, iriam exigir o mesmo. O Japão era o segundo maior contribuinte da ONU, pagando pouco mais de 20% do orçamento ordinário. Os japoneses consideravam esse valor muito alto, visto que o Japão sequer tinha um assento no Conselho de Segurança. Os europeus também pareciam extremamente hesitantes em aprovar um aumento em suas contribuições.

Diante de tamanha resistência, como Holbrooke e sua equipe poderiam convencer ao menos uma nação a aumentar sua contribuição? Como poderiam evitar um impasse?

À medida que o ano 2000 se aproximava, Holbrooke e sua equipe decidiram começar do zero. Elaboraram uma tabela de cada estado-membro da ONU e determinaram o quanto cada um pagava no momento. Então, começaram a visitar representantes de todos os países — não para convencê-los, mas simplesmente para compreender suas perspectivas. Rapidamente confirmaram que nenhum país queria um aumento em sua contribuição. Mas essa não é toda a história. Holbrooke foi mais longe em suas discussões para descobrir por que eles não podiam pagar mais. As razões variaram muito, mas uma razão importante — e imprevista — logo se tornou evidente. Um dos problemas enfrentados por muitos países — que, de outra forma aceitariam aumentar suas contribuições — era o fato de que o ano fiscal de 2000 estava chegando ao fim e seus orçamentos federais para 2001 já estavam fixados. Holbrooke estava pedindo por uma mudança nas contribuições antes de 1º de janeiro de 2001. Esse prazo tornava o acordo impraticável.

Assim que a razão fundamental para a reticência desses estados--membros da ONU se tornou aparente, a solução também apareceu. Holbrooke propôs que as contribuições dos EUA fossem reduzidas de 25% para 22% imediatamente, para cumprir o prazo de Helms-Biden, e que as outras nações manteriam as mesmas contribuições até 2002. "Isso fez uma diferença fantástica", relembra o embaixador Holbrooke, "realmente funcionou".[1]

Na superfície, a negociação com os estados-membros da ONU parecia uma *negociação de soma zero*: o que quer que uma parte ganhe, resulta em perda para a outra parte. Como no caso do Imóvel em Hamilton, discutido no Capítulo 1, parecia haver apenas uma questão importante — neste caso, as contribuições — e as partes estavam fazendo exigências incompatíveis. A genialidade de Holbrooke reside na descoberta de que a disputa englobava não apenas uma, mas duas questões: o *tamanho* das contribuições e seu *momento*. Apenas quando os negociadores pararam de barganhar por uma questão divisiva (o tamanho da contribuição) e alargaram seu foco para incluir a questão do momento apropriado, foi que puderam fechar um acordo.

Embora o acordo final exigisse compromisso de ambos os lados, também permitiu a cada um obter o que mais desejava na questão mais importante: os EUA conseguiram a redução que queriam, e os outros países conseguiram o tempo de que precisavam. Você ainda pode estar imaginando como tal acordo foi possível, dado que criaria um déficit nas quotas para o ano de 2001. Acontece que, graças a outra negociação de sucesso do embaixador Holbrooke, o filantropo Ted Turner concordou em cobrir o déficit de um ano de orçamento, fazendo uma doação pessoal de mais de US\$30 milhões, e os republicanos no Congresso, embora inicialmente relutantes em permitir uma doação de um contribuinte politicamente liberal, eventualmente aceitaram o acordo.

UMA NEGOCIAÇÃO DE MÚLTIPLAS QUESTÕES

No Capítulo 1, analisamos uma negociação relativamente simples, de apenas uma questão, que nos permitiu começar a desenvolver nossa

50 ● Gênio da Negociação

estrutura de negociação e a responder algumas questões importantes sobre estratégia de negociação. Como a negociação de Holbrooke sugere, entretanto, esse caso costuma ser mais complicado do que no caso do Imóvel em Hamilton. Negociadores eficazes precisam se preparar para executar negociações complexas que englobam múltiplas questões, análise complexa e considerável incerteza.

O caso deste capítulo contém muito mais variáveis e identifica táticas e estratégias adicionais que devem fazer parte de sua caixa de ferramentas de negociação. Especificamente, abordaremos questões como: como você deve se preparar para uma negociação de múltiplas questões? Deve negociar primeiro as questões fáceis, as difíceis, ou nenhuma delas? Como estruturar suas ofertas? Como lidar com diferenças acentuadas em crenças ou expectativas com relação ao valor do negócio? Qual é o papel do compromisso na negociação? O que fazer após negociar um acordo?

O caso a seguir, intitulado *"Mães.com"*, trata da venda de direitos de distribuição de um programa de televisão. Como no Imóvel em Hamilton, você foi escalado para o papel do vendedor, e recebeu um pacote de informações básicas. Como seria sua abordagem nesta negociação?

MÃES.COM[2]

Você é Terry Schiller, representante de vendas de direitos de distribuição da Hollyville, uma corporação multimídia especializada na produção de programas de televisão e filmes. Você representa a empresa em negociações de distribuição de programas para canais de televisão locais. Programas disponíveis em catálogos de distribuição costumam ter os direitos vendidos após a exibição regular em uma das grandes redes. Embora poucos programas cheguem a esse tipo de distribuição, a venda dos direitos pode ser um componente importante na receita de um produtor.

Sua empresa, a Hollyville, decidiu liberar os cem episódios de *Mães.com*, uma comédia popular (ou "sitcom", da abreviatura em inglês), para distribuição este ano. A história de *Mães.com* gira em torno de três mulheres tentando equilibrar suas vidas como executivas e mães de filhos adolescentes. O programa teve grande audiência, principalmente, entre mulheres na faixa etária dos 25 aos 54 anos. Isso torna o programa potencialmente valioso, já que os anunciantes estão dispostos a pagar uma boa quantia para alcançar esse mercado.

Sua negociação atual se concentra no mercado de Chicago, onde há dois canais locais como potenciais compradores. O canal WWIN já lhe fez uma oferta. Entretanto, o canal WCHI é o comprador mais atrativo, pois tem um grande público na faixa dos 25 aos 54 anos. A quantia que um potencial comprador está disposto a pagar por *Mães.com* depende de sua expectativa de receita publicitária para o programa. A receita esperada, por sua vez, depende do tamanho da audiência do programa. Você estima que ele fará US$7 milhões em receita líquida ao longo de todo o contrato de cinco anos, caso a audiência seja em torno de 2 a 3 pontos. (Pontos de audiência significam a porcentagem de todos os aparelhos de televisão ligados em um determinado programa.) A receita publicitária provavelmente aumentaria em US$1 milhão para cada aumento de ponto acima dos 3 pontos de audiência.

Para avaliar a receita esperada do programa para o comprador, você estimou a probabilidade de vários índices de audiência que recebeu. Sua análise está na Tabela 2.1.

Tabela 2.1

Audiência	Probabilidade	Receita Publicitária
2–3	10%	US$7 milhões
3–4	10%	US$8 milhões
4–5	10%	US$9 milhões
5–6	50%	US$10 milhões
6–7	20%	US$11 milhões

Você estima que o show provavelmente terá uma audiência de 5–6 pontos, tornando-o bastante rentável para a WCHI (mesmo levando em consideração os custos de divulgação e de exibição do programa); assim, o canal deverá estar disposto a pagar uma quantia generosa pelo *Mães.com*. A *taxa de licenciamento* negociada com a WCHI é o principal determinante de quanto você conseguirá fazer com a venda de *Mães.com*. Você espera negociar uma taxa de licenciamento de cerca de US$7 milhões pelo contrato de cinco anos.

Embora a taxa de licenciamento seja um aspecto evidente do acordo, para fechar o negócio, você e a outra parte precisam concordar em outra questão: *exibições por episódio*. A receita esperada para o programa (como calculada anteriormente), presume que o comprador tem o direito de exibir seis vezes cada um dos cem episódios, pelo prazo do contrato. (Seis exibições por episódio é o padrão atual da indústria neste mercado específico.) Entretanto, a WCHI já o alertou que deseja o direito de exibir oito vezes cada episódio. Você deseja evitar a "superexposição" do programa e prefere que as exibições sejam limitadas a quatro. Se o mesmo episódio é exibido com frequência, o valor residual do programa diminui. Ao término do contrato, quando os direitos de *Mães.com* retornarem à Hollyville, valerão bem menos se todos os episódios do programa tiverem sido exibidos muitas vezes.

O impacto financeiro dessa diminuição do valor residual é significativo. A Tabela 2.2 mostra como o número de exibições pode afetar a receita do programa após o término do contrato. Seus analistas projetam que a cada exibição adicional por episódio, acima de seis exibições, você perderá cerca de US$250.000. Se conseguir limitar o número de exibições para menos de seis, poderá poupar até US$500.000.

Tabela 2.2

Exibições por Episódio	Efeito na Sua Receita
4	Poupa US$500.000
5	Poupa US$250.000
6	Sem efeito
7	Perde US$250.000
8	Perde US$500.000

Embora seu objetivo nesta negociação seja obter o melhor negócio possível, você também deseja manter um bom relacionamento profissional com a WCHI, pois é possível que você (Hollyville) faça mais negócios com o canal em um futuro próximo. Por exemplo, a Hollyville está muito interessada em vender um novo programa, *Juniors*, para a próxima temporada. (No entanto, outro canal de Chicago já lhe ofereceu US$1 milhão para *Juniors* — uma oferta que você está inclinado a aceitar.)

Sua tarefa na negociação atual, portanto, é estruturar um acordo para a venda do *Mães.com* que maximize o lucro, preserve o relacionamento e seja superior à sua BATNA. Sua BATNA é vender *Mães.com* para a WWIN; o acordo que você negociou com este canal é de US$3,5 milhões (vocês concordaram com seis exibições por episódio). Se, em vez disso, você fechar o acordo com a WCHI, deve concordar tanto com a taxa de licenciamento quanto com o número de exibições. A administração de Hollyville pediu que você relatasse, após a negociação, os termos acordados em ambas as questões e em quaisquer outros termos do contrato assinado. Você negociará com Kim Taylor, gerente geral da WCHI.

Reserve algum tempo para pensar sobre sua abordagem nesta negociação. Como você se prepararia? Qual questão discutiria primeiro? Como estruturaria sua oferta? Quais informações, se alguma, você planeja compartilhar? Quais informações, se alguma, tentaria obter? Como incorporar as lições do Capítulo 1 em sua estratégia de negociação? Depois que tiver pensado sobre essas e outras questões que podem lhe ocorrer, continue lendo enquanto narramos como sua negociação pode ter se desenrolado.

FAZENDO NEGÓCIO

Você e Kim se encontraram e logo começaram a tratar do negócio. Você sugeriu que, embora houvesse muitas questões a discutir, a taxa de licenciamento tinha o maior impacto financeiro e deveria ser discutida primeiro. Você pensou com antecedência sobre BATNA e RV da WCHI, e se sentiu à vontade para fazer uma primeira oferta agressiva. Você pediu US$9 milhões e justificou o número, usando como precedente, uma seleção de programas que vendeu anteriormente. Kim deixou claro que não gostou nem um pouco da sua oferta, mas permaneceu na mesa. Vocês discutiram a taxa de licenciamento por uma hora. Kim argumentou que *Mães.com* provavelmente alcançaria 3 ou 4 pontos e que a receita publicitária seria bem menor do que a taxa de licenciamento proposta. Você respondeu dizendo que suas projeções indicavam que o programa teria uma audiência maior (5 ou 6 pontos). Particularmente, você não tinha certeza se Kim estava sendo honesto sobre as projeções; seria de interesse dele convencê-lo de que o programa teria uma receita baixa, o que justificaria pagar menos. Em certo ponto, Kim aludiu comprar também o *Juniors*. Como ele pareceu mencionar a compra de

Juniors apenas como um modo de suavizar suas exigências para o *Mães. com*, você sugeriu que as duas discussões deveriam ser mantidas separadas. O restante da negociação concentrou-se no *Mães.com*. Por fim, vocês concordaram em US$5,5 milhões para a taxa de licenciamento e voltaram as atenções para o número de exibições. Kim foi agressivo nessa questão, mas você o convenceu de que não poderia simplesmente concordar com sete ou oito exibições; por fim, vocês concordaram com seis exibições. Em retrospecto, qualquer outro resultado exigiria que um de vocês assumisse um compromisso maior que o outro lado, o que poderia azedar o relacionamento. Tendo chegado a um acordo em ambas as questões, você enviou um relatório à gerência da Hollyville, contendo a seguinte análise financeira:

Taxa de licenciamento recebida da WCHI:	US$5.500.000
Ajuste de receita baseado em seis exibições:	Sem efeito
Receita líquida:	US$5.500.000
Valor da BATNA (venda para a WWIN):	− US$3.500.000
Valor líquido do acordo negociado:	US$2.000.000

Como você se sentiria ao final dessa negociação? O que fez de correto? Poderia ter feito algo melhor? Como avaliar se fez um bom negócio, um ótimo negócio ou um mau negócio?

NEGOCIAÇÃO POST MORTEM

A melhor maneira de avaliar quão bem você se saiu é analisar sistematicamente quão bem você *poderia* ter se saído. Nós o fazemos focando cada questão da negociação, tanto da perspectiva do comprador, quanto do vendedor.

QUESTÃO 1: TAXA DE LICENCIAMENTO

Você começou a negociação esperando conseguir uma taxa de licenciamento próxima de US$7 milhões. O que você não sabia era que o valor de reserva de Kim era de US$6,5 milhões. Em outras palavras, a WCHI não teria disposição para pagar qualquer valor maior do que esse. Da mesma forma, considerando seis exibições por episódio, você não estaria disposto a aceitar nenhum valor menor que US$3,5 milhões (o valor da sua BATNA). Isso significa que havia um valor de US$3 milhões em disputa nessa questão (US$6,5 milhões-US$3,5 milhões). Como você ancorou de forma suficientemente agressiva (em US$9 milhões), você foi capaz de capturar muito da ZOPA ao assegurar uma taxa de licenciamento de US$5,5 milhões. Quando os estudantes de MBA e executivos fazem este exercício, observamos uma gama extremamente ampla de resultados sobre esta questão; alguns vendedores têm sucesso em negociar taxas próximas ao valor de reserva do comprador, enquanto outros aceitam taxas bastante baixas. Grande parte da variação nos resultados é explicada pela agressividade das ofertas iniciais e das contraofertas. Outra razão para os resultados diferentes nessa questão, logicamente, é que ela é afetada pela maneira como se lida com a outra questão.

QUESTÃO 2: EXIBIÇÕES POR EPISÓDIO

O comprador pressionou agressivamente por sete ou oito exibições, mas você perderia dinheiro se permitisse à WCHI exibir mais de seis vezes cada episódio de *Mães.com*. Você negociou seis exibições e está bastante certo de que não poderia ter pressionado o comprador para baixo nessa questão. O acordo de seis exibições é o compromisso perfeito; vocês se encontraram no meio das demandas iniciais de cada lado. Parece bom, certo?

Na verdade, não. Para compreender o erro crítico que cometeu, considere a Tabela 2.3, que revela o impacto financeiro de aumentar o número de exibições na Hollyville (o que você sabia) *e* na WCHI (o que você não sabia).

Tabela 2.3		
Exibições por Episódio	**Efeito na Receita da Hollyville**	**Efeito na Receita da WCHI**
4	Poupa US$500.000	Perde US$1.600.000
5	Poupa US$250.000	Perde US$800.000
6	Sem efeito	Sem efeito
7	Perde US$250.000	Poupa US$800.000
8	Perde US$500.000	Poupa US$1.600.000

Percebe algo interessante? Claramente essa questão tem um efeito significativo na receita de ambas as partes — mas um impacto *maior* na WCHI, que na Hollyville. Para cada exibição adicional concedida, a receita da WCHI aumenta US$800.000, mas a receita da Hollyville diminui US$250.000. Em outras palavras, aumentar as exibições ajuda mais a WCHI do que prejudica a Hollyville. Quais as implicações disso?

CRIANDO VALOR NO TOMA-LÁ-DÁ-CÁ

Negociadores racionais devem concordar em conceder oito exibições por episódio à WCHI. Ao fornecer oito exibições em vez de seis, os negociadores podem *criar* US$1,1 milhões de valor total (US$1,6 milhões de benefício à WCHI, menos US$500.000 de custo à Hollyville). A WCHI obviamente concorda com isso, mas por que a Hollyville concordaria? Porque é de grande interesse dela também. A Hollyville deveria concordar com oito exibições *em troca de* outras coisas que valoriza, como uma taxa de licenciamento mais alta. Vamos ver como isso funciona comparando seu acordo com um acordo alternativo que você poderia ter negociado:

Seu acordo original (Acordo O):

- Taxa de licenciamento de US$5,5 milhões, seis exibições por episódio.

Acordo alternativo (Acordo X):

- Taxa de licenciamento de US$6,5 milhões, oito exibições por episódio.

O Acordo X o força a conceder duas exibições adicionais, mas oferece uma taxa de licenciamento maior. Qual é o impacto líquido dessas mudanças? Você perde US$500.000 ao conceder duas exibições adicionais, mas ganha US$1 milhão pela maior taxa de licenciamento. Resultado: você ganha US$500.000. Como esse acordo alternativo afeta a outra parte? A WCHI perderia US$1 milhão ao pagar uma maior taxa de licenciamento, mas ganharia US$1,6 milhão pelas exibições adicionais. Resultado: WCHI ganha US$600.000. Em outras palavras, o Acordo X faz *ambas as partes* ganharem! Negociações como a de *Mães*.

com diferem fundamentalmente de negociações como a do Imóvel em Hamilton, do Capítulo 1. Negociações de única questão como a do Imóvel em Hamilton, nas quais os dois lados têm interesses diretamente opostos, são uma soma zero (quando uma parte ganha algo, a outra perde uma quantia equivalente). Negociações de múltiplas questões, como a de *Mães.com*, podem ser *negociações de soma diferente de zero*: muitas vezes é possível para uma das partes obter ganhos sem prejudicar a outra parte. Em suma, negociar múltiplas questões permite *criação de valor*. Na negociação de *Mães.com*, os negociadores maximizam o "tamanho do bolo" (isto é, o valor do negócio) quando concordam com oito exibições. A Tabela 2.4 mostra o efeito na criação de valor da revisão do seu contrato.

Tabela 2.4			
Acordo	Valor para Você	Valor para a WCHI	Valor Total Criado
Original (O)	US$2.000.000	US$1.000.000	US$3.000.000
Revisado (X)	US$2.500.000	US$1.600.000	US$4.100.000

Como a Tabela 2.4 sugere, o valor total do negócio (quando você consegue o Acordo X) é de US$ 4,1 milhões. Por outro lado, em seu acordo original (Acordo O), o valor total é de apenas US$3 milhões. Em outras palavras, concordar com oito exibições cria $ 1,1 milhão em valor. Enquanto isso, os negociadores que não concordam em vender as oito exibições acabam com um resultado que *queima* dinheiro; esses dólares não podem ser recuperados.

Perceba que a quantia que você concordou para a taxa de licenciamento não afeta quanto valor é *criado;* apenas determina quem captura a maior parte do bolo. Como ambas as partes valorizam igualmente a taxa de licenciamento, qualquer mudança na taxa ajuda uma das partes na mesma medida em que prejudica a outra. Ou seja, essa negociação não é apenas sobre criação de valor; reivindicar valor ainda é um elemento importante. Entretanto, gênios da negociação não permitem que o componente reivindicação de valor atrapalhe suas estratégias de criação de valor.

Como o caso *Mães.com* sugere, negociadores eficazes procuram oportunidades para criar valor, fazendo negócios em múltiplas questões

— por exemplo, cedendo exibições em troca de uma taxa de licenciamento maior. O ato de negociar entre múltiplas questões costuma ser chamado de *logrolling* (ou *toma-lá-dá-cá*, em português). Usá-lo requer que você não apenas conheça suas próprias prioridades, mas que descubra as prioridades do outro lado. Se o outro lado valoriza algo mais do que você valoriza, você deve dá-lo a eles em troca de reciprocidade em questões que são prioridade para você. Em suas negociações com os países membros da ONU, o Embaixador Holbrooke demonstrou esse conhecimento implicitamente. Após descobrir que o tamanho das contribuições era relativamente menos importante para outras nações do que o momento apropriado, ele estruturou um acordo que deu aos Estados Unidos o que mais valorizavam (mudança no valor da contribuição) e deu às outras nações contribuintes o que elas mais valorizavam (um tempo a mais na implementação).

Agora, imagine como as negociações poderiam prosseguir se você não gostasse muito de Kim Taylor, representante da WCHI. Você acha que ele é egoísta e arrogante, e se preocupa apenas com seu próprio resultado negociado. Nesse caso, quantas exibições por episódio você prefere? Se respondeu quatro — ou mesmo seis — você pode querer pensar novamente. Na negociação, você deve considerar desistir de algo que valoriza — mesmo para alguém de quem não gosta — se essa pessoa o valoriza mais do que você. Não se trata de altruísmo ou bondade, mas de criação de valor. Se você cria valor, tem a oportunidade de capturar para si uma parte desse valor criado, como aconteceu quando passamos do Acordo O para o Acordo X.

Essa percepção é fundamental: os negociadores devem aproveitar todas as oportunidades para criar valor. Se a outra parte valoriza algo mais do que você, deixe-a ficar com isso — mas não *dê*, e sim, *venda*. Claro, se você se *importa* com o outro lado, mais uma razão para criar valor. Mas lembre-se de que criar valor não é apenas o que um negociador "legal" faz quando se importa com o outro lado. É o que um gênio da negociação fará categoricamente.

CRIANDO VALOR AO ADICIONAR QUESTÕES

As únicas questões que você teve que negociar neste acordo foram a taxa de licenciamento e as exibições. Entretanto, você tinha potencial para trazer outras questões que poderiam criar valor adicional para ambas as partes. Especificamente, você estava interessado em vender *Juniors* por um preço superior a US$1 milhão (o valor de sua outra oferta para esse programa). Kim sinalizou para você, durante a negociação, que a WCHI poderia estar disposta a comprar o programa, mas você deixou essa discussão de lado. O que teria acontecido se tivesse começado uma discussão sobre o interesse em *Juniors*? Você teria descoberto que a WCHI estava disposta a pagar até US$2 milhões pelo programa! Nesse caso, a falha em negociar a venda de *Juniors* resultou em uma perda líquida de US$1 milhão para as duas partes. Dizendo de outra forma, a ZOPA de *Juniors* consistia em todos os preços entre US$1–2 milhões — mas ambas as partes abandonaram a negociação sem concordar com a venda.

Como a venda de *Juniors* teria impactado os resultados finais? A Tabela 2.5 se baseia na Tabela 2.4, incluindo um acordo (Acordo Y) no qual o comprador e o vendedor concordam em vender o programa por US$1,5 milhão. Este acordo fornece um adicional de US$500.000 para cada parte. (Observe que se as partes tivessem concordado com um preço mais alto para *Juniors*, você [o vendedor] teria capturado mais valor; se o preço fosse menor, a WCHI teria capturado mais valor. Em ambos os casos, o valor total criado pela inclusão da venda de *Juniors* seria de US$1 milhão).

Tabela 2.5

Acordo	Valor para Você	Valor para a WCHI	Valor Total Criado
Original (O)	US$2.000.000	US$1.000.000	US$3.000.000
Revisado (X)	US$2.500.000	US$1.600.000	US$4.100.000
Acordo Y	US$3.000.000	US$2.100.000	US$5.100.000

A questão do *Juniors* destaca uma diferença importante entre um bom negociador e um gênio da negociação. Um bom negociador fará de tudo para *fechar o negócio*, enquanto um gênio da negociação fará de tudo para *maximizar valor* no negócio. Um bom negociador joga bem o jogo; um gênio da negociação muda a natureza do próprio jogo. Nesse caso, isso significa identificar e perseguir oportunidades de criação de valor que não são óbvias.

60 • Gênio da Negociação

Adicionar questões a uma negociação é uma importante tática para a criação de valor devido a uma fórmula simples: mais questões = mais dinheiro. Quanto mais questões você tiver para lidar, mais fácil será encontrar oportunidades para o toma-lá-dá-cá. Imagine que você concordou com sete exibições e uma taxa de licenciamento de US$6,5 milhões. Você sabe que mudar para oito execuções criará valor adicional, mas só está disposto a fazer isso se o comprador lhe der algo em troca. Infelizmente, a WCHI atingiu seu limite na questão da taxa de licenciamento; não pode pagar mais de US$6,5 milhões. Isso significa que você deve abrir mão da oportunidade de criar valor? Sim — se houver apenas duas questões na negociação. Mas se adicionar outra questão — *Juniors* — você pode projetar a negociação de criação de valor. "É caro para mim ceder mais exibições", você pode dizer a Kim. "No entanto, dependendo do tipo de acordo que possamos estruturar para *Juniors*, posso entregar as exibições adicionais que você deseja." Se Kim concordar em comprar o programa por qualquer preço entre US$1,25 milhão e US$2,8 milhões, em troca da adição da oitava exibição, vocês dois ficarão em melhor situação! Perceba que Kim pode estar disposto a pagar ainda mais pelo *Juniors* do que ele vale (até US$800.000 a mais), pois isso permite que a WCHI ganhe US$800.000 em receita, com a questão das exibições.

Essa discussão também destaca uma distinção importante entre toma-lá-dá-cá e compromisso. Muitos negociadores, incluindo alguns negociadores experientes, acreditam que negociação se trata de compromisso. Isso não é verdade. Negociação muitas vezes *envolve* compromisso, mas não se *trata* de compromisso. Por exemplo, quando nossos alunos executivos negociam *Mães.com*, eles geralmente fazem concessões em todas as questões. "Começamos com quatro exibições *versus* oito exibições", alguém pode argumentar, "e concordamos com seis, o que é um resultado ganha-ganha e que deixa as duas pessoas felizes". Porém, ambas as partes poderiam ter ficado *mais felizes* se fossem sofisticadas o suficiente para perceber que o toma-lá-dá-cá para conseguir oito exibições é melhor para ambas as partes, do que concordar com seis exibições. Nosso objetivo aqui não é simplesmente ajudá-lo a chegar a acordos em que ambas as partes *considerem* "ganha-ganha"; nosso objetivo é ajudá-lo a maximizar valor. O que isso requer?

Acontece que, mesmo o desejo de deixar o outro lado feliz não é suficiente para ajudar a maximizar a criação de valor. Pessoas em relacionamentos próximos (como cônjuges) geralmente negociam resultados *piores* do que as pessoas que se importam menos com o outro.[3] Por quê? Porque aqueles em relacionamentos próximos se comprometem mais, para evitar serem vistos como gananciosos ou excessivamente egoístas. Como resultado, geralmente ignoram as oportunidades de toma-lá-dá-cá e acabam destruindo valor em vez de criá-lo! Excelentes parceiros — tanto nas relações pessoais, quanto nas relações de negócios — dominam a capacidade de se comunicar abertamente e compartilhar informações sobre suas reais necessidades e prioridades. Ao fazer isso, identificam todas as questões potencialmente relevantes e cooperam para criar valor máximo. E, depois de criar as condições para a maximização do valor, você pode se concentrar em capturar o máximo desse valor para si, conforme julgar apropriado, dado seu relacionamento com a outra parte e seu desejo de ser justo.

Adicionar questões à negociação pode ser ainda mais fundamental quando o negócio está centrado em uma questão polêmica e ninguém está disposto a se comprometer. Por exemplo, nos Estados Unidos do início dos anos 1800, quando os estados do norte e do sul estavam em batalha sobre a questão da escravidão, eles discutiam se os estados recém-admitidos na União seriam estados "livres" ou estados "escravistas". Em 1819, o país estava em equilíbrio (numericamente, decerto, não moralmente), com onze estados livres e onze escravistas. Mas quando o Missouri fez uma petição para ingressar na União, surgiu uma grande disputa entre as forças abolicionistas e as escravistas. Como dar o domínio numérico a um lado na questão da escravidão perturbaria o equilíbrio de poder no Senado dos EUA, nenhum acordo parecia possível. Depois foi estruturado um acordo — o "Compromisso do Missouri" —, mas somente depois que o Maine fez uma petição para ingressar na União em 1820. As duas questões estavam propositalmente ligadas: ambos os lados concordaram em permitir que o Maine entrasse como um estado livre e que o Missouri entrasse sem restrições quanto à questão da escravidão.

Nas negociações comerciais, o preço costuma ser a questão divisiva. Negociadores inteligentes reconhecem as limitações dos acordos de questão única e trabalham para ampliar o escopo. Aqui estão algumas das questões negociáveis que você pode introduzir na discussão, na próxima vez em que o outro lado parecer totalmente focado no preço:

- data de entrega;
- financiamento;

- qualidade;
- duração do contrato;
- fornecimento por cotas;
- cláusulas de mediação;
- cláusulas de exclusividade;
- nível de serviços de suporte;
- garantias;
- negócios futuros.

Quanto mais questões estiverem disponíveis, mais provável será que cada parte obtenha o que mais valoriza e se disponha a fazer concessões em questões de importância relativamente menor.

SEU OBJETIVO DEVE SER MAXIMIZAR VALOR

A Tabela 2.5 demonstra como ambas as partes podem ficar em melhor situação quando uma questão adicional é incrementada à negociação. Em termos técnicos, essa revisão do acordo é chamada de *melhoria de Pareto*: alterações em um negócio que melhoram a situação de pelo menos uma pessoa sem piorar a situação de ninguém. Como você pode ver, melhorias de Pareto criam valor na negociação. Um de seus objetivos em toda negociação deve ser procurar constantemente por melhorias de Pareto até chegar a um acordo que use a *eficiência de Pareto*: isto é, até que não haja como melhorar a situação de uma das partes sem prejudicar a outra. Segundo a Tabela 2.5, os únicos resultados Paretoeficientes são aqueles que criam um valor total de US$5,1 milhões.

A virtude da eficiência de Pareto é que ela garante que nenhum dinheiro seja deixado na mesa (ou seja, queimado) ao final do negócio. Mas observe que a eficiência de Pareto não diz nada sobre como o valor criado é dividido entre as partes. É possível ter um acordo eficiente no *Mães.com*, em que todo o valor criado vai para uma das partes. Um acordo no qual você recebe US$1 milhão e a WCHI recebe US$ 4,1 milhões ainda usa a eficiência de Pareto porque, neste ponto, não há como melhorar a situação de um de vocês sem prejudicar o outro. Em outras palavras, as partes podem concordar conjuntamente com oito exibições e a venda de *Juniors*, mas a parte que fizer um trabalho melhor em negociar a taxa de licenciamento e o preço dos *Juniors* ficará com a maior parte do valor. Por essa razão, a eficiência de Pareto raramente é seu *único* objetivo; você também se esforçará para capturar o máximo possível do valor para si mesmo. Ou, se sua prioridade é chegar a um acordo "justo" e construir um relacionamento forte, você pode optar por ceder ao outro lado parte do valor criado.

Como você sabe se alcançou um resultado Pareto-eficiente? Infelizmente, não há uma resposta definitiva; sinos não soarão, nem flores cairão do céu. Mas um bom teste é considerar o quão bem você compreende as preocupações do outro lado. Se você sair da mesa de negociação sem saber muito sobre os interesses e prioridades da sua contraparte, provavelmente deixou valor na mesa.

Isso nos traz de volta ao *Mães.com*. Adivinha? Você perdeu outra oportunidade de criar valor nessa negociação.

CRIANDO VALOR POR MEIO DE CONTRATOS DE CONTINGÊNCIA

Em sua negociação de *Mães.com*, relembre seu desacordo com Kim, em relação a quanta receita o programa provavelmente traria à WCHI. Kim argumentou que o programa provavelmente teria audiência baixa (3–4 pontos). Você suspeitou que ele estava mentindo; suas pesquisas mostraram uma audiência esperada de 5–6 pontos. O que você fez quando essa diferença de opinião surgiu? Essencialmente a ignorou, decidindo "concordar em discordar" na questão, e prosseguiu em outras discussões substanciais. Esse é o melhor meio de lidar com tal desacordo? Geralmente, não. Vamos considerar uma melhor abordagem, mais sistemática, sobre como lidar com desacordos em relação às expectativas sobre sucesso futuro, qualidade ou desempenho de um bem ou serviço que pode estar negociando.

Primeiro, tente descobrir quem está certo e quem está errado. Por exemplo, você pode compartilhar suas pesquisas com o outro lado e trabalharem juntos para analisar os dados. Podem conduzir pesquisas adicionais juntos, ou podem trazer uma terceira parte idônea para fazer a pesquisa. Qualquer uma dessas abordagens ajudará a resolver suas diferenças e permitirá negociar com base em suposições e análises compartilhadas. Você espera, é claro, que a pesquisa adicional apoie sua alegação (nesse caso, de que a audiência do programa será alta). Se ambas as partes puderem concordar que audiência e receita esperadas sejam mais altas que baixas, você pode fazer mais dinheiro na venda.

Outra solução para o desacordo é ambos os lados se comprometerem. Em outras palavras, assumirem que estão possivelmente incorretos e que a média (4–5) é uma melhor estimativa de audiência. O benefício dessa abordagem é não ter que perder tempo nem dinheiro reunindo dados adicionais ou contratando uma terceira parte. Mas, um problema é se você verdadeiramente acredita que seus números estão corretos — e que o outro lado é incompetente ou desonesto — e não querer se comprometer. Por que você jogaria fora seus números, simplesmente porque a outra parte (que tem motivo para baixar as estimativas) diz que você está errado? Isso nos leva a uma terceira solução, que evita o custo de coletar mais dados, evita o incômodo de tentar convencer o outro lado de que você está certo, e evita capitular aos desejos de alguém que você não confia: negociar um contrato de contingência. Como discutido no Capítulo 1, contratos de contingência permitem que os negociadores evitem discutir sobre a probabilidade de algum evento futuro (neste caso, a audiência do programa) e, em vez disso, esperem para ver o que realmente acontece. Na negociação de *Mães.com*, os negociadores poderiam concordar com o seguinte negócio:

Acordo Z:	
Taxa de licenciamento:	US$6,5M
Exibições:	8
Preço por Juniors:	US$1,5M

Cláusula de contingência:

- Se a audiência for menor que 4, a WCHI recebe um abatimento de US$1 milhão.
- Se a audiência for maior que 5, a WCHI paga uma sobretaxa de US$1 milhão à Hollyville.

Em outras palavras, se o programa for bem (como você suspeita), a WCHI deverá uma quantia adicional à Hollyville. Mas se as projeções da WCHI estiverem corretas, a Hollyville reembolsará parte do pagamento da taxa de licenciamento. Ambas as partes concordariam com tal cláusula? Se acreditam verdadeiramente em suas projeções, sim!

Tabela 2.6		
Pontos de Audiência	Probabilidade Baseada da Projeção da Hollyville	Probabilidade Baseada na Projeção da WCHI
2–3	10%	20%
3–4	10%	50%
4–5	10%	10%
5–6	50%	10%
6–7	20%	10%

Vamos examinar esta questão com mais detalhes. A Tabela 2.6 mostra as projeções de audiência para cada parte. (Ao entrar na negociação, você só conhecia as projeções de Hollyville.) Como a tabela revela, o comprador e o vendedor tiveram uma diferença genuína de opinião sobre o provável sucesso do programa. Dadas essas diferentes opiniões, como cada parte teria avaliado a cláusula de contingência descrita acima? A Hollyville acredita que tem 70% de chance de estar correta e "ganhar a aposta", pois a audiência será maior que 5; também tem 20% de chance de estar errada e "perder a aposta", pois a audiência será inferior a 4; e 10% de chance de que nenhum dinheiro mude de mãos, pois a audiência será de 4 pontos. Enquanto isso, a WCHI *também* acredita que tem 70% de chance de ganhar a aposta, 20% de chance de perder e 10% de chance de não ser afetada. Com base nessas projeções, o valor esperado da cláusula de contingência para cada parte pode ser calculado da seguinte forma:

Audiência > 5	Audiência = 4	Audiência < 4
Hollyville (.70 x US$1M) + (.10 x US$0) + (.20 x -US$1M) = US$500.000		
WCHI (.20 x -US$1M) + (.10 x US$0) + (.70 x US$1M) = US$500.000		

Em outras palavras, *ambas* as partes esperam receber US$500.000 adicionais como resultado desta cláusula, e ambas devem estar dispostas a concordar com isso. A Tabela 2.7 compara o valor criado pelo Acordo Z (que inclui a cláusula de contingência) com o valor criado nos outros acordos que consideramos.

Tabela 2.7			
Acordo	Valor para Você	Valor para a WCHI	Valor Total Criado
Original (O)	US$2.000.000	US$1.000.000	US$3.000.000
Revisado (X)	US$2.500.000	US$1.600.000	US$4.100.000
Acordo Y	US$3.000.000	US$2.100.000	US$5.100.000
Acordo Z	US$3.500.000	US$2.600.000	US$6.100.000

No Capítulo 1, mostramos como contratos de contingência podem protegê-lo de negociadores desonestos. Esse mesmo benefício também existe aqui. Se Kim estivesse sendo desonesto sobre as projeções da WCHI, sabendo que o programa receberia avaliações mais altas, ele nunca aceitaria o contrato de contingência. Sua indisposição em "pagar para ver" pode alertá-lo para uma possível enganação.

O contrato de contingência de *Mães.com* revela outro benefício de tais contratos: eles podem criar valor ao permitir que os negociadores parem de discutir sobre suas diferentes opiniões e, em vez disso, aproveitem suas diferenças por meio de apostas que *ambos* os lados esperam ganhar. Nesse caso, ambas as partes estão em melhor situação (em termos de receita esperada) quando o contrato de contingência é assinado, porque ambas estão confiantes em suas projeções. Tecnicamente, essa cláusula de contingência na verdade não "cria" valor da mesma forma que um toma-lá-dá-cá ou uma adição de questões. Isso ocorre porque, quando a audiência for revelada no próximo ano, o contrato simplesmente forçará uma das partes a transferir US$1 milhão para a outra. Embora essencialmente uma transferência de soma zero, o contrato de contingência cria valor *esperado*. No momento do negócio, ambas as partes *ficam* em melhor situação, em termos de receita esperada do negócio — uma melhoria de Pareto.

Tais cláusulas são de valor e consequência ainda maiores quando as opiniões de cada parte são *extremamente* diferentes e nenhum acordo é possível, a menos que essas diferentes expectativas sejam gerenciadas. Por exemplo, se um cliente duvida da capacidade de seu advogado de vencer no tribunal, pode optar por contratá-lo com base em um contrato de contingência: o advogado receberá uma grande quantia se o cliente ganhar, e nada, se perder. Da mesma forma, as editoras de livros normalmente pagam ao autor uma quantia de adiantamento, seguida de uma porcentagem fixa da receita de vendas. Se a editora estiver cética quanto à capacidade do autor de escrever um best-seller, deve estar disposta a pagar uma porcentagem maior da receita de vendas (ou oferecer um bônus, se o livro se tornar um best-seller) em troca de um menor adiantamento. Se o autor estiver confiante, concordará.

Como último exemplo da eficiência de contratos de contingência para salvar negócios, considere as negociações de 1997 entre o astro do basquete, Dennis Rodman, e o Chicago Bulls. Rodman era conhecido por sua habilidade superior em rebote de defesa; e também por sua imprevisibilidade, seu desdém pelas normas profissionais e sua propensão a não ir aos jogos. Apenas na temporada anterior, ele havia faltado a 27 de 82 jogos. Como resultado de seu contrato garantido, os Bulls pagaram a Rodman quase US$3 milhões por jogos que ele nem jogou! O time, determinado a não repetir o erro, negociou um contrato inédito e cheio de contingências com Rodman. Ele poderia ganhar até US$10,5 milhões, mas teria apenas US$4,5 milhões garantidos. O restante do salário estava vinculado a várias cláusulas, incluindo US$1 milhão por jogar em todos os *playoffs*, US$500.000 por ganhar outro título de melhor em rebote, e US$185.000 por cada jogo que jogasse acima de 59. Qual o resultado? Rodman conquistou seu sétimo título consecutivo de reboteiro, e jogou em 80 dos 82 jogos da temporada (ele não participou de dois jogos devido a lesões), e os Bulls ganharam outro campeonato.

Embora contratos de contingência sejam ferramentas poderosas para criar valor e motivar desempenho, não são sempre desejáveis. Aqui há algumas ressalvas para se ter em mente:

- Contratos de contingência são perigosos se a outra parte possui mais conhecimento que você. Por exemplo, caso a WCHI tenha acesso a melhores dados de audiência que a Hollyville, e a WCHI está oferecendo uma aposta com base nisso, a Hollyville deveria ser cautelosa.

- Contratos de contingência devem ser utilizados apenas se as incertezas serão solucionadas e mensuradas por meios objetivos. Se você contrata um funcionário e oferece uma promoção caso ele "tenha uma boa performance", esteja certo de que ambas as partes sabem o que significa "boa performance". Você baseará o desempenho em receita gerada? Horas trabalhadas? Projetos concluídos? Boa ética laboral? Nenhum desses padrões são fáceis de se medir objetivamente. Uma regra de ouro: se vocês precisaram discutir sobre quem ganhou a aposta, não vale a pena apostar. Na negociação de *Mães.com*, as partes podem concordar em basear a cláusula de contingência na audiência relatada por uma fonte específica (por exemplo, a Nielsen Media Research).

- Certifique-se de entender o efeito dos contratos de contingência sobre os incentivos da outra parte. Imagine que sua cláusula de contingência no *Mães.com* não fosse de US$1 milhão, mas de US$20 milhões. Se calculasse o valor esperado para a cláusula, você descobriria que sua receita esperada é de US$10 milhões. Parece bom! Mas há um *grande* problema. Você acabou de apostar muito na possibilidade de o programa ter uma audiência alta — mas quem agora tem o incentivo e a capacidade de garantir que o programa tenha uma audiência extremamente baixa? A WCHI. O canal pode optar por não anunciar o programa, exibi-lo em um dia impopular ou de madrugada. Embora isso prejudique a receita (no valor de aproximadamente US$7 milhões), ajudaria o canal a receber US$10 milhões de você, com base na cláusula de contingência. Por essa razão, esteja certo de que seus contratos de contingência sejam *compatíveis com incentivo*. Isto é, que a cláusula que você negocia forneça incentivos para a outra parte se comportar de modo compatível com o espírito do acordo.

ESTRATÉGIAS DE PREPARAÇÃO PARA CRIAÇÃO DE VALOR

Agora que já consideramos a lógica da criação de valor e apontamos alguns métodos-chave para isso, vamos voltar e considerar como negociadores interessados em criar valor e alcançar acordos eficientes devem se preparar para a negociação. No capítulo anterior, discutimos a necessidade de avaliar sua BATNA, calculando seu valor de reserva e a ZOPA, antes de cada negociação. Nesse momento, adicionaremos alguns itens à lista de tarefas para a preparação.

ESTRATÉGIA 1: IDENTIFIQUE SEUS MÚLTIPLOS INTERESSES

A maioria dos negociadores toma o domínio da negociação como garantido. Por exemplo, iniciam as conversas pensando "Hoje discutiremos salário" ou "Nos encontraremos com o cliente para negociar uma extensão do contrato" ou "Esta negociação é sobre a venda da nossa empresa". Uma estratégia eficiente é pensar sobre *tudo* o que você valoriza e que a outra parte pode conseguir fornecer. Por exemplo, além de negociar seu salário, talvez devesse negociar também data de início, férias, bônus, descrição da função, cronograma de promoção e opções de ações.

O objetivo não é sobrecarregar a outra parte com exigências, mas dar a ela várias maneiras diferentes de compensar você e fazê-lo feliz. Se não podem aumentar seu salário, mas podem deixá-lo igualmente contente com alguma combinação de bônus, alteração na descrição do trabalho e oportunidades de promoção mais agressivas, *ambos* têm a ganhar. Eles conseguem contratar seu candidato preferido (você) sem pagar um salário alto, e você recebe um pacote de remuneração que o deixa feliz. Da mesma forma, ao abordar a venda da sua empresa, é fundamental pensar em tudo o que valoriza. Por exemplo, você pode se importar com a preservação do legado da empresa ou em manter um lugar no conselho, ter uma participação minoritária ou em salvaguardar o emprego dos seus funcionários.

Infelizmente, algumas dessas questões nunca vêm à luz do dia porque o vendedor assume que "eles nunca concordarão em me dar um lugar no conselho" ou que "já decidiram se vão manter ou demitir meus funcionários".

ESTRATÉGIA 2: CRIE UM SISTEMA DE PONTUAÇÃO

Identificar as questões é apenas o primeiro passo. Em seguida, você precisa pensar sobre suas prioridades, relativas a essas muitas questões. Por exemplo, o quanto você está disposto a abrir mão do preço para obter condições de financiamento mais favoráveis ou uma data de entrega melhor? Como você negocia entre salário, opções de ações, data

70 ● Gênio da Negociação

de início ou plano de promoção? O quanto você estaria disposto a abrir mão de salário para trabalhar em uma divisão específica da empresa?

Um sistema de pontuação oferece uma maneira de organizar seus interesses e prioridades, para que você possa responder a essas perguntas com eficiência. Para criar um sistema de pontuação, liste cada questão e pese-a de acordo com sua importância, usando uma planilha no computador. Você precisará pensar em uma métrica comum para avaliar cada questão. Por exemplo, você pode começar com cem pontos e distribuí-los entre as questões (e entre os possíveis resultados de cada uma) proporcionalmente à sua importância relativa. Outra métrica fácil envolve converter tudo em valores monetários (por exemplo, cada dia adicional de férias equivale a US$600 em salário). Ter uma métrica comum em todas as questões ajudará você a avaliar o conjunto de ofertas que a outra parte oferece e também a estruturar suas contraofertas com mais cuidado e estratégia.

ESTRATÉGIA 3: CALCULE UM PACOTE DE VALOR DE RESERVA

Em vez de ter um valor de reserva para cada questão ("O menor salário que aceitarei é $X, o menor bônus de assinatura é $Y e o menor número de opções de ações é Z"), você deve usar seu sistema de pontuação para calcular o total do valor de reserva. Por exemplo, se sua BATNA for aceitar uma oferta da Empresa A, inserir as especificações da oferta da Empresa A em seu sistema de pontuação fornecerá o valor total (em pontos ou valores monetários) dessa oferta. Este é o *pacote do valor de reserva* (PRV, na sigla em inglês). Agora, na sua negociação atual, você sabe que não deve aceitar nenhuma oferta que lhe dê um valor total inferior ao seu PRV.

O problema de ter um valor de reserva separado para cada questão é que suas opções ficam limitadas. Você pode não *querer* um salário abaixo de $X, mas tem certeza de que não estaria disposto a aceitar um salário menor se o outro lado fizesse concessões significativas em muitas ou todas as outras questões que você valoriza? Muitas vezes, negociadores estabelecem limites arbitrários para questões individuais (como salário, bônus, opções de ações, datas de entrega, datas de fechamento, pagamento adiantado etc.) porque acham que qualquer coisa além desse limite seria "injusto" ou "não razoável". Mas, fazer isso apenas limita a flexibilidade do negociador. Se a outra parte não puder ficar dentro do seu limite nessa questão, mas puder mais do que compensá-lo com outras concessões e garantias, ambos podem perder por causa do limite que estabeleceram.

Por exemplo, um consultor ou contratante pode não conseguir reduzir o preço o suficiente para superar todas as outras ofertas, mas se puder fornecer um serviço muito melhor, dar garantias mais abrangentes e incluir trabalho adicional gratuitamente, você pode querer reconsiderar o valor de reserva que colocou na questão do preço.

Infelizmente, muitas empresas, organizações e governos farão compras ou contratarão pessoas inteiramente com base na capacidade do provedor de serviços de competir em apenas uma questão (preço). Essa prática pode ser altamente ineficiente.

ESTRATÉGIA 4: IDENTIFIQUE OS MÚLTIPLOS INTERESSES DA OUTRA PARTE

Em negociação, muitas vezes haverá questões com as quais você não se importa — mas que o outro lado se preocupa muito! É fundamental identificá-las. Por exemplo, para você, pode ser indiferente começar seu novo emprego em junho ou julho. Mas se o seu potencial empregador prefere que você comece o quanto antes, isso é uma informação valiosa. Agora você está em posição de dar a eles algo que valorizam (sem nenhum custo para você) e obter algo de valor em troca. Por exemplo, você pode começar um mês antes e, por isso, receber um bônus inicial maior. Da mesma forma, quando Deepak estava comprando sua casa, descobriu que o vendedor estava muito interessado em fechar o negócio o mais rápido possível. Com bem menos restrições para fechar o negócio, cedo ou tarde, Deepak estava mais do que disposto a atender. Ele concordou em fechar um mês antes do originalmente oferecido, e o vendedor concordou com um preço mais baixo.

ESTRATÉGIAS DE EXECUÇÃO PARA CRIAÇÃO DE VALOR

Depois que as conversas começam, é comum que os negociadores se concentrem principalmente em estratégias de reivindicação de valor e abram mão de oportunidades de criação de valor. O que não é surpresa. A maioria das pessoas vê a negociação como uma batalha, na qual o objetivo é passar

72 • Gênio da Negociação

a perna, ser mais esperto e superar a outra parte. Essa mentalidade leva à crença perigosa de que se *eles perdem, você ganha*. Como vimos na negociação de *Mães.com*, esse simplesmente não é o caso. Na verdade, quase todas as negociações envolvem a possibilidade de pelo menos alguma — e, várias vezes, muita — criação de valor. Na Parte II, examinaremos mais de perto os vieses psicológicos que podem levar a uma mentalidade de *eles perdem = você ganha* e discutiremos maneiras de superar esses vieses. Por enquanto, focaremos a abordagem correta para a execução das negociações, de forma que você crie valor e chegue a acordos eficientes, ao mesmo tempo em que captura muito desse valor para si mesmo.

ESTRATÉGIA1 : NEGOCIE MÚLTIPLAS QUESTÕES SIMULTANEAMENTE

Frequentemente fazemos a seguinte pergunta a negociadores experientes: quando você está envolvido em um negócio complexo e com múltiplas questões, quais você negocia primeiro, as mais fáceis ou as mais difíceis? A maioria dos negociadores responde que é melhor começar com as questões mais fáceis. De acordo com essa lógica, começar com questões fáceis permite que os negociadores construam confiança e ganhem força na direção de um acordo; se você iniciar com uma questão difícil, poderá atrapalhar a negociação desde o começo. Outro benefício de começar com uma questão fácil é que isso permite que você faça uma concessão de baixo custo antecipadamente, e prepare o terreno para que o outro lado retribua em questões de maior valor para você. Embora essa estratégia pareça razoável, alguns negociadores nos dizem que é melhor começar com as questões difíceis. Eles apontam que algumas questões são "pegar ou largar"; se você não consegue chegar a um acordo sobre elas, não adianta perder tempo com outras menos importantes. Finalmente, um terceiro grupo de negociadores responde com a resposta, aparentemente infalível, "depende".

Acontece que discordamos de todas as três respostas. Embora negociadores normalmente achem mais natural (e mais fácil) negociar uma questão de cada vez, uma estratégia muito melhor é negociar várias questões simultaneamente. Por quê? Porque negociar uma questão de cada vez elimina a possibilidade de troca de um toma-lá-dá-cá. Por exemplo, na negociação de *Mães.com*, se você já chegou a um acordo sobre a taxa de licenciamento e agora está negociando o número de exibições, será extremamente difícil concordar com oito. A única maneira de a Hollyville permitir oito exibições é se a WCHI ceder em uma questão diferente — mas se você já deixou de lado as outras questões, isso não é possível. Perceba que, quando consideradas *separadamente*, ambas as questões na negociação *Mães.com* são efetivamente de soma zero; o comprador e o vendedor têm interesses diametralmente opostos em cada questão. Somente quando negociam essas questões simultaneamente é que podem criar uma negociação de soma diferente de zero, que permita a criação de valor. Em outras palavras, embora comprador e vendedor estejam em conflito em cada questão, não são igualmente apaixonados por elas. A importância relativa de cada questão para cada parte só se torna aparente quando as questões são discutidas simultaneamente.

ESTRATÉGIA 2: FAÇA CONJUNTOS DE OFERTAS

Negociar múltiplas questões simultaneamente não significa que você deva literalmente falar sobre todas as questões ao mesmo tempo. Isso *significa* que você deve evitar chegar a um acordo final sobre qualquer questão, até que tenha tido a oportunidade de discutir todas as questões. Especialmente quando há muitas questões complexas a discutir, uma abordagem particularmente produtiva é começar com uma discussão sobre a perspectiva de cada lado e o resultado preferido em cada questão. Depois de compartilharem informações preliminares, você pode começar a comparar as preferências relativas entre as questões. Por fim, na hora de trocar ofertas, faça conjuntos de ofertas. Isto é, em vez de fazer uma oferta ou demanda sobre uma questão (como preço ou salário), proponha um pacote que comunique ao outro lado seu resultado preferido em todas as questões. Isso ajuda a outra parte a isolar aspectos da oferta particularmente problemáticos, e a propor contraofertas que não apenas pedem por mais em cada questão. Em vez disso, sua contraparte pode sinalizar flexibilidade em algumas questões enquanto faz exigências em outras.

Considere as duas abordagens a seguir para negociar o preço de um contrato de serviço entre sua empresa e um cliente em potencial. Qual abordagem provavelmente criará mais valor no final?

> A. "Obrigado por me fornecer uma lista detalhada dos serviços que sua empresa requer e por explicar que gostaria de iniciar o período de serviço em julho. Podemos fornecer esses serviços a um custo de US$650.000."

74 • Gênio da Negociação

B. "Obrigado por me fornecer uma lista detalhada dos serviços que sua empresa exige e por explicar que gostaria de iniciar o período de serviço em julho. Agradeço também por sinalizar que você tem alguma flexibilidade sobre o início do período de serviço e por seu interesse em explorar a opção de serviço 'premium' que descrevi. Isso nos dá várias maneiras diferentes de precificar os serviços que você valoriza. Aqui estão duas opções:

Opção 1: Se o período começar em julho e sem a opção premium, podemos fornecer os serviços a um custo de US$650.000. Se quiser adicionar o serviço premium, isso terá um custo de US$50.000, e um preço total de US$700.000.

Opção 2: Se o período de serviço começar mais cedo, em março, e sem o serviço premium, podemos baixar o preço para US$635.000. Se quiser adicionar o serviço premium, isso terá um custo de US$45.000, e um preço total de US$680.000."

A Abordagem B ajuda seu cliente em potencial a entender quais trocas são possíveis e torna muito mais provável que vocês dois cheguem a um acordo eficaz.

ESTRATÉGIA 3: APROVEITE AS DIFERENÇAS DE TODOS OS TIPOS PARA CRIAR VALOR

Como as pessoas são diferentes, conflito é natural. Temos diferentes perspectivas, interesses, necessidades, restrições, carreiras, formações educacionais e experiências. Embora as diferenças costumem levar ao conflito, também fornecem um meio de resolvê-los. A razão pela qual o toma-lá--dá-cá cria valor, por exemplo, é que as partes têm *diferentes prioridades*. Se suas prioridades fossem idênticas, não haveria como uma pessoa ceder no Problema A, em troca de mais do Problema B. Da mesma forma, considere a essência dos contratos de contingência: eles criam valor porque as duas partes têm *diferentes expectativas sobre o futuro*. Se suas expectativas fossem idênticas, eles não teriam oportunidade de introduzir cláusulas que aumentassem o valor esperado de ambas as partes.

Gênios da negociação compreendem essa percepção crucial: você pode aproveitar diferenças de todos os tipos para criar valor. Por exemplo, considere as *diferenças nas preferências de risco*. Se você é avesso ao risco e outra pessoa é neutra, você está em posição de pagar a ela para assumir o risco. Parece estranho, não? Mas é exatamente o que uma companhia de seguros faz. Você paga à sua seguradora de saúde, automóvel ou residência um "premium" para cobrir suas perdas caso algo dê errado. Em média, você perderá dinheiro ao comprar um seguro. Mas, como você é avesso ao risco, está disposto a perder algum dinheiro em troca de pagar à empresa de risco neutro para eliminar seu risco. Isso melhora a situação de vocês dois e não prejudica ninguém — o que significa que o valor foi criado!

Como outro exemplo, considere as *diferenças nas preferências de tempo*. Se você não estiver, no momento, usando algo que lhe pertença, mas outra pessoa precisar imediatamente, você pode dar o que tem em troca de um pagamento. Se isso soa familiar, é porque é o que acontece quando você deposita seu dinheiro em um banco. Você dá seu dinheiro ao banco porque não precisa gastá-lo imediatamente. Em troca, o banco dá seu dinheiro a tomadores de empréstimo e paga pelo uso do seu dinheiro na forma de juros. Essa troca melhora a situação de vocês dois.

Ao negociar, em vez de tentar ignorar, reconciliar ou superar as diferenças com a outra parte, você deve tentar *procurá-las* e, então, encontrar maneiras de aproveitá-las para criar valor. Por exemplo, da próxima vez que alguém se opuser vigorosamente a um determinado aspecto de sua proposta, não desanime. Em vez disso, tente descobrir o quanto o outro lado valoriza o que quer obter nesse aspecto do negócio. Se valorizarem o suficiente, podem estar em posição de tornar o negócio ainda mais agradável para você, fazendo outras concessões em troca de sua flexibilidade.

ESTRATÉGIAS PÓS-NEGOCIAÇÃO PARA CRIAÇÃO DE VALOR

Gênios da negociação não param depois de terem criado valor durante a negociação; continuam buscando melhorias de Pareto, mesmo depois que o acordo é assinado. Uma ferramenta poderosa para a criação de valor é o uso de *acordos pós-acordo* (PSS, na sigla em inglês), que são

76 ● Gênio da Negociação

acordos alcançados após a assinatura do contrato inicial.[4] Imagine o seguinte:

> Após semanas de negociação, você acaba de assinar um contrato complexo com a CEO da Empresa X. Você está satisfeito e a outra parte também. Você não quer nada mais do que ir para casa, tomar um banho e abrir um champanhe. Mas reconsidera, decidindo tentar algo um pouco diferente. Você pergunta à CEO da Empresa X se estaria disposta a dar outra olhada no acordo e ver se algo pode ser melhorado. Ela fica surpresa com a sugestão e pergunta se você está se arrependendo do negócio.

Muitas vezes, a última coisa que você quer fazer depois de uma longa negociação é mexer num vespeiro e potencialmente inviabilizar o acordo. Você não quer dar a impressão de estar renegando o contrato que acabou de assinar, nem quer sugerir que voltou atrás nas concessões anteriores. Também não está disposto a ceder mais terreno à outra parte.

Por que, então, você deveria propor um acordo pós-acordo? Porque, por vários motivos, um PSS pode levar a melhorias de Pareto. Primeiro, o contrato já assinado confirma a capacidade das partes de trabalharem juntas para chegar a acordos que criem valor e cria um ambiente de otimismo. Segundo, uma vez que existe um acordo assinado, as partes se sentem menos ansiosas e muitas vezes estão mais dispostas a compartilhar informações. Terceiro, se apresentado corretamente, ambos os lados compreenderão que só aceitarão um PSS se ele melhorar os resultados de ambos. Em outras palavras, o acordo recém-assinado se torna o novo BATNA para *ambas* as partes.

Este é um ponto crucial: você não quer que o outro lado perceba o PSS como sua tentativa de renegar ou arrancar dele concessões de última hora. Pelo contrário, você deve apresentar a ideia de um PSS como uma oportunidade para ambas as partes se beneficiarem. Na verdade, estabeleça esta regra básica explicitamente desde o início: ou ambos nos beneficiamos, ou mantemos o que já concordamos.

Considere a seguinte história, contada por um de nossos ex-alunos executivos, CEO de uma pequena empresa da indústria farmacêutica:

"Eu tinha concordado... em vender os direitos de oito drogas diferentes que tenho em desenvolvimento... Eu tinha negociado por cinco dias seguidos sobre este negócio e o fechado... antes do curso de Harvard. Depois das aulas, liguei para a empresa farmacêutica compradora dos direitos e disse que precisava de mais um adiantamento. A empresa ficou surpresa com a minha ligação.

No entanto... Usei essa oportunidade para explicar exatamente por que queria diferentes termos. Uma vez que ouviram meu raciocínio — que eu queria o dinheiro para iniciar mais projetos, para me ajudar com o fluxo de caixa e que queria que o dinheiro fosse para investidores-anjos para levantar ainda mais dinheiro — eles entenderam. Tudo o que quiseram em troca foi o direito de preferência em quaisquer projetos futuros que eu desenvolvesse com o fluxo de caixa adicional nos próximos dois anos.

Agora, em vez de usar uma linha de crédito para apoiar todos esses programas de desenvolvimento, tenho mais três ou quatro projetos que iniciarei neste verão, diferente do ano anterior. E ambos os lados têm um valor melhor sob esses termos..."

Como a história sugere, a farmacêutica ficou inicialmente surpresa (e não muito empolgada) com o pedido do executivo para reabrir as negociações. Isso se deveu em grande parte à percepção de que ele estava simplesmente voltando para buscar mais dinheiro, sem se preocupar com os interesses do outro lado. A situação melhorou quando ele compartilhou mais informações sobre seus interesses e comunicou a disposição de dar algo em troca à empresa farmacêutica. Os PSSs não apenas facilitam o toma-lá-dá-cá, como também podem ajudar a identificar e adicionar questões que nem faziam parte da negociação inicial; no exemplo acima, as partes nunca haviam discutido o direito de preferência nas negociações formais que o antecederam.

É fácil ver como um PSS poderia ter melhorado o resultado na negociação *Mães.com*. Se as partes tivessem continuado a negociar e compartilhar informações após a assinatura do contrato inicial, poderiam ter descoberto o valor de mudar para oito exibições, fazendo um acordo sobre *Juniors* e/ou incluindo uma cláusula de contingência que potencializasse diferentes expectativas de audiência.

Apesar desses benefícios potenciais, acordos pós-acordo são uma ferramenta bastante subutilizada. Muitas pessoas nunca ouviram falar em PSS, outras desconfiam dos riscos associados à renegociação, outras duvidam que um PSS possa realmente trazer benefícios, e outras ainda não sabem como propor um PSS. Abordamos as três primeiras questões. Agora vamos considerar como você pode propor um PSS:

Passo 1: Comece reconhecendo o progresso que já foi feito para chegar ao acordo inicial.

Passo 2: Sugira que há aspectos do negócio que gostaria que fossem melhorados; reconheça que vocês provavelmente se sentem da mesma forma.

Passo 3: Sugira que você já tenha concedido tudo o que pode, mas que está disposto a tentar pensar "fora da caixa", se isso ajudar a outra parte.

Passo 4: Afirme que é importante que ambos percebam que não estão procurando um *novo* acordo, mas um acordo *melhorado*, que ambas as partes prefiram ao acordo atual.

Como exemplo, você pode dizer o seguinte:

"Parabéns! Acho que nosso trabalho duro resultou em um bom negócio. Provavelmente estamos ambos prontos para encerrar. Estou me perguntando, no entanto, se você pode estar aberto a uma ideia. Embora ambos estejamos satisfeitos, inevitavelmente há aspectos do acordo que eu gostaria que tivessem sido melhores para mim, e você provavelmente sente o mesmo sobre outros aspectos. E se passássemos mais alguns minutos conversando sobre possíveis melhorias no negócio que nos deixariam em melhor situação? Talvez já tenhamos esgotado essas possibilidades — mas pode ser uma boa ideia ver se ainda há algo a descobrir. Claro, se não conseguirmos encontrar maneiras de deixar ambas as partes mais felizes, ficaremos ainda mais confiantes de que nosso acordo já assinado é certo para todos. Se estiver disposto, vamos tentar..."

Lembre-se de que não é necessário que você tenha essa conversa imediatamente após a assinatura do contrato inicial. Você pode querer esperar o dia seguinte. Pode até esperar uma semana ou um mês antes de revisitar o negócio. O essencial, no entanto, é perceber que sua negociação não deve terminar quando o acordo for assinado — deve terminar quando você sentir que esgotou todas as opções de criação de valor.

A GENIALIDADE DA CRIAÇÃO DE VALOR

Como sugerem as ideias, estratégias e táticas que apresentamos neste capítulo, fazer um bom negócio na negociação não é simplesmente reivindicar o máximo de valor possível. Às vezes, uma tarefa muito mais importante (e difícil) é criar valor e aumentar o tamanho do bolo. Infelizmente, muitos negociadores concentram a maior parte de sua energia em reivindicar valor. Ao fazê-lo, deixam dinheiro na mesa e vão embora confiantes, satisfeitos — e também pobres. Ao terminar este capítulo, considere a seguinte pergunta: você prefere reivindicar 70% de um bolo de US$100 ou 70% de um bolo de US$200? Esse é o tipo de escolha que você enfrentará na maioria das negociações do mundo real. Mesmo se você obtiver uma porção um pouco menor de um bolo grande (digamos, 50-60%), essa troca pode ser muito lucrativa para você.

É importante perceber que não estamos pregando o evangelho do altruísmo e da benevolência, mas ensinando a arte e a ciência da criação de valor. Mesmo os negociadores mais egoístas devem confiar nos outros para satisfazer seus próprios interesses. Lembre-se: para *pegar* algo, você deve trabalhar com o outro lado para *fazer* esse algo. E se você se preocupa com sua reputação e seu relacionamento com a outra parte, mais uma razão para exercitar a genialidade da criação de valor.

CAPÍTULO 3

Negociação Investigativa

Um de nós trabalha com um executivo da Fortune 500 chamado Chris, bastante conhecido em sua empresa por ser um gênio da negociação. Sua reputação foi construída por diversas histórias como esta: alguns anos atrás, a empresa de Chris negociava a compra de um ingrediente para um produto da área da saúde, de uma pequena empresa europeia. As partes concordaram com um preço de US$18 por cada meio quilo em meia tonelada do produto por ano, mas surgiu um conflito sobre os termos de exclusividade. O fornecedor europeu não concordava em vender o ingrediente exclusivamente para a empresa norte-americana, e esta não estava disposta a investir na produção de um novo produto baseado em um ingrediente que seus concorrentes pudessem ter acesso. Essa questão parecia um impedimento para o negócio.

Os negociadores norte-americanos ficaram frustrados e surpresos pela hesitação da pequena empresa europeia em fornecer exclusividade. Afinal, não havia como o fornecedor ter esperança de vender uma quantidade sequer próxima de meia tonelada do produto em qualquer outro lugar. Até que, com uma compreensível hesitação, os negociadores norte-americanos decidiram melhorar o acordo, garantindo um número mínimo de pedidos e um maior pagamento por quilo. Ficaram chocados quando a empresa europeia continuou recusando-se a fornecer com exclusividade! Como último recurso, decidiram chamar Chris, pedindo que viajasse à Europa para se juntar à equipe.

Quando Chris chegou e tomou seu lugar na mesa de negociações, a conversa sobre a exclusividade continuou. Após ouvir brevemente os dois lados, ele interveio com uma pergunta que mudou o resultado da negociação. E com ela foi capaz de estruturar um acordo que ambas as empresas concordaram. A pergunta foi: "Por quê?"

Chris simplesmente perguntou ao fornecedor *por que* ele não poderia fornecer exclusividade a uma grande corporação que se oferecia para comprar tanto quanto ele pudesse produzir. A resposta do fornecedor foi inesperada: com a exclusividade, ele quebraria um acordo com seu primo, que naquele momento comprava cerca de 100 kg do ingrediente ao ano, para produzir um produto que era vendido localmente. A partir dessa informação, Chris propôs uma solução que ajudou as duas empresas a rapidamente planejar um acordo: o fornecedor daria exclusividade, com exceção de algumas centenas de quilos ao ano para seu primo. Chris pegou o próximo voo pra casa.

Os colegas de empresa ainda contam a história de como Chris (o gênio) salvou o negócio por meio de seu espetacular trabalho de detetive e por sua criatividade. O que ele diz? "Tudo o que fiz foi perguntar por que eles não queriam fornecer com exclusividade." Por que os outros negociadores norte-americanos não fizeram essa simples pergunta? Porque, com base em experiências de negócios anteriores, presumiram já saber a resposta: ou o fornecedor estava esperando por mais dinheiro, ou estava preocupado que a exclusividade eliminasse a possibilidade de negócios futuros mais lucrativos. Ancorados nessas suposições, os negociadores norte-americanos tentaram "melhorar" o negócio a um custo potencialmente alto para sua empresa. Logicamente, o negócio nunca seria melhorado o suficiente, pois suas suposições estavam erradas. Chris obteve sucesso no ponto em que sua equipe falhou porque estava disposto a desafiar suposições e reunir a maior quantidade de informações possível sobre a perspectiva do outro lado. Em resumo, Chris empregou o primeiro princípio de um método que chamamos de *negociação investigativa*.

OS SETE PRINCÍPIOS DA NEGOCIAÇÃO INVESTIGATIVA

Negociação investigativa é tanto uma mentalidade quanto uma metodologia. Negociadores investigativos abordam negociações da mesma forma que um detetive abordaria uma cena de crime: o objetivo é aprender, o quanto possível, sobre a situação e as pessoas envolvidas. A seguir, os princípios-chave para negociadores:

PRINCÍPIO 1: NÃO PERGUNTE APENAS "O QUÊ" — PERGUNTE O "PORQUÊ"

Muitos negociadores experientes acreditam que o propósito de ouvir o outro lado seja descobrir o que eles querem. Parece razoável. Afinal, a menos que se saiba o que o outro lado deseja, como estruturar um negócio que estarão dispostos a aceitar? Da mesma forma, negociadores tendem a gastar muito de seu tempo de fala dizendo o que eles mesmos querem ou precisam. Infelizmente, essa abordagem — descobrir o que cada lado deseja — muitas vezes *atrapalha* as negociações. A razão: concentrar-se em *o que* as pessoas querem distrair sua atenção, para descobrir o *porquê* elas querem.

Em sua negociação com o fornecedor, Chris compreendeu que para fazer progresso, ambos os lados deveriam parar de falar sobre *o que* queriam (exclusividade *versus* não exclusividade) e começar a falar sobre *por que* queriam. Embora não houvesse possibilidade de acordo sobre *o que* queriam, uma solução clara emergiu quando o foco mudou para o *porquê*. Quando o fornecedor explicou que estava resistindo à exclusividade porque isso o forçaria a quebrar um acordo com seu primo, Chris obteve a informação de que precisava para estruturar um negócio com criação de valor.

O embaixador Holbrooke empregou a mesma abordagem em suas negociações com estados-membros da ONU (veja no Capítulo 2). Em vez de aceitar suas demandas expressas ("Não queremos aumento em nossas contribuições"), Holbrooke examinou além, perguntando *por que* não queriam um aumento. Quando alguns estados explicaram que estavam restritos ao processo de seus orçamentos anuais, mas que, de outro modo, estariam dispostos a contribuir mais, então o rascunho do acordo se tornou visível.

A mesma tática — perguntar o "porquê" — pode fazer maravilhas, mesmo em negociações triviais. Por exemplo, Shikha, esposa de Deepak, encontrou-se recentemente em um apuro. No centro de Boston, em um dia de inverno extremamente frio, ela precisava de um táxi. Mas era horário de pico e, enquanto dúzias de táxis ocupados passavam, ela começou a considerar que poderia congelar. Finalmente avistou um táxi vazio parado no semáforo. Mas havia um problema: o sinal luminoso de "táxi" estava desligado. De qualquer modo, ela perguntou sobre uma corrida. Como esperado, o taxista recusou seu pedido com

84 • Gênio da Negociação

um aceno desdenhoso. Decidida, ela perguntou ao motorista por que não poderia levá-la. Ele explicou que já havia terminado e estava indo para casa. "Bom, talvez estejamos indo para a mesma direção. Você me levaria se estivéssemos indo para o mesmo lado?", perguntou ela. Como se descobriu, seus destinos estavam a poucas quadras um do outro. Ela entrou no táxi aquecido e chegou em casa logo, enquanto o motorista fez algum dinheiro a mais sem precisar mudar seus planos.

PRINCÍPIO 2: PROCURE CONCILIAR INTERESSES, NÃO DEMANDAS

Um dos maiores erros que um negociador pode cometer é se concentrar exclusivamente em tentar conciliar as *demandas* de cada parte. Negociadores investigativos vão além das demandas, concentrando-se nos *interesses subjacentes* de cada lado. No caso de Chris, o comprador e o fornecedor estavam fazendo exigências irreconciliáveis: um queria exclusividade; o outro, não. Apenas quando Chris mudou a atenção das exigências expressas (exclusividade *versus* não exclusividade) para os interesses subjacentes (proteção contra competidores *versus* uma promessa feita a um primo) o acordo foi possível. As exigências das duas partes eram incompatíveis, mas seus interesses eram totalmente conciliáveis. Além disso, nenhuma das partes precisou fazer um compromisso ou uma concessão substancial para fechar o negócio.

A percepção-chave: gênios da negociação não ficam desencorajados quando as exigências de cada parte parecem incompatíveis. Em vez disso, investigam mais profundamente para descobrir os reais interesses subjacentes de cada lado. Essa estratégia permite pensar de forma mais ampla e criativa sobre acordos que possam satisfazer os interesses de ambos os lados.

Foi exatamente assim que alguns ativistas políticos responderam a uma crise iminente nas eleições presidenciais norte-americanas de 2000. O candidato democrata Al Gore estava em uma competição acirrada com o candidato republicano George W. Bush. Infelizmente, para Gore, o que normalmente seria uma batalha de dois partidos por votos (com Gore na esquerda política e Bush na direita política) tornou-se uma disputa de três partidos, quando o candidato do Partido Verde, Ralph Nader, entrou na disputa e gerou interesse dos eleitores mais à esquerda. Ter dois candidatos à esquerda claramente beneficiou os republicanos; cada voto para Nader seria uma perda para Gore, enquanto Bush não enfrentaria nenhuma competição séria vinda da direita. Não surpreendentemente, as relações entre os apoiadores de Gore e Nader rapidamente azedaram. Os apoiadores de Gore repreenderam a campanha de Nader por organizar o que consideravam uma missão suicida. Nader estava com menos de 4% nas pesquisas na maior parte do país, e não tinha chances de vencer a eleição, mas sua capacidade de desviar votos de Gore poderia ajudar a eleger Bush, o inimigo comum das campanhas de Nader e Gore.

No calor da campanha, um pequeno grupo de apoiadores das campanhas de Nader e de Gore tiveram uma ideia brilhante. Eles bolaram um plano que poderia, simultaneamente, beneficiar Nader e Gore, à custa de Bush. Eles o fizeram ao examinar os interesses subjacentes de cada candidato.

Claramente, Gore e Nader queriam tantos votos quanto possível, mas os queriam por razões diferentes. Gore esperava ganhar a eleição de 2000. Para isso, não precisava da grande maioria do voto popular em cada estado; precisava, simplesmente, do apoio majoritário em estados suficiente para que seus votos excedessem os votos de Bush. (Na maioria dos estados, o candidato com o maior número de votos populares recebe a totalidade dos votos daquele estado.)

Enquanto isso, Nader não tinha esperanças de ganhar a presidência em 2000. Entretanto, ele sabia que se pudesse obter 5% dos votos *populares* nacionais (não estaduais), seu partido se qualificaria para os fundos federais na *próxima* campanha presidencial. Sabendo que sua única chance (embora pequena) de ser eleito presidente no futuro dependia de receber os fundos eleitorais, Nader estava trabalhando duro na campanha de 2000.

Na superfície, o conflito entre Gore e Nader era irreconciliável — estavam competindo por votos do mesmo grupo de apoiadores. Um olhar detalhado, entretanto, revelava que estavam, na realidade, tentando satisfazer interesses bastante diferentes, mas talvez compatíveis: Gore queria votos eleitorais, enquanto Nader queria votos populares. Se os apoiadores de Gore, que viviam em estados onde ele certamente obteria a maioria de votos populares pudessem "trocar" alguns de seus votos com os apoiadores de Nader nos "estados de batalha" (isto é, nos estados onde a disputa entre Bush e Gore era extremamente apertada), Gore e Nader seriam beneficiados. Por exemplo, se um apoiador de Gore na Califórnia (onde se esperava que ele vencesse) votasse em Nader, e se um apoiador de Nader na Flórida (onde a competição Bush-Gore era acirrada) votasse em Gore, então Nader ainda receberia o voto popular de que necessitava, e Gore aumentaria suas chances de obter os votos eleitorais de que precisava. Para facilitar as trocas, surgiram alguns sites para emparelhar apoiadores de Gore e de Nader de diferentes estados. Cada eleitor de um par se comprometia a votar no candidato do outro. A transação toda seria regida por palavra de honra.

A genialidade dessa estratégia talvez seja mais evidente na resposta que obteve dos apoiadores de Bush, alguns dos quais começaram a argumentar que troca de votos é ilegal nos Estados Unidos. A consequente ameaça de processo por parte das autoridades eleitorais forçou alguns operadores a encerrar os sites de troca de votos. Tanto Nader quanto Gore posteriormente falharam em atingir seus objetivos. Embora Gore tenha conquistado a maioria dos votos populares em todo o país, ele não recebeu votos eleitorais suficientes para ganhar a presidência, e Nader ficou aquém dos 5% de votos populares de que precisava para receber os fundos correspondentes em 2004.

Considere um exemplo mais comum do mesmo princípio: um candidato a um emprego exige um alto salário de seu potencial empregador, apenas para descobrir que o empregador está limitado a restrições orçamentárias. Se as duas partes se concentrarem apenas nas demandas envolvidas, restam poucas opções; o candidato pode aceitar o emprego como é ou pode procurar outro. Mas o que acontece quando o empregador se concentra em *por que* o candidato está exigindo um salário mais alto? Presumivelmente, é porque ele deseja um estilo de vida mais confortável, maior poder aquisitivo, mais liberdade e flexibilidade, maior status e melhor saúde. Uma vez que comecem a se concentrar nesses interesses subjacentes, empregador e candidato podem descobrir que têm mais opções. Em vez de um aumento de salário, o empregador pode oferecer mais dias de férias, um cargo melhor, uma escolha de local de trabalho, melhores benefícios de saúde e/ou um bônus de assinatura.

PRINCÍPIO 3: CRIE INTERESSES COMUNS COM ALIADOS INCOMUNS

É tentador acreditar que os apoiadores de Gore e de Nader foram capazes de negociar um acordo em 2000 porque compartilhavam um objetivo maior: derrotar Bush. O que aconteceu quatro anos depois, no entanto, sugere o contrário. Na campanha presidencial de 2004, o candidato democrata John Kerry desafiou o republicano George Bush. Novamente, Nader entrou na briga. Sabendo o que a candidatura de Nader custou na eleição de 2000, os democratas ficaram em alvoroço.

Muitos dos que apoiaram Nader naquele ano imploraram para ele não concorrer. Nader se recusou a abandonar sua campanha, apesar de as pesquisas mostrarem que ele tinha apoio de menos de 2% dos eleitores.

No verão de 2004, foi revelado que Nader havia começado a receber — e aceitar — diversas grandes doações. Mas elas não vinham de seus apoiadores da esquerda — vinham dos republicanos! Claramente, eles estavam apoiando a candidatura de Nader para tirar votos do competidor mais perigoso, Kerry. Como em 2000, a barganha foi consumada em meio a um aparente jogo de soma zero entre os competidores. Desta vez, havia um pacto implícito entre os apoiadores de Nader (que se beneficiaram ao receber orçamento adicional para atrair eleitores) e os apoiadores de Bush (que se beneficiaram ao diminuir os votos disponíveis para seu oponente principal, Kerry). Apesar da natureza clara dessa transação, o colega de Nader na corrida, Peter Camejo, defendeu o recebimento de doações de republicanos dizendo: "Não temos como saber qual é a intenção do dinheiro."[1]

Como essas duas histórias das eleições norte-americanas de 2000 e de 2004 sugerem, oportunidades para criação de valor podem surgir mesmo entre competidores que se abominam. Esse fato diz respeito ao poder de compreender e potencializar interesses subjacentes. Os professores Adam Brandenburger e Barry Nalebuff cunharam o termo *coopetição* para descrever os motivos mistos que temos (e *deveríamos*) ter ao nos envolvermos com aqueles que vemos como nossos competidores.[2] Segundo o princípio da coopetição, é possível simultaneamente cooperar e competir. Você viu esse princípio no Capítulo 2, no qual desenvolvemos uma estrutura para simultaneamente criar e reivindicar valor na negociação. É aqui que o poder da coopetição se torna mais claro: aqueles que veem sua relação com o outro lado como unidimensional ("Ele é meu inimigo") abrem mão de oportunidades para criação de valor; aqueles que apreciam relações complexas e exploram interesses mútuos são capazes de criar interesses em comum.

Vale a pena considerar o que poderia ter acontecido se, entre 2000 e 2004, os democratas tivessem feito um esforço para construir interesses comuns com Nader e seus apoiadores. Por exemplo, os democratas poderiam ter prometido trabalhar com a candidatura de Nader em questões compartilhadas e em estados pouco disputados. Em retorno, os apoiadores de Nader poderiam ter se comprometido a não fazer uma campanha tão dura em estados de batalha. Se isso tivesse acontecido,

88 • Gênio da Negociação

é possível imaginar que Nader e seus apoiadores tivessem mirado sua retórica enérgica mais a Bush do que a Kerry. Em vez disso, uma coalizão Bush-Nader emergiu em 2004.

PRINCÍPIO 4: INTERPRETE DEMANDAS COMO OPORTUNIDADES

Um estudante executivo, CEO de uma construtora de sucesso, relatou a seguinte história em nossas aulas. Ele estava negociando um acordo, no qual um comprador contrataria sua empresa para construir prédios comerciais de tamanho médio. Após meses de negociações finalmente concluídas — mas imediatamente antes da assinatura do contrato —, o comprador abordou o executivo com uma exigência inteiramente nova e potencialmente custosa: uma cláusula no contrato que requeria que a construtora pagasse multas pesadas se a conclusão do projeto atrasasse mais de um mês. O construtor ficou indignado por essa exigência súbita: parecia que o comprador estava tentando arrancar dele algumas concessões de última hora.

O construtor considerou suas opções: aceitar a exigência do comprador e selar o acordo; rejeitar a exigência e torcer para que isso não destruísse o acordo; ou tentar negociar a redução das multas propostas. Então pensou melhor sobre a situação. O que a exigência do comprador revelava? No mínimo, que estava preocupado com atrasos e que valorizava a conclusão no prazo (e talvez a *antecipação*) do projeto. Com isso em mente, o executivo abordou o comprador com a seguinte proposta: ele pagaria multas ainda mais pesadas que as exigidas se o projeto atrasasse, mas o comprador teria de dar um bônus à construtora se o projeto fosse concluído *antes* do prazo. Após ajustar os detalhes, as partes concordaram com a cláusula, e ambas saíram felizes com o acordo. O construtor estava confiante de que terminaria no prazo e receberia o bônus, e o comprador conseguiu minimizar seu risco.

A genialidade da abordagem do CEO esteve em sua capacidade de se concentrar nas necessidades e interesses da outra parte mais do que em seus próprios apuros. Geralmente, ao se deparar com demandas da outra parte, negociadores adotam uma postura defensiva: "Como posso evitar aceitar essa demanda?" Negociadores investigativos confrontam as demandas da mesma forma que o fazem com qualquer afirmação da outra parte: "O que posso aprender com essa demanda? O que me diz sobre as necessidades e interesses da outra parte? Como posso usar essa informação para criar e capturar valor?"

PRINCÍPIO 5: NÃO REJEITE NADA COM "PROBLEMA DELES"

Enquanto nossas próprias restrições são bastante visíveis para nós, é fácil não enxergar as da outra parte. De fato, negociadores costumam adotar o tipo de atitude "isso é problema deles, não meu." Infelizmente, em negociação, o problema deles logo se torna o seu problema. Por exemplo, se uma parte está próxima de um prazo final, a quantidade de tempo disponível diminui para ambas as partes. Da mesma forma, se uma parte for incapaz de cumprir com suas responsabilidades, ela pode ser legalmente responsável, mas ambas as partes podem perder seus lucros.

A experiência de uma ex-aluna inspirou este exemplo: a CEO da "HomeStuff", fabricante bem-sucedida e lucrativa de eletrodomésticos, estava negociando a compra e entrega de partes mecânicas da "Kogs", uma nova fornecedora. As partes conversaram sobre duas questões-chave: preço e data de entrega. A HomeStuff queria pagar um preço menor e também ter entrega imediata. Sem surpresa, a Kogs queria um preço alto e mais tempo para entregar os produtos.

Com base nas taxas de mercado vigentes, as partes concordaram com um valor de US$17 milhões e uma data de entrega para três meses. O fornecedor, entretanto, expressou alguma ansiedade sobre o prazo de entrega: "Isso vai custar caro", disse ele, "mas vou me virar".

A CEO da HomeStuff, ciente de que, se a entrega demorasse mais do que três meses, custaria cerca de US$1 milhão à sua empresa, de modo que ofereceu um tempo a mais na entrega, se a Kogs pudesse abater US$1 milhão do preço.

"Aprecio a oferta", respondeu o fornecedor. "Mas não posso aceitar um abatimento tão grande no preço."

Normalmente, as negociações parariam nesse ponto. A CEO tentou melhorar a situação de ambos os lados, por meio de um toma-lá-dá-cá e descobriu que não era possível. Apesar disso, decidiu investigar mais o assunto. "Estou surpresa que um prazo de três meses esteja criando um problema para você", disse ao fornecedor. "Pensei que vocês conseguiriam manufaturar as peças facilmente em um curto período de tempo. Você se importaria de me contar mais sobre o processo de produção, para que eu possa entender melhor suas restrições?"

"Na verdade, a manufatura não é o problema", disse o fornecedor. "São os custos de frete que estão nos matando. As taxas que temos que pagar em um tempo tão curto são extremamente altas."

Quando a CEO ouviu isso, seus olhos brilharam. Se o problema fosse o que tinha suposto (não há como *manufaturar* a tempo), havia pouco a ser feito. Mas esse problema (não há como *transportar* a tempo) poderia ser resolvido para a Kogs. A HomeStuff estava envolvida com um alto volume de frete por anos, e geralmente precisava enviar produtos em curto prazo. Como resultado, a empresa havia negociado termos bastante favoráveis para esse tipo de entrega. De fato, a CEO teria as peças enviadas pela fornecedora em menos de três meses, a um custo de US$500.000. Em comparação, a fornecedora teria pagado mais que o dobro desse valor (US$1,2 milhão).

A CEO fez a seguinte oferta, imediatamente aceita:

- A HomeStuff teria as peças entregues pela transportadora que a servia, em um período de dois meses e meio.
- A fornecedora pagaria os custos do frete (US$500.000).
- A fornecedora abaixaria o preço de US$17 milhões para US$16,5 milhões, permitindo uma economia para ambas as partes.

Outro grande resultado desse acordo? A fornecedora agora tinha uma relação com a transportadora de baixo custo, e poderia ter vantagens dessa eficiência no futuro.

Como a história da HomeStuff ilustra, quando a restrição da outra parte destrói valor, é ingênuo ver essas restrições como "problema deles". Nesse caso, a fornecedora estava limitada pelos altos custos de entrega, e isso estava destruindo US$700.000 em valor para ambas as partes. A genialidade da CEO da HomeStuff residiu em seu desejo de compreender — e resolver — o problema do outro lado; ela aproveitou uma vantagem de sua empresa para solucionar o dilema de transporte. Da mesma forma, nas negociações da ONU, o embaixador Holbrooke foi capaz de aproveitar sua relação com Ted Turner (que concordou em doar mais de US$30 milhões para compensar o déficit de um ano na dívida com a ONU) para resolver as restrições orçamentárias enfrentadas por outros estados-membros. Em ambos os casos, um problema foi resolvido, não por benevolência ou altruísmo, mas porque os negociadores compreenderam que um "oponente" sem restrições teria mais a oferecer do que alguém de mãos atadas.

PRINCÍPIO 6: NÃO DEIXE QUE NEGOCIAÇÕES TERMINEM COM UMA REJEIÇÃO DE SUA OFERTA

Quantas vezes você tentou fazer uma venda, ou fechar um acordo, apenas para ter a oferta rejeitada no final? O que você faz quando isso acontece? Se você é como a maioria das pessoas, uma vez que o outro lado tenha dito não para sua melhor oferta, você sente que há pouco a fazer. Geralmente, isso é correto. Às vezes, entretanto, está muito errado. Alguns anos atrás, Linda, CEO de uma empresa que manufatura lembranças artesanais para muitos clientes da Fortune 500, acabou recebendo uma rejeição. Um grande cliente em potencial, que ela havia cortejado por meses, decidiu que compraria de uma concorrente de Linda. O desgosto veio após as duas manufaturas terem enviado suas propostas finais e o cliente ter escolhido a concorrente. Linda ficou surpresa, mas aceitou a perda como parte da vida. Logo, ela não tinha ilusões de ganhar o negócio, quando decidiu fazer uma última ligação para o cliente. Quando o vice-presidente de compras atendeu ao telefone, Linda perguntou se ele estaria disposto a dizer por que sua oferta final não havia sido suficiente para fecharem o acordo. "Essa informação poderia me ajudar a melhorar minhas ofertas de produtos e serviços no futuro", explicou ela.

Linda ficou bastante surpresa quando o vice-presidente explicou por que o concorrente bateu sua oferta. Acontece que ela tinha a falsa suposição de que seu cliente se importava mais com o preço. Em sua oferta final, Linda fez todo o possível para reduzir o custo ao cliente; para isso, eliminou características do produto que o cliente valorizava bastante. Sua concorrente, por outro lado, estava cobrando um preço muito mais caro, mas incluindo as características-chave. Após ouvir atentamente a explicação, Linda o agradeceu pela sinceridade. Então ela explicou que havia compreendido mal a posição dele. "Sabendo o que eu sei, estou confiante de que posso bater a outra oferta", disse. E perguntou se ele ainda estava em posição de considerar uma oferta revisada de sua empresa. O vice-presidente disse que sim. Uma semana depois, Linda conquistou o cliente — e assinou o contrato.

A lição-chave dessa história, uma lição que Linda tem aplicado desde então, é que negociações nunca devem terminar com um "não". Em vez disso, devem terminar com um "sim" ou com uma *explicação* do motivo do não. Você pode descobrir que o outro lado tem necessidades que você simplesmente não tem como atender, ou que o concorrente enxerga valor em algo que não lhe compete. Nesse caso, você pode sair confiante da negociação, sabendo que nenhum acordo foi possível. Mas também pode descobrir que houve opções que ignorou, necessidades que não considerou ou questões que não explorou com cuidado. O mínimo que um negociador investigativo fará após ser rejeitado é perguntar: "O que seria necessário para chegarmos a um acordo?" Mesmo que a resposta confirme que não havia como fechar o negócio, você pode obter informações importantes que o ajudarão em negociações futuras, com este, ou com outros clientes em potencial.

Em resumo, não há nada de errado com um "sem acordo" ou uma rejeição de sua oferta — contanto que a razão para isso seja de que não há ZOPA (isto é, nenhum resultado mutuamente aceitável). Se você não é o parceiro que ajuda o outro lado a criar mais valor, então não merece o negócio. Mas, se pode criar o máximo de valor e não há acordo porque algo foi negligenciado, então é um resultado trágico e destruidor de valor. Os negociadores investigativos não temem a rejeição, mas também não deixam que as coisas parem por aí; eles investigam mais para descobrir se realmente não há espaço para um acordo. Negociadores investigativos compreendem que "por que não" costuma ser uma questão tão tão importante quanto "por quê". E, acima de tudo, negociadores investigativos nunca param de aprender — nem mesmo quando o negócio está perdido e eles são convidados a sair da sala.

PRINCÍPIO 7: ENTENDA A DIFERENÇA ENTRE "VENDER" E "NEGOCIAR"

Imagine-se assistindo a um vendedor fazendo seu trabalho. O que você vê? Qual abordagem ele está adotando? Em que o vendedor se concentra?

Quando questionadas a imaginar um vendedor em ação, a maioria das pessoas visualiza alguém fazendo um "pitch" — apresentando os méritos de seu caso e tentando convencer um alvo em potencial a comprar o que ele tem a oferecer.

Agora, imagine-se assistindo a um negociador fazendo seu trabalho. O que você vê? Qual abordagem ele está adotando? Quais estratégias está empregando? Em que o negociador se concentra?

Se novamente visualizou alguém fazendo um *pitch*, você está falhando em fazer uma distinção crucial entre "vender" e "negociar". Vender envolve contar às pessoas sobre as virtudes do produto ou serviço que você tem a oferecer, concentrando-se nos pontos fortes do seu caso, e tentando induzir a um acordo ou concordância. Negociação efetiva requer esse tipo de venda ativa, mas também envolve se concentrar nos interesses, necessidades, prioridades, restrições e perspectivas do outro lado. Gênios da negociação — e todos os grandes vendedores — compreendem essa diferença. Também compreendem que sua capacidade de estruturar um acordo que maximize valor costuma depender não de sua capacidade de persuasão, mas de sua capacidade de escuta.

Vale a pena notar que a maioria dos acordos negociados que consideramos neste capítulo não apenas satisfizeram os interesses de cada parte, mas também não exigiram que qualquer uma delas fizesse uma concessão substancial. Nas eleições presidenciais norte-americanas de 2000, o acordo entre os apoiadores de Gore e de Nader foi projetado para Gore ganhar votos eleitorais e para Nader ganhar votos populares, sem que cada uma das partes tivesse que abrir mão de algo de valor. Da mesma forma, na negociação de Chris com o fornecedor europeu, ele obteve proteção contra concorrentes, o fornecedor manteve seu direito de vender a seu primo, e nenhuma das partes teve que fazer concessões substanciais. Na negociação da corrida de táxi, o motorista ganhou dinheiro, Shikha chegou em casa, e ninguém fez nenhuma concessão. Esses acordos negociados sugerem que se você negocia usando uma abordagem investigativa, não precisa "dar para receber", como diz o ditado. Em vez disso, pode conseguir tudo de que precisa sem abrir mão de nada — exceto, talvez, de sua suposição equivocada de que alguém deve perder para o outro ganhar.

CINCO ESTRATÉGIAS PARA OBTER INFORMAÇÕES DE NEGOCIADORES RETICENTES

A esta altura, você deve ter notado que todos os princípios que delineamos neste capítulo, bem como todas as estratégias de criação de valor apresentadas no Capítulo 2, presumem que é possível descobrir os interesses, prioridades e restrições do outro negociador. Para que o toma-lá-dá-cá aconteça, as partes devem entender quem valoriza mais uma questão. Da mesma forma, para conciliar os interesses de cada parte, ambas precisam estar dispostas a compartilhar informação. Infelizmente, negociadores costumam não compartilhar tais

94 ● Gênio da Negociação

informações. Normalmente, eles mantêm as cartas próximas ao peito, por medo de que se o outro lado souber o que valorizam mais — ou que desejam ou necessitam de algo — eles serão explorados.

Como, então, obter as informações necessárias para criar valor, resolver conflitos e chegar a acordos eficientes? Aqui há cinco estratégias para lidar com negociadores reticentes. As estratégias se complementam; se a primeira não funcionar, siga a lista. É claro que quanto melhor sua relação com o outro lado, mais provável é que uma das primeiras estratégias funcione.

ESTRATÉGIA 1: CONSTRUA CONFIANÇA E COMPARTILHE INFORMAÇÕES

Negociadores estão mais dispostos a compartilhar informações abertamente sobre seus interesses, restrições e prioridades quando confiam uns nos outros. Esse fato não surpreende. O que surpreende é quão raramente negociadores investem na construção de confiança antes, durante ou depois das negociações. Gênios da negociação não apenas aproveitam a confiança quando ela se apresenta, eles constroem confiança quando ela está ausente.

Como construir confiança? Primeiro, entenda que negociação gera ansiedade para todos — mesmo para aquele negociador duro e impassível que você odeia ter do outro lado da mesa. Essa ansiedade está enraizada no medo de que a outra parte irá explorá-lo se tiver a oportunidade. Se puder amenizar esse medo, ambos os lados se sentirão menos ansiosos e serão capazes de compartilhar informações mais facilmente. Aqui há três meios poderosos de amenizar o medo e construir confiança:

Entenda e fale a língua do outro. Esse conselho não é relevante apenas em negociações transculturais; executivos de diferentes empresas e áreas também falam línguas diferentes. Soubemos de um caso em que uma empresa de consultoria perdeu o contrato de um projeto multimilionário porque sua representante não entendeu uma palavra específica do jargão técnico que o cliente estava usando. Esse breve momento de ignorância linguística custou milhões de dólares na receita da empresa. Como isso poderia ter sido evitado? A empresa de consultoria poderia ter dedicado tempo para estudar mais profundamente a área do cliente ou poderia ter escolhido como representante alguém com experiência nessa área. Quando você fala a língua do outro, não apenas constrói um senso de afinidade, mas também demonstra se importar com as necessidades e interesses dele e que está interessado em construir um relacionamento de longo prazo.

Melhore os laços que os unem. Se sua relação é puramente comercial ou política, o outro lado tem todas as razões para acreditar que você irá explorá-lo quando for do seu interesse econômico ou político. Saber sobre a família e a vida, passar algum tempo em ambientes informais e viver ou trabalhar na mesma comunidade facilitará a confiança. Mesmo melhorar seus laços econômicos ou políticos com o outro lado pode facilitar a confiança. Imagine uma empresa que presta um serviço para um cliente sob um contrato anual. Agora, imagine uma empresa que presta diversos serviços para o mesmo cliente, sob contratos de longo prazo que expiram em datas diferentes. Ambas as empresas desejarão renovar um contrato quando ele expirar. Mas qual das empresas têm melhores oportunidades de cultivar a confiança necessária para assegurar negócios futuros com o cliente?

Construa confiança quando não estiver negociando. Sua melhor oportunidade de construir confiança vem quando seu comportamento cooperativo, benevolente ou ético não pode ser interpretado como egoísta. Qualquer um pode ser simpático quando está tentando fazer negócio; negociadores inteligentes mantêm e reforçam relacionamentos com os outros mesmo quando não há óbvia razão econômica ou política para fazê-lo. Ao manter contato com ex-clientes, entregar um produto melhor que o esperado, repassar descontos imprevistos e se comportar eticamente do outro lado da mesa, você pode aumentar a probabilidade de que sua próxima negociação seja com alguém que confia em você. Isso realça outro ponto importante: a melhor maneira de construir confiança é realmente ser confiável. Negociadores que criam estratégias, economizam ou cortam custos quando se trata de comportamento ético, normalmente não estão em posição de construir a confiança necessária para troca de informações e criação de valor.

ESTRATÉGIA 2: FAÇA PERGUNTAS — ESPECIALMENTE SE ESTIVER SURPRESO OU CÉTICO

Negociadores muitas vezes não se preocupam em fazer perguntas porque presumem que a outra parte não irá respondê-las. Esse é um erro colossal. Embora não haja garantia de que alguém responderá suas perguntas, uma coisa é certa: é mais provável que sejam respondidas se você as fizer do que se não as fizer. Mas fazer as perguntas importantes não é suficiente; o verdadeiro truque é saber *como* perguntar a eles.

Por exemplo, se você quiser saber o valor de reserva do outro lado, geralmente é inútil perguntar a eles sobre seus valores finais; é improvável que respondam. Mas você pode fazer outras perguntas que eles *responderão* — e isso lhe fornecerá essencialmente as mesmas informações. Considere estas questões menos ameaçadoras:

- "O que você planeja fazer com os produtos que está comprando de nós?"
- "Conte-me sobre seus clientes."
- "O que você planeja fazer se não pudermos fornecer os serviços de que precisa?"
- "Como esse negócio se encaixa em sua estratégia geral de negócios?"
- "Conte-me mais sobre sua organização."

Infelizmente, muitos negociadores não fazem tais perguntas indiretas, pois estão muito ocupados discutindo os méritos do caso.

Como dissemos previamente, fazer perguntas é especialmente importante no momento em que você estiver surpreso ou cético. Os negociadores da empresa de Chris não deveriam precisar que ele viajasse para a Europa para perguntar por que o fornecedor relutava em permitir a exclusividade. A recusa do fornecedor — mesmo após significativas concessões no preço e garantias de um mínimo de compras — deveria ter sido um chamado à ação — isto é, um chamado a questionar. Da mesma forma, na negociação de *Mães.com,* no Capítulo 2, quando Kim afirmou que as projeções de audiência para o programa eram baixas, você poderia ter aproveitado a oportunidade para fazer uma série de perguntas importantes: "O que essas projeções assumem? Quão confiante você está com essas projeções? O que aconteceria se as projeções estivessem incorretas?" Essas questões em série poderiam levar à estruturação de um contrato de contingência.

ESTRATÉGIA 3: DÊ ALGUMAS INFORMAÇÕES

Você já tentou construir confiança e compartilhar informações. Você esgotou sua lista de questões. Ainda assim, a outra parte não está disposta a dar as informações de que você precisa. E agora?

Faça uso da norma da reciprocidade e seja o primeiro a dar algumas informações. Por exemplo, você pode dizer: "Sei que temos bastante para conversar. Se quiser, posso começar dizendo algumas das questões mais importantes para mim. Então você pode fazer o mesmo". Essa tática ajuda a reduzir a ansiedade do outro lado; se as duas partes estão compartilhando informações, ambas estão mutuamente vulneráveis. A chave, então, é compartilhar informações de forma incremental, indo e voltando. Dessa forma, você pode minimizar seus próprios riscos: se a outra parte ainda está relutante em discutir alguns assuntos, você pode retroceder, se necessário.

Ao usar essa estratégia, é fundamental saber quais tipos de informação compartilhar e quais reter. Primeiro, raramente você deve fornecer seu valor de reserva — e certamente não no início da negociação. Se disser à outra parte que o mínimo que pode aceitar é US$15.000, adivinhe quanto vão lhe oferecer? Por outro lado, geralmente é seguro compartilhar informação sobre suas prioridades em diferentes questões. Esse conselho geralmente surpreende as pessoas, pois elas raciocinam assim: "Se eu disser o que não valorizo, não serei capaz de exigir grandes concessões em troca." A chave é compartilhar informações sobre suas prioridades *relativas,* sem minimizar a importância *absoluta* de qualquer questão. Compare essas duas abordagens:

O *que não dizer*: "Destas cinco questões que discutiremos, eu me importo apenas com as questões 2 e 4. Realmente não me importo com o que decidirmos sobre os outros itens."

Como dizer: "As cinco questões que discutiremos são fundamentais, pois cada uma tem impacto significativo em meus resultados. Pode ser difícil oferecer concessões em qualquer uma delas. Mas se eu tivesse que escolher, diria que as questões 2 e 4 devem ser as mais fundamentais — nessas sou menos flexível."

Dar tais informações fornece dois importantes benefícios. Primeiro, se sua contraparte é um negociador habilidoso, começará a identificar trocas que permitirão um toma-lá-dá-cá e uma criação de valor. Por exemplo, ela pode sugerir oferecer o que você precisa na questão 2, em troca do que ela precisa na questão 1. Segundo, mesmo que sua contraparte não seja um gênio da negociação, ainda é humana — e humanos tendem a retribuir comportamento. Quando você mente, as pessoas costumam mentir para você. Quando se desculpa, elas também expressam remorso

98 • Gênio da Negociação

ou arrependimento. E quando você dá informações úteis e críveis, elas geralmente respondem compartilhando informações com você.

ESTRATÉGIA 4: NEGOCIE MÚLTIPLAS QUESTÕES SIMULTANEAMENTE

Como mencionado no Capítulo 2, um toma-lá-dá-cá requer que você ponha todas as questões na mesa ao mesmo tempo e, em vez de discuti-las uma por uma, alternar entre elas. Negociar múltiplas questões simultaneamente também é uma boa forma de conseguir informações sobre as relativas preferências e prioridades do outro lado. Se discutir uma questão de cada vez, a outra parte provavelmente tratará cada questão como a mais importante da negociação. Para obter uma leitura clara sobre suas verdadeiras prioridades, abra as discussões para incluir múltiplas questões e coloque sua contraparte em uma posição na qual deva fazer uma escolha implícita sobre qual questão ou demanda enfatizar. Para determinar quais questões são mais importantes para o outro lado, veja os seguintes sinais:

- Para qual questão ele retorna constantemente?
- Quais questões o deixam mais emotivo ou tenso?
- Na discussão de qual questão ele costuma falar mais do que ouvir?
- Em quais questões ele está mais obstinado, quando você pede um compromisso?

ESTRATÉGIA 5: FAÇA MÚLTIPLAS OFERTAS SIMULTANEAMENTE

Imagine que você tentou todas as estratégias anteriores e a outra parte ainda reluta em fornecer as informações de que você precisa. O que você necessita agora é de uma tática que obtenha informação sem que ele sequer saiba que está dando uma informação. Tente isso: da próxima vez que estiver se preparando para fazer uma oferta, não faça apenas uma. Em vez disso, faça duas ofertas simultaneamente. Especificamente, faça *duas* ofertas que sejam de *igual valor* para você, mas que difiram ligeiramente uma da outra.

Considere a seguinte negociação com uma corretora imobiliária que você está contratando para vender sua casa. Os dois primeiros elementos do contrato da agente são comissão (a porcentagem do preço de venda que receberá) e duração do contrato (a quantidade de tempo que ela tem para vender a casa com exclusividade). A agente quer uma comissão alta (6%) e um contrato longo (seis meses). Você quer dar uma comissão baixa e manter o contrato por uma duração mínima. Como descobrir qual questão a agente valoriza mais? Primeiro, calcule o quanto essas duas questões valem para *você*, criando um sistema de pontuação (veja Capítulo 2). Digamos que você descubra ser igualmente valioso reduzir a comissão em 1% ou reduzir a duração do contrato em um mês. Então, você faz as duas seguintes ofertas à agente:

Oferta X: 2,5% de comissão, 3 meses de contrato

Oferta Y: 3,5% de comissão, 2 meses de contrato

A agente responde que, embora nenhuma das ofertas seja totalmente aceitável, ela prefere a Oferta X à Oferta Y. Isso lhe dá informações importantes! Como essas ofertas são iguais em valor para você, a escolha dela revela que (em relação à taxa de comissão) a agente valoriza tempo adicional (ou seja, a duração do contrato) mais do que você. Assim, se você tentar estruturar um acordo com uma comissão relativamente baixa em troca de um contrato mais longo, provavelmente beneficiará ambas as partes. A preferência declarada pela agente também pode dizer outra coisa — algo que deve ser motivo de preocupação. Por que ela valoriza tanto o tempo adicional? Está muito ocupada esses dias? Não é uma boa vendedora? Esses são problemas que você pode investigar agora. Essa informação poderia ter sido difícil de obter sem o uso de várias ofertas simultâneas.

Tenha em mente que a outra parte não precisa *aceitar* nenhuma de suas duas ofertas para sinalizar suas prioridades relativas. Na verdade, a agente pode responder as suas ofertas dizendo que ambas são totalmente inaceitáveis porque você ancorou de forma muito agressiva. Isso não é um problema. Você pode, então, perguntar: "Qual oferta está mais próxima de algo que você poderia aceitar?" ou "Qual está completamente fora de cogitação?" ou "Se eu considerasse fazer algumas mudanças, em qual oferta eu deveria começar a trabalhar?" Respostas a qualquer uma dessas perguntas fornecerão as informações necessárias para iniciar um toma-lá-dá-cá.

Fazer múltiplas ofertas simultaneamente é uma ótima tática por outros motivos também. Isso não apenas permite que você descubra os interesses de negociadores reticentes, mas, além disso, permite que ancore mais fortemente (com duas ofertas em vez de uma) enquanto também aparenta ser flexível. O fato de estar oferecendo opções sinaliza que você está disposto a fazer ajustes e interessado em entender as preferências e necessidades da outra parte.

O JOGO DA INFORMAÇÃO

Negociação é um jogo de informação. Aqueles que sabem como obter informações têm melhor desempenho do que aqueles que se apegam ao que sabem. Em todos os exemplos apresentados na Parte I deste livro, vimos que a decisão de desafiar suposições e investigar abaixo da superfície ajudou os negociadores a melhorar suas opções e estruturar negócios mais eficientes. De modo mais geral, a abordagem de negociação investigativa pode ajudá-lo a transformar negociações competitivas de soma zero em negociações que envolvam possibilidades de cooperação, criação de valor e satisfação mútua.

Não basta, no entanto, estar equipado com uma abordagem sistemática para maximizar a criação e a reivindicação de valor. Na Parte II, mergulhamos na mente do negociador e expomos algumas das armadilhas psicológicas que podem inviabilizar a estratégia, até mesmo do negociador mais experiente. Gênios da negociação compreendem o funcionamento — e as deficiências — da mente humana, e são hábeis não apenas em superar seus próprios vieses psicológicos, mas também em confrontá-los (e, quando necessário, potencializar) os vieses dos outros.

PARTE II

A PSICOLOGIA DA NEGOCIAÇÃO

•

CAPÍTULO 4

Quando a Racionalidade Falha: Vieses da Mente

Em 15 de setembro de 2004, em meio a uma litigiosa disputa trabalhista, a Liga Nacional de Hóquei (NHL, na sigla em inglês) dispensou seus jogadores. Cinco meses e centenas de jogos suspensos depois, a NHL oficialmente cancelou a temporada. Ao fazer isso, tornou-se a primeira grande liga esportiva na história dos EUA a perder uma temporada inteira para uma disputa trabalhista.

O que deu errado?[1] Sob a liderança do comissário Gary Bettman, a NHL cresceu ambiciosamente ao longo da década de 1990, adicionando nove times novos, construindo novas arenas, gerando publicidade e aumentando o tempo televisivo dedicado ao esporte. Mas, na busca por aumentar sua visibilidade e seus lucros, a administração da NHL permitiu que os salários dos jogadores alcançassem números insustentáveis. Em 2003, de acordo com a liga, os salários eram 75% da receita — um aumento de 34% desde a temporada 1990–91.[2] Em comparação, a Liga Nacional de Futebol Americano paga 64% da receita a seus jogadores; a Associação Nacional de Basquete paga 57%.

Em 2004, a NHL não podia mais ignorar seu crescente dilema financeiro. Dezenove de trinta franquias perderam dinheiro durante a temporada 2003-04; a liga afirmou ter perdido US$225 milhões no mesmo período. A venda de direitos para a televisão também foi decepcionante.[3] Como resultado, a administração da NHL decidiu adotar uma linha dura no início da temporada 2004-05. A liga demandou uma redução no salário médio dos jogadores, de US$1,8

104 ● Gênio da Negociação

milhão para US$1,3 milhão. Além das reduções salariais, o comissário Bettman exigiu "certeza de custo", um teto salarial que limitava as folhas de pagamento a um máximo de 55% da receita dos times.

Em 9 de dezembro de 2004, a Associação de Jogadores da NHL (NHLPA, na sigla em inglês) concordou com uma redução de 24% nos salários, mas se recusou a associar salário e receita. Bettman estabeleceu um prazo até meados de fevereiro para chegarem a um acordo ou ao cancelamento da temporada. Em 14 de fevereiro de 2005, os proprietários da NHL propuseram um teto salarial não vinculado à receita. Após negociações adicionais, a oferta de teto salarial dos proprietários ficou em US$42,5 milhões por equipe. A NHLPA deixou de exigir um teto de US$52 milhões por equipe, para US$49 milhões, com exceções.

"Por estar tão perto, eles têm que fazer um acordo", disse o jogador do Might Ducks, Mike Leclerc, ao *Los Angeles Times* conforme se aproximava o prazo final de Bettman. "Seria vergonhoso cancelar a temporada."[4] No entanto, o prazo passou sem acordo, e Bettman anunciou oficialmente que a temporada havia terminado antes mesmo de começar. Quase quatrocentos, dos mais de setecentos jogadores da NHL, foram para times europeus na temporada; jogadores mais velhos tiveram suas carreiras subitamente interrompidas. Muitos se sentiram traídos, tanto por sua associação, quanto pelos proprietários dos times. O sentimento público ficou dividido no início, mas rapidamente se voltou contra os jogadores, vistos como irrealistas e gananciosos.

Em 21 de julho de 2005, NHL e NHLPA finalmente terminaram a paralisação de 310 dias e deram início à temporada de hóquei, ao ratificar um acordo coletivo. Apoiado por quase 90% dos jogadores da NHL, o acordo previa um teto salarial de US$39 milhões por time — um decréscimo de US$10 milhões nas exigências anteriores da NHLPA — e *mais baixo do* que o que a liga havia oferecido cinco meses antes. Outras obrigações de custo também incluíam: as folhas de pagamento não deveriam exceder 54% da receita dos times, todos os contratos vigentes foram reduzidos em 24%, e a cláusula de arbitragem foi alterada para uma forma menos vantajosa.[5] Os jogadores receberam apenas concessões nominais em troca (por exemplo, um salário mínimo garantido por equipe). A principal liga de hóquei, um esporte movido por pontos, que ganhava cerca de três quintos de sua receita com a venda de ingressos, enfrentava o difícil desafio de atrair torcedores de volta aos estádios em números significativos.[6]

Por que a associação de jogadores rejeitaria uma oferta de US$42,5 milhões em fevereiro, apenas para aceitar US$39 milhões em julho? Por que sacrificaram o valor de uma temporada de receitas para concordar com menos? Pela maioria dos relatos, o acordo assinado já era possível antes da paralisação. Por que, então, os dois lados não conseguiram evitar a perda da temporada? A disputa, a paralisação e o cancelamento da temporada 2004–2005 eram eventos necessários e inevitáveis? Em nossa visão, os caprichos do destino não são os culpados; em vez disso, a negociação falhou, em grande parte, devido a erros evitáveis.

QUANDO A RAZÃO FALHA

Em 2002, Daniel Kahneman recebeu o Prêmio Nobel de Economia por seu trabalho com Amos Tversky sobre as maneiras sistemáticas com que a mente humana se desvia da racionalidade. Esse trabalho profundo levou a revoluções científicas em muitas áreas, incluindo economia, psicologia, finanças, direito, medicina e marketing — e também transformou a área da negociação. Antes da influência do que é conhecido como *pesquisas de decisão comportamental,* negociadores eram simplesmente instados a abordar os problemas de uma perspectiva racional — em outras palavras, eram instruídos a adotar certas estruturas lógicas (por exemplo, versões mais antigas do que desenvolvemos nos Capítulos 1–3) e a "ser racional".

Por outro lado, as pesquisas de decisão comportamental enfatizam que, embora seja necessário aconselhar os negociadores a serem racionais, isso está longe de ser suficiente. Os negociadores também precisam estar cientes dos hábitos e vieses mentais que podem impedi-los de seguir conselhos racionais. Pesquisadores de decisão comportamental aprenderam bastante sobre a natureza dos erros que cometemos nas negociações, como podemos evitá-los em nosso próprio pensamento e como antecipá-los e potencializá-los no comportamento dos outros. Neste capítulo e no próximo, iremos lhe ajudar a desenvolver a autopercepção e a racionalidade que muitas vezes faltam quando os negociadores estão mal preparados, são pegos de surpresa ou improvisando. Também o ajudaremos a antecipar os pensamentos e ações de seus oponentes e parceiros de negociação.

106 ● Gênio da Negociação

Logicamente, não é novidade que as pessoas são irracionais e que muitas vezes cometem erros. A novidade *é* que, no contexto de tomada de decisões e negociação, muitos erros que as pessoas cometem são *sistemáticos* e *previsíveis*. De fato, mesmo o mais brilhante executivo pode ser regularmente vítima de quatro erros fundamentais e sistemáticos: o viés do bolo fixo, o viés da vivacidade, o compromisso da escalada irracional e a suscetibilidade ao enquadramento.

O VIÉS DO BOLO FIXO

Relembre nossa história do Capítulo 3, quando Chris foi chamado a resolver um impasse sobre os termos de exclusividade entre a equipe de negociadores de sua empresa e o fornecedor europeu. A equipe de negociação norte-americana supôs que apenas uma das empresas poderia ter o que queria na questão da exclusividade: ou ela seria concedida ou não. Felizmente, a simples pergunta de Chris sobre por que a empresa europeia não permitiria a exclusividade revelou que o fornecedor queria apenas manter o direito de vender uma pequena quantidade do produto ao seu primo. Ao mesmo tempo, a empresa norte-americana não se importava com o fornecimento de poucas centenas de quilos do produto para uma empresa local, contanto que o fornecedor pudesse garantir a exclusividade além disso. Assim, o que parecia ser uma questão (exclusividade) eram, de fato, duas questões separadas: exclusividade sobre algumas centenas de quilos do produto e exclusividade sobre a maior parte do suprimento. Apesar de parecer à primeira vista, uma parte não teria que perder para a outra ganhar.

Às vezes, a negociação *é* sobre uma questão apenas. Como no caso do Imóvel em Hamilton, no Capítulo 1, tais negociações são tipicamente de soma zero por natureza: uma parte pode ganhar apenas à custa da outra (assumindo que cheguem a um acordo). Diz-se que tais negociações têm um "bolo fixo" de valor ou recursos: a única coisa que os negociadores podem fazer é fatiar o bolo e tentar pegar um pedaço grande.

Contrariamente, a maioria das negociações envolve mais de uma questão, incluindo entrega, serviço, financiamento, bônus, momento e relacionamentos. Nos capítulos 2 e 3, explicamos que a presença de múltiplas questões permite aos negociadores criar valor ao fazer trocas inteligentes; também oferecemos estratégias concretas para encontrá-las.

Aqui, adicionamos a advertência de que negociadores geralmente falham porque *supõem* que existe um *bolo fixo* de valores ou recursos, mesmo quando é possível aumentar o tamanho do bolo. Na história de Chris, como em muitas negociações bem-sucedidas, o sucesso exige superar o viés do bolo fixo e avançar em direção a uma negociação mutuamente benéfica.

O viés do bolo fixo afeta até os negociadores mais experientes, fazendo com que se concentrem exclusivamente na captura de valor para si mesmos e que ignorem abordagens que possam criar valor. O deputado norte-americano Floyd Spence (Partido Republicano, Carolina do Sul) certa vez analisou uma proposta de acordo sobre o desarmamento nuclear entre os Estados Unidos e a União Soviética, concluindo: "Há algum tempo, tenho sobre o SALT (o acordo proposto), a seguinte filosofia: os russos não aceitarão um tratado que não seja de seu interesse, e me parece que, se for de seu interesse, não pode ser do nosso."[7] A mentalidade de bolo fixo de Spence arriscou expor o mundo à alta probabilidade de aniquilação nuclear; ele ignorou a possibilidade de que ambas as nações pudessem se beneficiar de um desarmamento.

Um livro anterior de Max, escrito com Jonathan Baron e Katherine Shonk, documentou uma variedade de maneiras em que uma suposição de bolo fixo levou ao conflito entre supostos adversários — e à destruição de valor para a sociedade.[8] Considere a história de Benjamin Cone Jr., um silvicultor que, em 1982, herdou cerca de 30 km^2 de terra na Carolina do Norte. Cone cuidou e preservou sua terra plantando forragem, conduzindo queimadas controladas e mantendo baixas as vendas de madeira. Sem surpresa, pássaros canoros, perus selvagens, codornas e veados cresceram na propriedade.

Em 1991, um biólogo contratado por Cone informou que aproximadamente 29 pica-paus de crista vermelha, pássaros de uma espécie ameaçada, viviam em sua terra. Em resposta à Lei de Espécies Ameaçadas (ESA, na sigla em inglês), de 1973, o Serviço de Pesca e Vida Selvagem dos EUA tomou controle sobre o habitat dos pica-paus — que era de pouco mais de 6 km^2, mais de 20% da propriedade de Cone. Após a perda dessa propriedade, Cone alterou drasticamente a forma de cuidar dos 80% restantes de sua terra. Para impedir que os pica-paus tomassem toda a sua propriedade, ele mudou de práticas sustentáveis familiares e iniciou um corte raso (isto é, eliminar todas as árvores e vegetação) a um ritmo de 2 km^2 de floresta ao ano. Como esperado, o

108 • Gênio da Negociação

corte raso impediu os pica-paus de expandirem seu habitat — mas essa foi uma vitória de Pirro. Cone destruiu um significativo valor econômico e ambiental para "vencer" a luta contra os pica-paus e a ESA.

A resposta de Cone claramente não foi o que os autores da Lei de Espécies Ameaçadas tinham em mente quando redigiram a legislação. Mas Cone decidiu desmatar sua floresta porque sentiu que tinha que escolher entre destruir suas árvores ou doá-las aos pica-paus. Essa disputa entre preocupações econômicas (para Cone) e preocupações ambientais (para a sociedade) tinha que ser tão ruim para os dois lados? De fato, Cone tinha alternativas ao corte raso. Na época, a ESA permitia que proprietários de terras criassem um Plano de Conservação de Habitat (HCP, na sigla em inglês) que dava permissão para violar aspectos da ESA, desde que também tomassem certas medidas para preservar as espécies ameaçadas. O HCP forneceu uma oportunidade para superar a suposição de bolo fixo, permitindo que os proprietários de terras buscassem alternativas criativas, que atendessem tanto os seus interesses, quanto os das espécies ameaçadas. Infelizmente, Cone rejeitou a ideia de adotar um HCP; ele presumiu que se o plano fosse recomendável por ambientalistas, seria ruim para os negócios. O viés do bolo fixo o levou a adotar uma estratégia radicalmente defensiva e, por fim, autodestrutiva.

Em outro notável exemplo do poder do viés do bolo fixo, a pesquisadora Leigh Thompson mostrou que, mesmo quando dois lados desejam o mesmo resultado, os negociadores geralmente se contentam com um resultado diferente, porque assumem que devem fazer concessões para chegar a um acordo. Ela desenvolveu uma simulação de negociação que incluía duas questões compatíveis; as partes tinham exatamente a mesma preferência. De um ponto de vista objetivo, não havia nada a negociar nessas questões, já que não havia conflito real. Ainda assim, 39% dos negociadores não concordaram com o resultado mutuamente preferido em ao menos uma das duas questões compatíveis! Aqueles que chegaram a um acordo ideal muitas vezes não perceberam que a outra parte também havia se beneficiado com o negócio; eles acreditavam que haviam "superado" o outro lado nessa questão.[9]

O viés do bolo fixo não apenas dificulta a criação de valor, como também pode levar à *desvalorização reativa*: a tendência dos negociadores de difamar e desvalorizar as concessões da outra parte, simplesmente porque estão sendo oferecidas por um adversário. Um estudo sobre como cidadãos dos EUA respondiam a uma proposta de redução de armas mostrou essa tendência em ação.[10] Pesquisadores dividiram 137 participantes do estudo em dois grupos e então perguntaram quão favorável a proposta era aos Estados Unidos e quão favorável era à, então, União Soviética. Um grupo foi corretamente informado de que a proposta havia sido feita por Gorbachev, naquele momento secretário do Partido Comunista. O outro grupo foi falsamente informado de que a proposta havia sido feita pelo então presidente Reagan. Entre aqueles que acreditavam que a proposta vinha de Gorbachev, 56% pensaram que a proposta favorecia a URSS, e somente 16% sentiram que favorecia os Estados Unidos. Os outros 28% pensaram que favorecia ambos igualmente. Quando informados de que a proposta vinha do Presidente Reagan, entretanto, somente 27% pensaram que ela favorecia a URSS, outros 27%, que favorecia os EUA e 45%, que beneficiava ambos igualmente.

Como esse estudo demonstra, mesmo termos que parecem mutuamente benéficos quando propostos, podem parecer desvantajosos quando vindos da outra parte. Da mesma forma, quando a outra parte cede, um negociador pode desvalorizar o valor da questão: "Se ela está disposta a fazer essa concessão, não deve ser uma questão importante." Ou, quando a outra parte parece feliz, um negociador pode presumir que fez um mau negócio: "Se ela está feliz, eu devo ter perdido." Essas tendências estão todas enraizadas no viés do bolo fixo, que erroneamente nos leva a crer que "o que quer que seja bom para o outro, é ruim para mim". O efeito desse viés também é visível na disputa da NHL. Ambas as partes se concentraram em questões divisivas sobre salário, mas ignoraram questões para aumentar o bolo, como salvar a temporada, aumentar as receitas e simplesmente jogar hóquei. Além disso, os jogadores finalmente aceitaram uma oferta notavelmente parecida — e provavelmente pior — do que receberam antes da paralisação. Infelizmente, como a oferta veio dos proprietários, os jogadores de imediato a desvalorizaram.

Os Capítulos 2 e 3 delinearam várias estratégias para criação de valor (como negociar múltiplas questões simultaneamente, fazer múltiplas ofertas simultaneamente, usar contratos de contingência etc.). Antes mesmo de tentar essas estratégias, entretanto, é importante estar ciente de que sua resposta inicial, automática, em uma negociação pode ser guiada por uma mentalidade de bolo fixo, e que você pode precisar ajustar seu pensamento sobre isso.

Resumindo: ao abordar qualquer negociação importante, entre no processo com o objetivo de procurar áreas nas quais possa criar valor. É melhor presumir que pode aumentar o bolo e depois descobrir que estava errado, do que presumir que o bolo é fixo e nunca descobrir que você estava errado.

O VIÉS DA VIVACIDADE

Os melhores alunos de MBA de universidades de prestígio estão em posição privilegiada para negociar com seus empregadores sobre questões fundamentais para sua carreira e felicidade pessoal. Esses alunos são inteligentes, bem treinados e altamente valorizados pelas melhores empresas do mundo. Portanto, negociar o pacote trabalhista certo deve ser fácil para esse grupo. Se é esse o caso, então por que tantos estudantes de MBA mudam de emprego logo após o primeiro cargo? Uma razão importante é que eles são afetados pelo *viés da vivacidade*. Especificamente, prestam muita atenção às características vívidas de suas ofertas e negligenciam características menos nítidas que poderiam ter um impacto maior em sua satisfação. Esta é uma armadilha em potencial, até mesmo para negociadores experientes.

Na Escola de Negócios de Harvard, os alunos de MBA passam muito tempo em um centro estudantil chamado Spangler. Com a chegada da temporada de recrutamento, o tópico mais popular no Spangler gira em torno de entrevistas e ofertas de emprego. Considere as afirmações que esses estudantes costumam fazer sobre diferentes empregos:

- A assistência médica é muito boa.
- A empresa fica a cerca de 15 km de onde eu cresci.
- As pessoas pareciam bastante felizes durante minha visita à sede da empresa.
- Eu viajaria para a Europa regularmente.
- O salário inicial é de US$140.000.
- Os funcionários têm controle significativo sobre suas atribuições de trabalho.
- O espaço do escritório é muito bom.
- A oferta é da McKinsey.
- Não terei que me deslocar muito.

Dessas afirmações, quais se mantêm de pé? Qual vai circular mais entre os estudantes de MBA? Quais transmitem maior prestígio? Acreditamos que as respostas para todas essas perguntas sejam o *alto salário* (US$140.000) e a *oferta da McKinsey* (uma das principais empresas de consultoria). Esses dois itens, não apenas são fáceis de comunicar rapidamente, mas também são os mais fáceis de outras pessoas mensurarem. Ao compartilhá-las, estudantes que receberem essas ofertas notarão as reações impressionadas de seus colegas, o que deixará as informações mais proeminentes em suas mentes. Conforme as conversas se concentram nesses dois fatores, outros aspectos da oferta serão ofuscados ou totalmente deixados de lado. O resultado: os estudantes aceitam — e logo deixam — empregos de altos salários em empresas de prestígio porque sobrevalorizaram atributos mais nítidos ou vívidos de suas ofertas e subestimaram outras questões que afetariam sua satisfação pessoal e profissional, como localização do escritório, colegas de equipe e deslocamento. (Notavelmente, pesquisas sugerem que esse erro afeta mais homens do que mulheres.)[11]

De maneira geral, informações vívidas têm maior efeito em negociadores, do que informações opacas (mas igualmente valiosas). Imagine um grupo de executivos discutindo sobre onde colocar o orçamento de P&D da empresa. A CEO pergunta a cada executivo na sala a sua opinião, e cada um fornece argumentos que levariam o dinheiro para seu próprio setor. Por quê? Em parte, pode ser que os executivos sejam interesseiros e procurem maximizar seus benefícios pessoais. Mas em um nível menos consciente, podem imaginar de modo vívido como usar esses fundos em seu setor. Eles ignorarão possibilidades menos vívidas (mas não menos valiosas), sobre como os outros utilizarão os fundos. Da mesma maneira, a própria CEO provavelmente será mais influenciada pela opção de características mais vívidas (como projeção de vendas, custos estimados e retorno do investimento) e subestimará outras considerações importantes (como tempo para conclusão, complexidade da implementação e custo de oportunidade).

Os jogadores da NHL e os proprietários dos times também podem ter sido vítimas do viés da vivacidade. Certas quantias nítidas estavam claramente motivando a abordagem linha-dura de ambas as partes — os salários como percentual da receita e o teto salarial sendo os principais. Outras considerações importantes, como perda diária de receitas, efeitos de reputação e mudanças nas regras do jogo que poderiam aumentar

Gênio da Negociação

o tamanho do bolo, foram ofuscadas e aparentemente subestimadas. A disposição dos jogadores de, por fim, aceitar termos que eram significativamente menores do que suas exigências anteriores nessas questões vívidas parece sugerir que as outras (não vívidas) eventualmente surgiram e ajudaram os disputantes a chegar a um acordo. A essa altura, é claro, uma temporada havia sido perdida.

O que você pode fazer para evitar o excesso de informações vívidas nas negociações? Além de antecipar o viés da vivacidade, aqui estão duas estratégias que o ajudarão a superá-lo:

Crie um sistema de pontuação. No Capítulo 2, descrevemos o processo de criação de um sistema de pontuação e explicamos como usá-lo para avaliar ofertas e estruturar contraofertas apropriadas. Um sistema de pontuação também pode ajudar na defesa contra o viés da vivacidade, ao mantê-lo concentrado em seus verdadeiros interesses. Se você comparar suas reações e estratégias com o conteúdo de seu sistema de pontuação, evitará sobrevalorizar questões vívidas em suas decisões.

Um de nossos colegas, que agora ensina negociação na Universidade Carnegie Mellon, levou esse conselho a sério quando procurava um cargo de professor alguns anos atrás. Ele começou a listar todos os aspectos de uma oferta que teriam valor para ele. Terminou com um sistema de pontuação com pesos atribuídos a quase quarenta atributos separados, variando de "o que minha esposa gosta" (peso 50%) à distância até o parque nacional mais próximo e precipitação média. Achamos que nosso amigo exagerou um pouco. Por outro lado, um aluno de MBA que não tem de cinco a dez questões classificadas e pesadas em seu sistema de pontuação, provavelmente não está sendo racional o suficiente sobre todas as questões importantes em suas negociações de trabalho. Nosso colega pode ter perdido uma tarde atribuindo pontos; o estudante de MBA pode acabar perdendo um ano de sua vida.

Separe informação de influência. No Capítulo 1, apresentamos a importância de separar informação, de influência; revisitamos esse princípio aqui, pois ele pode ajudá-lo a superar o viés da vivacidade. Considere o fato de que o mesmo vendedor que o convence sobre a confiabilidade de um carro, mostrando sua classificação na revista *Car and Driver*, também pode convencê-lo a pagar uma cara garantia estendida para o mesmo veículo, descrevendo vividamente os horrores dos altos custos de reparo que incorreriam a alguém como você. Embora contraditórias, essas duas informações podem influenciá-lo de maneiras que beneficiem o vendedor. Dado que quase 50% dos compradores de carros novos pagam essas garantias estendidas (geralmente superfaturadas), parece que muitas pessoas não tentam conciliar a contradição; em vez disso, são vítimas do poder da vivacidade. Quando se deparam com uma decisão difícil, os gênios da negociação lembram-se de se fazer estas perguntas fundamentais: Essa informação é valiosa? Descobri algo novo? Estou apenas sendo *influenciado* a agir de uma certa maneira, pelo modo como essa informação foi apresentada?

COMPROMISSO DA ESCALADA IRRACIONAL

Imagine que você está participando de uma aula executiva sobre negociação com muitos outros administradores experientes. O professor tira uma nota de US$100 do bolso e anuncia o seguinte:

> Estou prestes a leiloar esta nota de US$100. Você é livre para participar ou apenas observar os lances dos outros. Os lances começarão em US$5, e as pessoas serão convidadas a fazer lances em múltiplos de US$5, até que não haja mais lances, momento em que o lance mais alto pagará o valor do lance e ganhará os US$100. A única característica que distingue este leilão dos leilões tradicionais é uma regra de que o segundo maior lance *também* deve pagar o valor que deu, embora, obviamente, *não* ganhará os US$100. Por exemplo, se Maria der um lance de US$15 e Jamaal um lance de US$20, e os lances pararem, Jamaal receberá US$80 (os US$100 que ele ganha menos os US$20 do lance) e Maria, o segundo maior lance, me pagará US$15 (o lance que ela deu).

Agora, qual seria sua estratégia? Você daria lances no leilão? Max realizou este leilão dezenas de vezes e, anteriormente, realizou centenas de leilões semelhantes, de US$20. O resultado típico: Max ganha muito dinheiro.

Veja como acontece. Os lances começam de maneira entusiástica. Ao redor dos US$60–US$80, geralmente todos desistiram, exceto os dois maiores licitantes. Eles começam a sentir a tensão. Suponha que um deles deu

114 • Gênio da Negociação

US$70 e o outro US$75. Quem deu US$70 deve dar um lance de US$80 ou parar e sofrer a perda certa de US$70 (que ele deve pagar por ter dado o segundo maior lance). A incerteza associada ao lance parece mais atraente do que a perda certa, então o licitante de US$70 faz um lance de US$80, e os lances continuam até atingirem US$95 e depois US$100. A sala fica em silêncio enquanto todos se concentram no licitante de US$95, que deve decidir se aceita uma perda de US$95 ou continua oferecendo lances acima de US$100, na esperança de que o outro desista primeiro. A classe ri quando o licitante de US$95 inevitavelmente dá um lance de US$105. O leilão tipicamente termina com lances entre US$100 e US$1.000.

Por que as pessoas começam a dar lances nesse leilão? Claramente porque são atraídas pela possibilidade de vencer e ganhar dinheiro. Mas por que continuam a dar lances acima de US$100? Porque estão presas — estratégica e psicologicamente. Estrategicamente: uma vez que um indivíduo entra no leilão de U$100 e está entre os dois últimos licitantes, basta um pequeno lance adicional para permanecer no leilão em vez de desistir — e parece sensato fazê-lo. Afinal, mais um lance pode ser todo o necessário para fazer a outra parte desistir primeiro. Mas, se os licitantes seguirem essa estratégia aparentemente racional, os lances podem chegar a níveis extremamente altos, com resultados desastrosos para ambos.

Estratégia não é a única armadilha no leilão de US$100 — nem em outras incontáveis negociações, disputas e contendas nas quais indivíduos, empresas e nações escalam seus compromissos a um curso de ação falho. Pesquisas sobre o compromisso de escalada irracional revelam que negociadores possuem uma forte necessidade psicológica de justificar (a si mesmos e aos outros) suas decisões e comportamentos anteriores. Costuma ser difícil para eles admitir que sua estratégia inicial foi mal concebida ou que cometeram um erro; para evitar reconhecer esses fatos, escalarão seus compromissos, mesmo quando fazê-lo se torna extremamente caro ou desastroso. Deepak e seus colegas demonstraram que a emoção pode agravar o problema de escalada.[12] Suas pesquisas em *excitação competitiva* revelaram que interações que aumentam os sentimentos de rivalidade podem criar nos negociadores o desejo de "vencer a qualquer custo". É claro que, no leilão de US$100, "vencer" e "ganhar dinheiro" podem não ser a mesma coisa; se os lances ultrapassam US$100, o "vencedor" perde!

O compromisso de escalada irracional ocorre em grande variedade de situações no mundo real. Batalhas de custódia, greves trabalhistas, dissoluções de *joint ventures*, guerras de licitações, ações judiciais, guerras de preços, conflitos étnicos e inúmeras outras disputas têm o potencial de sair do controle. Quando todas as forças da escalada — a esperança da vitória, a necessidade de justificar sua estratégia inicial e o desejo de derrotar o outro lado — se juntam, o simples bom senso costuma sair voando. Se os disputantes forem incapazes de controlar seu desejo de escalar o compromisso, o que inicialmente pode ter parecido uma estratégia inteligente (fazer uma oferta, ameaçar um litígio, competir em preço etc.) pode levar a resultados desastrosos. A escalada é ainda mais provável se os negociadores acreditarem que "investiram muito para desistir agora", se já sofreram perdas significativas, se não gostam da outra parte e querem "vencer" a qualquer custo ou se fizeram um compromisso público sobre sua posição. Relembre a disputa da NHL. Nesse exemplo, todos esses fatores estavam no jogo! Imagine que você é um jogador na NHL. A paralisação foi declarada há quase cinco meses, e agora a temporada toda está em risco. Você não quer mais deixar passar a temporada (e suas receitas); mas também não quer abrir mão de suas exigências. Você será capaz de admitir a si mesmo que sua estratégia não funcionou? Que estava errado por esperar tanto tempo por um acordo melhor? Que agora terá que concordar com uma oferta que há meses vem dizendo ser injusta? Será capaz de superar a animosidade com os proprietários dos times e fazer as concessões que pedem? Parece difícil. Há alguma maneira de evitar ser vítima do compromisso da escalada irracional?

Em resposta a disputas semelhantes em grandes ligas de esportes, os professores da Escola de Negócios de Harvard, James Sebenius e Michael Wheeler, desenvolveram uma estratégia bastante útil:[13] eles aconselham os disputantes a encerrar a greve ou paralisação e retomar a temporada imediatamente — mas, importante, estipulam que os proprietários dos times devem ser proibidos de receber qualquer receita e que os jogadores não devem receber nenhum pagamento. Em vez disso, as receitas e os pagamentos não repassados devem ser colocados em uma conta caução até que encontrem uma resolução para o conflito. Uma disposição fundamental desse acordo é que uma parte considerável do fundo de caução deve ser doada a instituições de caridade se as partes não chegarem a um acordo em tempo hábil. Em outras palavras, ou se faz o necessário para chegar a um acordo, ou o bolo encolhe! Sebenius e Wheeler argumentam que ver os fundos acumulando-se — e temer que possam desaparecer — deve fazer com que ambos os lados firmem um contrato.

116 • Gênio da Negociação

Se a possibilidade de chegar a um acordo em meio a um intenso conflito parece irreal, considere uma disputa, em 2005, envolvendo freios defeituosos em trens de alta velocidade ACELA, na costa leste dos Estados Unidos. Estava claro que os freios dos trens tinham defeitos inaceitáveis e que precisariam ser substituídos. Não ficou claro quem era o responsável pelos estragos e quem deveria arcar com os custos decorrentes do fechamento do ACELA por meses. Três empresas eram potencialmente responsáveis: a Amtrak, que comprou os trens; a Bombardier, que fabricou os trens; e a Knorr, empresa alemã que vendeu os freios à Bombardier. Sem surpresa, as partes discordaram sobre quem tinha a culpa. Surpreendentemente, entretanto, as três prontamente concordaram que deveriam resolver o problema primeiro e ter o ACELA operando de volta o mais breve possível; só então se voltariam à questão de quem deveria pagar pelas perdas decorrentes da falha e pelos custos do reparo. As empresas economizaram dezenas de milhares de dólares ao concordarem em se concentrar nos interesses comuns — e evitar uma escalada do conflito.

Em suas negociações na temporada 2004–2005, por que a NHL e a NHLPA não buscaram uma estratégia inteligente como a delineada por Sebenius e Wheeler, ou a implementada pelas empresas Amtrak, Bombardier, and Knorr? Principalmente, porque ambas as partes — talvez em especial os jogadores — caíram vítimas do compromisso da escalada irracional: ficaram tão concentrados em seguir seu curso de ação inicial, que ignoraram os sinais flagrantes que sugeriam que uma mudança de estratégia era necessária.

Como evitar a escalada no calor da batalha? A seguir, três ideias a se considerar.

Inicie sua negociação com uma estratégia de saída pré-planejada. No leilão de US$100, como nenhuma das partes sabe quando a outra desistirá, fica difícil concluir que dar "só mais um lance" seja uma má decisão. Infelizmente, é uma ladeira escorregadia — seja para os participantes do leilão de US$100, disputantes em litígio ou nações cujos presidentes as comprometeram com uma guerra. Por isso, é importante decidir *com antecedência* o ponto em que você cortará suas perdas e parará de licitar, litigar ou brigar, caso a situação saia do controle. É claro que esse limite deve ser ajustado conforme os eventos se desenrolam, *se* você obtiver novas informações relevantes para sua estratégia (por exemplo, descobrir que o outro lado ficou sem dinheiro).

Designe e recompense um "advogado do diabo", cujo trabalho é criticar suas decisões e encontrar falhas em sua lógica. Quem escolher para essa tarefa? A pessoa deve ter as três seguintes características: ser confiável, não ter investido ou auxiliado na concepção da estratégia inicial, e não ter conflito de interesses com o resultado final. Em negociação, é tentador se cercar de pessoas que pensam como você e que o apoiam, com quem será fácil lidar e que aumentarão sua confiança. Entretanto, quando se trata de lidar com os efeitos perigosos da escalada, você não precisa de confiança, mas de clareza de pensamento e bom senso. Como nem sempre é possível manter o juízo, é uma boa ideia ter alguém por perto em cujo julgamento imparcial você confie.

Antecipe e se prepare para as forças de escalada que provavelmente encontrará. Se, por exemplo, você está preocupado sobre a necessidade de justificar suas decisões iniciais às pessoas, você pode se abster de se comprometer publicamente com uma ação específica. Ou, se você acha que uma animosidade pessoal provavelmente alimenta seu desejo de intensificar o conflito, pode ser melhor deixar que outros em sua equipe ou organização (que estão pessoalmente menos envolvidos) assumam as negociações substanciais quando as emoções estiverem à flor da pele.

Então, em um contexto de escalada, a genialidade na negociação significa diversas coisas: aprender a identificar armadilhas competitivas, entender as causas e consequências da escalada e se preparar com antecedência para "desescalar" ou reduzir suas perdas, se necessário. Compreendendo como a escalada do comprometimento funciona, você evitará não apenas erros dispendiosos, mas também estará mais bem equipado para antecipar o comportamento potencialmente irracional de seus oponentes.

SUSCETIBILIDADE AO ENQUADRAMENTO

Considere as opções apresentadas no "Problema da Doença Asiática", discutido pela primeira vez por Amos Tversky e Daniel Kahneman:[14]

> Imagine que os Estados Unidos estejam se preparando para o surto de uma doença incomum, de origem asiática, que deve matar seiscentas pessoas. Foram propostos dois programas alternativos de combate. Suponha que as exatas

118 • Gênio da Negociação

estimativas científicas decorrentes dos programas sejam as afirmadas a seguir. Qual dos dois programas você prefere?

Programa A: Se o Programa A for adotado, duzentas pessoas serão salvas.

Programa B: Se o Programa B for adotado, há um terço de probabilidade de que seiscentas pessoas sejam salvas e dois terços de probabilidade de que nenhuma pessoa seja salva.

Antes de continuar a leitura, escolha se prefere implementar o Programa A ou B. Agora, para o mesmo problema, decida qual das duas opções a seguir você preferiria:

Programa C: Se o Programa C for adotado, quatrocentas pessoas morrerão.

Programa D: Se o Programa D for escolhido, há um terço de probabilidade de que ninguém morra e dois terços de probabilidade de que seiscentas pessoas morram.

Se você ler cuidadosamente, descobrirá que o Programa A e o Programa C são idênticos: ambos resultam em duzentas vidas salvas e quatrocentas perdidas. O Programa B e o Programa C também são idênticos: ambos levam a um terço de probabilidade de salvar todos e dois terços de probabilidade de perder todos. Em outras palavras, se a pessoa prefere o Programa A ao Programa B, também deveria (obviamente) preferir o Programa C ao Programa D. Acontece que não é assim que as pessoas reagem. Quando diferentes grupos recebem esses dois conjuntos de opções, o Programa A é preferido ao Programa B (por 72% dos entrevistados na pesquisa inicial de Tversky e Kahneman), mas o Programa D é preferido ao Programa C (por 78% dos entrevistados). Por que as pessoas são tão inconsistentes em suas preferências?

Ao que parece, o fator fundamental é a maneira como as opções são enunciadas. Os dois conjuntos de opções são idênticos, mas a alteração na descrição, de "vidas salvas" para "vidas perdidas", faz as pessoas pensarem de forma diferente. Mesmo quando os valores esperados são semelhantes, tendemos a ser avessos ao risco, ao pensarmos em ganhos potenciais, e a buscar riscos, ao pensarmos em perdas potenciais. Em outras palavras, queremos "a coisa certa" quando temos algo a ganhar, mas queremos "tudo ou nada" quando temos algo a perder. É por isso que as pessoas escolhem o programa menos arriscado (salvar duzentas pessoas, com certeza) ao pensar em vidas salvas, e o programa mais arriscado (salvar seiscentas pessoas, mas com apenas um terço de probabilidade), ao pensar em vidas perdidas. Esse problema ilustra o poder do enquadramento.

Pesquisas sobre *efeitos de enquadramento* revelam que a maioria de nós tratará riscos envolvendo ganhos percebidos (como lucros) de maneira diferente de riscos envolvendo perdas percebidas (como perder um acordo judicial). Essa forma de pensar pode afetar de maneira poderosa nosso comportamento em uma negociação. Por exemplo, é muito mais provável que façamos concessões e tentemos nos comprometer quando estamos negociando sobre como alocar ganhos (lucros, recompensas, bônus, lucros inesperados etc.), mas é mais provável que sejamos inflexíveis e corramos o risco de chegar a um impasse, quando negociando sobre como alocar perdas (custos, penalidades e assim por diante). Também estamos mais propensos a desistir da negociação em favor do caminho arriscado do litígio, quando estamos envolvidos em uma disputa sobre quem é responsável por assumir custos, perdas e responsabilidades, do que quando a disputa diz respeito à parcela dos lucros que cada lado tem direito a receber.

Agora, imagine o seguinte cenário. Você acabou de chegar em um cassino e está se sentando para jogar *blackjack*. Qual a probabilidade de você fazer uma aposta de US$100? Agora, imagine que está jogando há uma hora e já perdeu US$600. Qual a probabilidade de fazer uma aposta de US$100? Parece que as pessoas estão mais dispostas a correr riscos (apostar US$100) quando já estão no domínio das perdas (perdendo US$600). Perder seus primeiros US$100 é muito mais doloroso do que perder o sétimo, ou mesmo o segundo US$100. Uma vez que você é um "perdedor", não se importará em se afundar em um buraco maior (ou seja, perder ainda mais), desde que haja alguma possibilidade de sair completamente.

Agora, imagine que você já perdeu US$600 — mas não em um cassino. Em vez disso, o mercado de ações sofreu uma leve queda no início da semana e sua carteira de investimentos perdeu US$600 em valor. Como você se comportará à noite, na mesa de *blackjack*? Provavelmente você *não* vai querer correr os mesmos riscos que assumiu depois de perder US$600 no cassino. Em outras palavras, a questão não é se você *é* um perdedor ou não, mas se você se *sente* um perdedor na situação

120 ● Gênio da Negociação

atual. Se sentir um perdedor depende do seu *ponto de referência* — as comparações que você faz com outros resultados potenciais. Se estiver comparando sua situação atual, com quanto dinheiro tem no seu bolso quando entrou no cassino, você se comportará de modo diferente do que se seu ponto de referência for seu nível geral de riqueza.

Essa descoberta sugere um conselho para apostadores: você terá riscos menos perigosos e irá adquirir o hábito mental de, constantemente, reajustar seu ponto de referência. Quando estiver pensando sobre o momento de deixar o cassino e ir para casa, relembre de seu anteriormente definido limite de jogo para a noite. Por outro lado, quando estiver decidindo quanto dar em uma aposta, pense em sua aposta atual como a primeira aposta da noite; relembre que o dinheiro que perdeu mais cedo não irá (felizmente!) afetar sua riqueza total — então é tolice pensar como se estivesse "no buraco".

O efeito de pontos de referência é ainda mais fundamental para negociadores. Em uma negociação, você não é o único que pode manipular pontos de referência — o outro lado também pode. Se você entrou em uma negociação imaginando que poderia tirar milhões de dólares do negócio, mas agora parece que a ZOPA é bem menor (e você pode ganhar apenas milhares), você pode se pegar adotando um quadro de perdas que o faz buscar riscos! Pode se tornar mais agressivo, mais propenso a dar um ultimato e mais disposto a desistir do acordo. Em vez disso, se chegar esperando ganhar pouco, ficará agradavelmente surpreso e adotará um quadro de ganhos que o tornará avesso ao risco. Provavelmente você se tornará mais conciliador, fará menos exigências agressivas, e estará menos disposto a arriscar um impasse. Claramente, os dois quadros levam a comportamentos bastante diferentes — mas deveriam? O valor do negócio não mudou entre essas situações. Sua estratégia também não deveria.

Compreender os efeitos do enquadramento e dos pontos de referência pode ajudá-lo a antecipar consequências poderosas e criar estratégias de acordo com isso. Em particular, recomendamos os seguintes passos:

1. Considere os vários pontos de referência que você poderia usar para avaliar a situação — incluindo o *status quo*, suas aspirações, expectativas, resultado temido, e assim por diante — e então escolha aquele que parece mais apropriado.

2. Avalie se sua estratégia ainda faria sentido se você usasse um ponto de referência diferente.

3. Sempre que estiver considerando o uso de uma estratégia arriscada (como fazer um ultimato ou buscar um litígio), pense se essa estratégia ainda faz sentido se você mudar o enquadramento.

Por exemplo, note que na disputa da NHL, os proprietários estavam pedindo aos jogadores para aceitar perdas na forma de reduções de salário. Com efeito, isso tornou o salário anterior a referência para os jogadores, colocando-os em um quadro de perdas. Mas e se, em vez disso, seu ponto de referência fosse a porcentagem de receita que os jogadores da NHL recebem, em comparação com jogadores de outras ligas esportivas (como a NBA ou a NFL)? Pensar em como eles se sairiam em relação aos jogadores de outras ligas, ou como se sairiam se buscassem sua BATNA, poderia ter resultado em um quadro de ganho para os jogadores da NHL, o que, por sua vez, poderia ter atenuado sua disposição de arriscar perder a temporada inteira.

VIESES DA MENTE, VIESES DO CORAÇÃO

Como as pesquisas de comportamento decisório resumidas neste capítulo revelam, negociadores devem competir não apenas com as táticas da outra parte, mas também com as armadilhas mentais que podem nublar seu próprio julgamento. No próximo capítulo, revelaremos que os vieses cognitivos são apenas metade da história; comportamentos e pensamentos do negociador também são fortemente influenciados por vieses motivacionais — os erros de julgamento que cometemos devido ao nosso forte desejo de ver a nós mesmos e ao mundo de uma maneira particular. Felizmente, gênios da negociação em formação podem aprender a apreciar e compensar não apenas o funcionamento peculiar da mente, mas também as poderosas influências do coração.

CAPÍTULO 5

Quando a Racionalidade Falha: Vieses do Coração

Alguns anos atrás, em Manhattan, surgiu uma disputa entre os moradores de um apartamento e os responsáveis pelo prédio. A disputa era sobre US$909. Esta foi a quantia que os moradores gastaram para instalar grades nas janelas do apartamento para a proteção das crianças. O problema? Não era claro quem deveria ser responsável pela conta. Os moradores da unidade argumentaram que o prédio deveria pagar pelas grades, por ser uma questão de segurança e responsabilidade. A administração do prédio argumentou que, como esses moradores foram os únicos a querer grades, eles deveriam bancar os custos. A disputa escalou e acabou chegando ao tribunal.

Um ano depois, as despesas legais combinadas dos dois lados ultrapassavam US$1.000. Poderia ser um bom momento para encerrar o litígio e negociar. Porém, as partes, convencidas de que poderiam vencer, continuaram a disputa.

Outro ano se passou. Agora as despesas legais combinadas ultrapassavam os US$10.000 — mas os disputantes continuavam sem disposição para resolver fora do tribunal. O conflito não era mais sobre dinheiro; era sobre a justiça que cada lado sentia que merecia.

Por fim, os responsáveis pelo prédio venceram a batalha judicial. Os moradores tiveram que pagar pelas grades de US$909. Normalmente, seria motivo para a parte vencedora comemorar. Infelizmente, a decisão veio após os litigantes terem gastado cerca de US$20.000 em custos legais.

Isso era ruim. Mas fica pior.

Os moradores decidiram apelar da decisão. Os dois lados gastaram um *adicional* de US$30.000 na disputa. Finalmente, o tribunal de apelação manteve a decisão inicial. Agora, cerca de US$50.000 haviam sido gastos em uma disputa inicial de US$909.

Isso era *muito* ruim. Mas fica pior.

Os responsáveis pelo prédio, então, processaram os moradores para obrigá-los a pagar os custos legais do prédio. A disputa que se seguiu custou às duas partes um *adicional* de US$50.000. Por fim, um juiz expulsou os litigantes do tribunal; os moradores foram obrigados a pagar algumas das despesas legais dos responsáveis pelo prédio.

Cálculo final: a disputa pelas grades das janelas, que começou com uma reclamação de US$909, durou 6 anos e custou mais de US$100.000 para ser resolvida.

Nem todos os erros de negociação resultam dos vieses cognitivos que discutimos no capítulo anterior. Emoções podem ser igualmente poderosas para arruinar acordos. Para agravar o problema, nós — seres humanos — somos motivados a nos ver como mais justos, bondosos, competentes, generosos e dignos de sucesso do que os outros. O resultado desses *vieses motivacionais*? Tendemos a fazer julgamentos e escolhas que não são os melhores. Neste capítulo, exploramos uma série de vieses motivacionais e seus efeitos nas estratégias e resultados de negociação: o problema de motivações conflitantes, egocentrismo, excesso de confiança, otimismo irracional, ilusão de superioridade, atribuições egoístas e aversão ao arrependimento.

O PROBLEMA DE MOTIVAÇÕES CONFLITANTES

Em *A Odisseia*, poema épico de Homero, o herói Ulisses enfrentou um problema difícil em sua longa viagem marítima. Ele sabia que logo navegaria pela região das sirenas, criaturas encantadoras que usavam seu belo e irresistível canto para atrair homens para si — e para a morte. Nenhum homem foi capaz de ouvir e resistir às sirenas, e a praia delas estava "atulhada de montes de ossos humanos agora apodrecidos."[1] Para proteger sua tripulação, Ulisses fez com que todos colocassem cera nos ouvidos, para bloquear as vozes tentadoras das sirenas. Mas o próprio Ulisses, desesperado para ouvi-las, não estava disposto a pôr cera nos ouvidos. Porém, também queria viver. O que fazer? Para resolver esse dilema, ele disse a seus homens para amarrá-lo ao navio usando cordas, e ordenou que não o soltassem até que tivessem passado em segurança pelas sirenas, não importando o quanto ele implorasse. A tripulação concordou e Ulisses foi capaz de usufruir do canto das sirenas sem perder a vida.

Qual é o seu canto da sirena? Se você está raivoso com sua contraparte em uma negociação, pode querer fazer ou dizer algo que sabe que irá prejudicá-lo em longo prazo. Suas declarações ou ações podem acabar com o relacionamento comercial, destruir uma amizade, causar problemas com seu chefe ou mesmo com a lei. Ainda assim, no calor do momento, pode ser difícil resistir ao impulso de atacar ou retaliar. Da mesma forma, se o outro lado faz uma oferta atrativa, você pode ficar empolgado para aceitar imediatamente, embora saiba que seria inteligente tentar negociar ou até encontrar um acordo melhor em outro lugar. Perceba que você não aconselharia um amigo a agir precipitadamente em nenhuma dessas situações — porém, em seu momento, você pode achar difícil fazer de outro modo.

O economista Thomas Schelling argumenta que cada indivíduo se comporta como duas pessoas diferentes: "uma quer pulmões limpos e vida longa e a outra adora tabaco, ou uma quer um corpo magro e a outra sobremesa."[2] As pessoas geralmente enfrentam negociações internas entre o que *querem* fazer versus o que *devem* fazer.[3] Geralmente, o tipo de solução criativa concebida por Ulisses não está disponível, e os negociadores precisam tomar uma decisão difícil. Em negociações no mundo real, é comum que a personalidade do *querer* domine a do *dever*, levando a comportamentos e resultados dos quais a pessoa depois se arrepende. O que pode ser feito?

Muitos professores de negociação, executivos e outros profissionais acreditam que é preciso controlar o desejo para maximizar os benefícios em longo prazo. De acordo com essa visão, a personalidade do dever é mais confiável que a do querer, assim como é melhor em avaliar o melhor para você.

Há uma visão oposta. O pesquisador de comportamento decisório, George Loewenstein, argumenta que as respostas instintivas dadas por impulso — as respostas do querer — são ignoradas por nossa conta e risco. "Fome sinaliza a necessidade de consumir nutrientes",

Loewenstein escreve, "dor indica a imposição de algum tipo de fator potencialmente danoso do ambiente, e emoções servem a uma série de funções de interrupção, priorização e energização."[4] Loewenstein argumenta que reações viscerais nos deixam alerta para questões que nos importamos muito, mas tendemos a suprimi-las por querermos ser responsáveis, maduros ou nos adequarmos de alguma maneira à sociedade.

Essas perspectivas divergentes simplesmente realçam nosso dilema: pessoas que nunca controlam seus desejos se envolvem em comportamentos míopes que costumam criar enormes problemas de longo prazo. Em contrapartida, aqueles que sempre ouvem seus deveres, ignoram sinais importantes sobre o que querem.

Nosso conselho: é fundamental para negociadores antecipar e resolver o conflito entre o que querem *versus* o que acham que devem fazer, *antes* de uma negociação real. Você descobrirá que suas personalidades do querer e do dever estão em acordo, tanto antes, quanto depois da negociação. O problema surge apenas *durante* a negociação; no calor do momento, você enfrenta vontade intensa de satisfazer seus desejos de formas inconsistentes com o que acredita que deveria fazer.[5] Por sorte, muitas vezes você pode prever as demandas impulsivas do desejo e se planejar de acordo. Por exemplo, pode antecipar que o outro lado irá deixá-lo com raiva, que você vai querer dizer sim a uma oferta imediatamente, ou que será tentado a se comportar de maneira míope. Quanto mais você estiver preparado para uma negociação, menos propenso a agir por impulso, de uma forma que fuja de seus reais interesses. Assim, mais uma vez, vemos que a preparação é a chave para o sucesso da negociação.

Pense de novo sobre a disputa das grades nas janelas do apartamento. O que poderiam ter feito para resolver o conflito entre o desejo de "vencer" o litígio e o desejo de minimizar perdas econômicas? Uma ideia inteligente teria sido cada um deles decidir, com *antecedência*, quanto dinheiro e tempo estaria disposto a gastar para tentar ganhar o caso. Se atingisse o limite predeterminado, encerraria o litígio e simplesmente pagaria por conta própria as grades das janelas. É improvável que qualquer um dos lados estivesse disposto a gastar dezenas de milhares de dólares nessa disputa, antes de o conflito começar a se agravar. Assim, o acordo de pré-negociação entre o desejo e o dever de cada lado provavelmente teria economizado milhares de dólares.

As partes também poderiam ter concordado com uma audiência sem advogados (e com a condição de que ambas as partes desistiriam de seus direitos de recorrer da decisão). Dessa forma, cada lado poderia ser ouvido e receber uma decisão de uma parte neutra — mas sem os custos e a complexidade de um julgamento.

Outra maneira de lidar com preferências internas conflitantes seria cada parte entregar o controle do processo de negociação a alguém menos envolvido emocionalmente. Por exemplo, os moradores do apartamento poderiam pedir a um parente para fazer decisões-chave sobre contratação de advogados, apelação de decisões, custos do processo e assim por diante. Da mesma forma, os responsáveis pelo prédio poderiam se sair melhor se pessoas de fora do condomínio (ou condôminos não envolvidos na disputa inicial) fossem chamados para assumir assim que a situação saísse de controle. Essa estratégia é semelhante à utilizada por Ulisses: ao desistir de sua *capacidade* de buscar o que deseja, a pessoa garante que fará o que deveria. (Isso também explica por que manter pouca ou nenhuma comida que não seja saudável em casa pode ser uma boa ideia para quem está tentando perder peso. Geralmente, quando a tentação ataca, a única maneira de evitar comer o que se deseja é tornando-o indisponível).

EGOCENTRISMO

Considere os resultados de uma pesquisa conduzida pela *U.S. News & World Report:*[6]

- *Pergunta:* "Se alguém o processa e você ganha o caso, a outra pessoa deveria pagar seus custos legais?"

  - Porcentagem dos entrevistados que responderam sim: 85%

- *Pergunta:* "Se você processa alguém e perde o caso, você deveria pagar os custos legais da outra pessoa?"

  - Porcentagem dos entrevistados que responderam sim: 44%

O que acontece?

128 • Gênio da Negociação

É difícil para qualquer um de nós escapar do *egocentrismo,* ou da tendência de nossas percepções e expectativas serem enviesadas a nosso favor. Normalmente, negociadores primeiro decidem sobre certa interpretação, crença ou resultado que os beneficiariam — ou que os façam se sentirem bem — e depois procuram meios de justificar essa preferência com base na justiça.[7] Assim, quando confrontados com a possibilidade de alguém pagar por seus custos, os indivíduos costumam argumentar que seria justo, pois tal política desencorajaria processos frívolos e garantiria que as partes culpadas sofressem. Quando se muda de lado, entretanto, e os indivíduos são confrontados com a possibilidade de ter que pagar pelos custos processuais de alguém, geralmente argumentam que a decisão deveria ter sido outra, que é injusto que uma parte pague por todos os custos e que essa política desencorajaria a busca por justiça legítima. E há todos os motivos para acreditar que disputantes reais seriam ainda mais tendenciosos do que os entrevistados da pesquisa.

O egocentrismo não afeta apenas os disputantes, também formigam dentro das organizações. Certa vez, Max colaborou na criação de uma simulação de negociação que envolvia dois departamentos da mesma empresa.[8] Os departamentos tinham pontos fortes diferentes: um tinha maior receita, o outro maior lucratividade. Os participantes da simulação foram solicitados a representar um dos departamentos e, em seguida, recebiam recursos altos ou baixos da alta administração. Qual o resultado? Os participantes consideravam alocações desiguais muito mais justas quando seu próprio departamento recebia uma quantia maior, independentemente de seu setor ser mais forte em vendas ou em lucros.

Como o exemplo sugere, há muitas maneiras diferentes de pensar sobre certo e errado (ou justo e injusto), e as pessoas são engenhosas o suficiente para encontrar as justificativas que melhor se adequem aos seus propósitos. Como todos nos esforçamos para nos ver na melhor das posições, minimizamos certos fatores que podem afetar nosso julgamento e aumentar a importância de outros fatores; como resultado, começamos a ver o mesmo fenômeno de uma forma diferente dos outros. Considere as percepções de Frederick Banting e John Macleod, co-vencedores do Prêmio Nobel de 1923, pela descoberta da insulina. Ambos tinham certo problema de egocentrismo. Banting afirmou que seu parceiro, Macleod, foi mais um obstáculo do que uma vantagem na pesquisa. Por outro lado, em vários discursos, Macleod se esqueceu até mesmo de mencionar que teve um parceiro de pesquisa.[9]

Se acha que isso pode desaparecer por gostarmos ou nos importarmos com o outro lado, considere isto: se você pedir a dois cônjuges para estimar a porcentagem de trabalho doméstico que fazem, e então somar as duas porcentagens, terá um número consideravelmente maior que 100%. É provável que ambos acreditem fazer mais do que realmente fazem.[10]

Claro que emoções negativas tendem a exacerbar o viés do egocentrismo. Caso em questão: casais divorciados que estão dividindo seus bens. Cada cônjuge alega querer apenas o que é "justo", e é bem provável que um pedirá 55%, enquanto o outro pedirá 65%. O egocentrismo faz com que todas as partes acreditem que merecem mais de um recurso compartilhado do que um conselheiro neutro julgaria justo; essa discrepância pode facilmente iniciar um conflito que sai do controle. Quando alguém demanda mais do que você acredita ser justo, sua reação provavelmente não será: "Nossa, devemos ter diferentes percepções." Mais provavelmente, você decidirá que a outra parte é antiética e está tentando enganá-lo.

O egocentrismo não é apenas comum, mas também robusto e resiliente. Também pode ser bastante custoso. Pessoalmente, sabemos de duas empresas que estão em uma série de batalhas jurídicas há mais de uma década. Embora ambas sejam altamente respeitadas no mercado e na sociedade, cada uma vê a outra como o "mau verdadeiro". Suas batalhas jurídicas já custaram, literalmente, milhões de dólares. No centro da disputa está um contrato mal redigido de anos atrás. Nossa avaliação é a de que essa atual disputa começou com um contrato ambíguo e escalou como resultado de interpretações egocêntricas dessas cláusulas dúbias.

Embora muitos de nós desejem ser justos, mesmo pessoas bem-intencionadas agem de maneira aparentemente antiética quando motivadas a reivindicar mais do que merecem. Isso não nos torna maus, apenas humanos — e humanos fazem julgamentos enviesados. Ao compreendermos o viés do egocentrismo e tentar corrigi-lo em nosso próprio comportamento, podemos nos mover do querer ser justo para o verdadeiro ser justo e, ao fazê-lo, torna-se menos provável que iniciemos ou escalemos disputas e desentendimentos.

130 • Gênio da Negociação

Como podemos superar nosso egocentrismo? Gênios da negociação o fazem ao seguir o conselho do filósofo John Rawls, que recomenda que, ao tentar avaliar o que é justo (com relação a contribuições, reivindicação de valor etc.), tente fazê-lo pelo "viés da ignorância". Isto é, tente imaginar o que acredita que seria justo se você não soubesse seu papel na disputa.[11] Em outras palavras, o que acreditaria ou decidiria ser justo se ainda não soubesse quem é na disputa? Ao superarmos nosso próprio egocentrismo dessa forma, eliminamos uma fonte de conflito em nossas negociações. E ao compreendermos o potencial desse viés no comportamento alheio, podemos classificar suas intenções de modo mais compreensivo e correto.

EXCESSO DE CONFIANÇA, OTIMISMO IRRACIONAL E A ILUSÃO DE SUPERIORIDADE

Em suas pesquisas, a psicóloga Shelley Taylor, da UCLA, demonstrou que os estudantes têm expectativas irreais sobre a probabilidade de se graduarem como os melhores da classe, conseguirem bons empregos, obterem alto salário, aproveitarem o primeiro emprego, saírem nas notícias e terem filhos talentosos. Os estudantes também presumem ser menos propensos que seus colegas a se tornarem alcoólatras, serem demitidos, se divorciarem, ficarem depressivos ou sofrerem de problemas físicos.[12] A confiança em nossas habilidades de negociação tende a ser igualmente inflada: Rod Kramer, da Escola de Negócios de Stanford, descobriu que 68% dos alunos de MBA, em suas aulas, disseram que seus resultados em barganhas ficariam entre os melhores 25% da sala.[13] Esses alunos também têm expectativas positivas distorcidas com relação à sua capacidade de aprender mais que seus colegas e agregar mais à experiência em sala de aula. De maneira geral, *excesso de confiança* em nossas habilidades e *otimismo irracional* com relação ao nosso destino levam a maioria de nós a acreditar que nosso futuro será melhor e mais luminoso do que o das outras pessoas.

Por que isso é um problema? Quando um time de futebol americano está jogando, ajuda ao *quaterback* ter tanta confiança quanto possível. Da mesma forma, quando uma vendedora está fazendo seu trabalho, ajuda se ela acredita que seu produto seja fantástico. De fato, muitos psicólogos sociais veem *ilusões positivas* sobre nossas habilidades e nosso futuro como adaptações evolutivas.[14] De acordo com essa visão, essas ilusões contribuem para nosso bem-estar psicológico e material ao protegerem nossa autoestima e nos ajudarem a perseverar quando enfrentamos tarefas difíceis. Além disso, excesso de confiança e otimismo irracional podem nos ajudar a lidar com eventos negativos na vida. Sem dúvida, também ajudam a motivar o tipo de propensão ao risco que cria empreendedores. O psicólogo Martin Seligman chega a recomendar que as empresas baseiem sua seleção de vendedores na magnitude de suas ilusões positivas — o que ele chama de *otimismo aprendido*.[15]

No entanto, assumimos uma posição contrária quando se trata de negociação. Excesso de confiança pode ajudar o *quarterback* a executar uma jogada treinada e o vendedor a fazer uma apresentação ensaiada, mas quando se está tomando decisões, inclusive decisões sobre estratégias de negociação, é preciso ver com clareza. Um otimismo irreal pode levá-lo a recusar a melhor oferta de emprego que provavelmente receberá, a rejeitar uma oferta pela sua casa, quando não haverá oferta melhor e a resistir a termos contratuais que sua contraparte provavelmente não aceitará. Negociadores excessivamente otimistas também tendem a entrar em negociações com apenas uma estratégia para chegar a um acordo ou resolver a disputa; assumem que seu plano de negociação funcionará e dedicam toda a sua energia para desenvolver e executar essa estratégia. Um negociador mais realista percebe que uma estratégia inicial pode não funcionar e está pronto para pôr em prática um plano de contingência.

Também podemos ver os efeitos do excesso de confiança e do otimismo irracional fora da mesa de negociações. Muitas pessoas investem suas economias em novos negócios que têm poucas chances de sucesso. Muitos funcionários assumem que são indispensáveis para sua organização e são pegos desprevenidos, quando afastados ou demitidos. Outros se candidatam a poucas vagas, pois acreditam falsamente — e contrariando todas as evidências objetivas disponíveis — que são altamente contratáveis. E muitas pessoas levam suas disputas aos tribunais, acreditando erroneamente que têm um caso ganho — ou pelo menos uma alta probabilidade de ganhar —, uma crença que muitos advogados ficarão mais do que felizes em ajudá-lo a sustentar. Será que os litigantes na disputa sobre as grades das janelas estariam tão dispostos

132 • Gênio da Negociação

a ir ao tribunal se tivessem avaliações precisas e objetivas de suas probabilidades de vitória, dos custos associados ao litígio e do tempo que levariam para concluir o processo? É provável que não.

Por que, então, as ilusões positivas são úteis para *quarterbacks* e vendedores? Porque, ao contrário dos negociadores, eles não estão *tomando* decisões, mas sim *implementando* decisões que já foram tomadas. Excesso de confiança e otimismo irracional podem fornecer a motivação e a inspiração de que precisam para melhorar seu desempenho — a um custo relativamente baixo. Mas tais ilusões são extremamente caras para negociadores, que devem tomar decisões o tempo todo — antes, durante e depois da negociação.

Negociadores não apenas veem suas *perspectivas* futuras como melhores do que realmente são, também veem a *si mesmos* como melhores do que uma avaliação realista poderia sugerir. Essa *ilusão de superioridade* leva as pessoas a se verem como mais flexíveis, competentes, racionais, honestas, justas e cooperativas do que seus oponentes.[16] Um resultado infeliz dessa ilusão é que muitos negociadores medíocres não reconhecem a necessidade de melhorar suas habilidades inferiores de negociação.

Curiosamente, a ilusão de superioridade não afeta apenas autojulgamentos, mas também os julgamentos sobre os grupos aos quais pertencemos. Tendemos a ver os membros de nosso grupo — país, empresa, departamento ou família — como mais honestos, cooperativos, confiáveis, diligentes e trabalhadores do que os membros de outros grupos.[17] Se acreditamos que nossos companheiros de grupo estão acima da média, então como vemos nossos adversários e oponentes? Em estudos independentes, as pesquisadoras de administração Kristina Diekmann e Ann Tenbrunsel descobriram que, embora alunos de MBA se classifiquem *acima* da média de sua classe em uma variedade de atributos positivos, classificam seus oponentes de negociação *abaixo* da média.[18]

A tendência de difamar nossos oponentes e adversários pode ser bastante prejudicial para o sucesso da negociação. Se você vê seu oponente como não cooperativo, injusto ou indigno de confiança, é menos provável que compartilhe informações com ele — e, portanto, menos provável que crie valor. Além disso, negociadores que se consideram mais inteligentes, mais bem preparados ou mais honestos do que os outros, geralmente desvalorizam ou ignoram as ideias e propostas de suas contrapartes. Fazer isso pode diminuir a probabilidade de alcançar acordos eficientes e aumentar a probabilidade de conflito.

ATRIBUIÇÕES EM PROVEITO PRÓPRIO

Egocentrismo, excesso de confiança, otimismo irracional e ilusão de superioridade existem porque somos motivados a ver o mundo e a nós mesmos sob uma luz positiva. Mas por que tais vieses *persistem*? Por que não aprendemos com nossas experiências e ajustamos nossas crenças sobre nossas contribuições, habilidades e probabilidades de sucesso? A resposta é que, mesmo quando tentamos aprender com nossas experiências, tendemos a avaliar o passado de forma autoprotetora: as histórias que contamos a nós mesmos e as atribuições que fazemos sobre nós, e os outros, são do tipo que nos manterão com o sentimento positivo sobre nós mesmos.

John F. Kennedy disse certa vez: "A vitória tem mil pais, mas a derrota é órfã."[19] Isso certamente é verdade para os negociadores: somos rápidos em assumir o crédito pelo sucesso e em negar a responsabilidade pelos fracassos. Quando os negociadores são solicitados a explicar seus resultados bem-sucedidos, geralmente dão razões internas personalizadas — como a habilidade, a perseverança ou a criatividade com que lidaram com a situação. Em contraste, quando indagados sobre um fracasso, a maioria dos negociadores cita razões externas: o contexto difícil em que estavam negociando, incompetência do outro lado ou simplesmente azar.[20] Um problema sério com essa tendência é que as atribuições externas de fracasso inibem o aprendizado com a experiência.

Negociadores são ainda mais propensos a distorcer suas crenças sobre suas deficiências quando seus adversários são mais bem-sucedidos do que eles.[21] Por exemplo, alunos de escolas de negócios que apresentam desempenho inferior em simulações e exercícios de negociação são mais propensos a atribuir o sucesso dos outros alunos a táticas de barganha não cooperativas e antiéticas, e a avaliá-los como excessivamente competitivos e egoístas.[22] O que acontece quando vemos pessoas bem-sucedidas como antiéticas ou hipercompetitivas? Primeiro, não tentaremos aprender com elas. Além disso, na medida do possível, evitaremos negociar com elas. Por fim, quando não tivermos escolha a não ser negociar com elas, acharemos fácil justificar nosso próprio comportamento antiético.

Essa atitude em proveito próprio também pode ser desencadeada quando "nosso grupo" negocia com um "outro grupo". Por exemplo, quando duas empresas se encontram para negociar os termos de um negócio, ambas precisarão, inevitavelmente, fazer concessões. Quando nossa empresa (nosso grupo) faz uma concessão, é porque estamos sendo generosos, ou porque somos inteligentes para perceber a necessidade de barganhar. Quando o outro lado (outro grupo) faz uma concessão, é porque viram a sabedoria de nosso argumento ou porque não tinham escolha!

Por que isso é problemático? Porque quando atribuímos a cooperação alheia às limitações da situação (como suas obrigações legais ou as regras de um contrato), em vez de à sua boa vontade ou integridade, torna-se difícil construir confiança.[23] Para fazer isso, negociadores precisam ver as ações cooperativas alheias como comportamentos escolhidos, e não inevitáveis. E, na ausência da verdade, negociadores se tornam relutantes em fazer concessões, compartilhar informações ou assumir riscos inerentes na construção de relacionamentos mutuamente recompensadores.

Gênios da negociação compreendem o valor de construir confiança com seus parceiros de negociação, mesmo em ambientes competitivos ou adversos, e a medir com precisão as razões do comportamento alheio. Gênios da negociação compreendem que confundir um gesto gentil com fraqueza não é mais útil do que confundir falha de comunicação com malícia. E assim levam o tempo necessário para compreender o comportamento dos outros antes de reagir.

AVERSÃO AO LAMENTO

Imagine que você é um atleta olímpico. O que preferiria ganhar: medalha de prata ou de bronze? Poucas pessoas (se alguma) prefeririam uma medalha de bronze.

Agora, qual deixa os atletas olímpicos mais felizes, medalha de prata ou de bronze? Ao que parece, os atletas ficam mais felizes ao ganhar a medalha de bronze do que a de prata. Três hábeis psicólogos, Vicki Medvec, Scott Madey e Tom Gilovich demonstraram esse fenômeno

Quando a Racionalidade Falha: Vieses do Coração • 135

fazendo com que pessoas assistissem a vídeos de vários atletas olímpicos recebendo suas medalhas. [24] Os espectadores foram, então, solicitados a avaliar as expressões dos atletas. Como o som foi retirado e não eram mostradas as medalhas, os espectadores não sabiam qual delas os atletas estavam recebendo. O resultado? Os medalhistas de bronze pareciam muito mais felizes do que os medalhistas de prata. Por que será?

Mais uma vez, vemos o poder dos pontos de referência, ou as comparações que fazemos com outros potenciais resultados importantes para nós. E o que poderia ser mais evidente do que "o que poderia ter sido"? Parece que os medalhistas de bronze — próximos de não receber medalha alguma — se entusiasmam simplesmente por ganharem uma medalha. Enquanto isso, os medalhistas de prata — próximos de ganhar o ouro — desapontam-se por não terem ficado em primeiro lugar. Objetivamente, conseguiram um resultado melhor, mas sentem uma tristeza maior.

Como a lamentação é um estado psicológico doloroso, as pessoas tentam evitar situações que possam causá-la. Se você obtém um B+ na aula e não é possível alterar sua nota por meio de negociação, gostaria mesmo de saber quantos pontos faltaram para obter um A? Se você está em um programa de perguntas e respostas e perde o grande prêmio, gostaria mesmo de saber qual seria esse prêmio? Se está dando um lance em um leilão às cegas, gostaria de saber que o seu lance foi o segundo mais alto (e *quase* venceu) ou que foi o quinto (e não chegou nem perto de vencer)? Em uma negociação, gostaria de aceitar uma oferta que depois descobriria não ser a melhor que poderia receber? De fato, pesquisas mostram que negociadores costumam distorcer suas decisões para evitar encarar qualquer evidência clara que possa causar lamentação.[25] Além disso, temos a tendência de lamentar mais *atos de ação* (o que *realmente* fizemos) do que *atos de omissão* (o que *não* fizemos).[26]

Esse desejo de evitar decisões que levem à lamentação podem induzir negociadores a se segurar mais — e por mais tempo — do que seria razoável. De novo, considere os litigantes na disputa do prédio. Após terem gastado milhares de dólares, quase certamente veriam a decisão de encerrar o processo (e pagar pelas grades das janelas) com algum grau de arrependimento. "O que teria acontecido se eu continuasse mais um pouco?", imaginariam. Se "o que poderia ter sido" realmente for revelado no futuro, nossas decisões costumam se tornar ainda mais distorcidas para evitar o arrependimento. Por exemplo, o vendedor de uma casa pode rejeitar ofertas razoáveis, crendo que os preços na área possam subir após a venda. Da mesma forma, um investidor pode manter ações desvalorizadas por mais tempo, com medo de que o preço suba logo após a venda.

Muitos negociadores colocam ênfase demais no que poderia ter sido. O fato é, incertezas são parte da vida; em retrospecto, sempre veremos resultados que não teríamos como prever. Embora tal retrospectiva possa nos enlouquecer, a solução *não* é ignorá-la. A forma de melhor aproveitar uma avaliação em retrospecto — sem superenfatizá-la — é se concentrar no que pode ser aprendido do passado e como fazer decisões melhores em negócios no futuro. Se pensar "o que poderia ter sido" nos ajuda a melhorar nossos comportamentos em futuros negócios, devemos analisar o passado com cuidado. Como nossos arrependimentos só poderiam ser evitados com uma bola de cristal, então devemos nos lembrar de que se tomarmos boas decisões na maioria do tempo, nossos resultados líquidos na vida também serão bons.

DESENVIESANDO

Como você provavelmente percebeu, este capítulo foi tanto sobre comportamento humano, quanto sobre negociação. É importante lembrar que mesmo pessoas altamente educadas e inteligentes, que desejam ser justas e objetivas, são suscetíveis a vieses psicológicos. Somos enviesados porque somos humanos, não porque somos maus ou estúpidos. Isso significa que precisamos ser vigilantes em nossos esforços para superar nossos vieses. Também significa que devemos ser mais compreensivos sobre os vieses exibidos pelos outros — e que podemos até mesmo ajudar a superá-los. O capítulo seguinte mostra como fazer isso.

CAPÍTULO 6

Negociando Racionalmente em um Mundo Irracional

Vieses do coração e da mente afetam até mesmo as melhores e mais brilhantes pessoas. Você pode ter excelentes habilidades interpessoais e ótimos instintos para saber quando pressionar e quando recuar, mas sua intuição não o protegerá dos tipos de erros sistemáticos e previsíveis que temos apresentado. Surpreendentemente, nem mesmo a sua vasta experiência poderá fazê-lo. Embora possa ser valiosa, a experiência, sem clara compreensão das potenciais armadilhas de negociação, podem ser perigosas.

Nossa própria experiência ensinando dezenas de milhares de executivos sugere que as pessoas confiam em suas intuições e experiências. Mas aprender somente pela experiência pode ser um erro desastroso para executivos.[1] O problema é que pessoas de extraordinário sucesso — ou sorte — costumam concluir, por suas "experiências", que são invulneráveis. Essa crença as leva a monitorar de forma insuficiente ou correta seus próprios comportamentos e a generalizar demais suas experiências de um contexto para outro. Porém, considere o fato de que muitas pessoas são muito boas em negociar em uma área, mas não em outras. Alguém pode ser ótimo para negociar contratos de venda, mas sofrer conflitos constantes na vida pessoal. Uma pessoa pode saber negociar fusões e alianças estratégicas, mas ser horrível ao negociar suas condições de trabalho. Por quê? Porque um negociador pode ter experiência significativa em certa área, mas não ter compreensão completa do que faz bem. Como resultado, pode não transportar sua experiência — e sucesso — para outro contexto.

138 • Gênio da Negociação

Nossa visão cética do valor da experiência surge de amplas evidências de que os vieses psicológicos afligem até mesmo profissionais altamente treinados e experientes de todos os tipos, incluindo investidores, analistas, agentes imobiliários, médicos, políticos etc. Margaret Neale e Greg Northcraft, importantes estudiosos do comportamento organizacional, argumentam que tais vieses *podem* ser superados — não pelo desenvolvimento de experiência, mas por meio do desenvolvimento da *especialização*.[2] De acordo com Neale e Northcraft, os indivíduos ganham experiência ao conduzir um tipo semelhante de negociação muitas vezes; por outro lado, desenvolvem a especialização quando formam uma "concepção estratégica" do que constitui uma negociação eficaz. Essa visão está intimamente alinhada com nossa visão de gênio da negociação. Para superar vieses e negociar de forma eficaz, você precisa de uma estrutura para pensar, preparar e executar negociações de forma sistemática e estratégica. Quando se trata de vieses, gênios da negociação estão cientes das suas limitações — e dos outros — e trabalham vigilantemente para resolvê-las.

Este capítulo oferece as ferramentas e a estrutura de que você precisa para superar seus próprios vieses e enfrentar com eficácia os vieses de suas contrapartes na negociação. Não basta antecipar seus próprios vieses decisórios; você também deve configurar sistemas e processos que lhe ajudarão a superá-los. Da mesma forma, você nem sempre pode se beneficiar dos erros cometidos por sua contraparte; às vezes, para melhorar seus próprios resultados, você precisa ajudá-los a superar a própria irracionalidade.

ENFRENTANDO SEUS PRÓPRIOS VIESES

Três estratégias poderosas podem ajudá-lo a enfrentar e gerenciar seus próprios vieses em negociação: usar a mentalidade do "Sistema 2", aplicar o raciocínio analógico e adotar a visão externa.

ESTRATÉGIA 1: USAR A MENTALIDADE DO "SISTEMA 2"

O que explica a diferença entre os momentos em que somos suscetíveis a vieses cognitivos e motivacionais, dos momentos em que pensamos e nos comportamos racionalmente? Uma resposta importante está na distinção entre a mentalidade do "Sistema 1" e do "Sistema 2", conforme proposta pelos pesquisadores Keith Stanovich e R. F. West.[3] O Sistema 1, que corresponde à intuição, é tipicamente rápido, automático, sem esforço, implícito e emocional; tomamos a maioria das decisões na vida usando a mentalidade do Sistema 1. Os vieses descritos nos Capítulos 4 e 5 também são muito mais comuns quando estamos usando o Sistema 1. Em contraste, o Sistema 2 corresponde ao pensamento racional e é mais lento, consciente, esforçado, explícito e lógico.[4] Quando enfrentamos pressões de prazo, é mais provável que estejamos usando o Sistema 1. Em outras palavras, profissionais ocupados são mais propensos a se basearem na mentalidade do Sistema 1 na maior parte do tempo — e com mais frequência do que deveriam.[5]

Isso não significa que seja necessário um processo completo do Sistema 2 para cada decisão que você toma. Se estiver comprando mantimentos no supermercado, respondendo a e-mails sem importância ou dirigindo para o trabalho, o Sistema 1 será adequado. Idealmente, entretanto, a mentalidade do Sistema 2 deveria influenciar suas decisões e negociações mais importantes. (Claro, nos estágios iniciais de prática para se tornar um gênio da negociação, pode ser útil permanecer no Sistema 2, mesmo em negociações mais simples.) Como negociador, você precisa aprender a identificar situações nas quais deve passar do intuitivamente atraente Sistema 1, para o mais lógico Sistema 2. Como fazer isso?

As seguintes técnicas de negociação podem ajudar a facilitar a mentalidade do Sistema 2 em um mundo operado pelo Sistema 1:

Faça uma lista do Sistema 2. No início de cada mês ou ano, faça uma lista de todas as negociações futuras que deveriam estar sujeitas à mentalidade do Sistema 2. Podem ser negociações nas quais você está lidando com grandes riscos, questões complexas, múltiplas partes, clientes de alta prioridade ou altos graus de incerteza. Planejar com antecedência para estar mais preparado e engajado nessas negociações lhe ajudará a alocar seu tempo de maneira mais adequada. Também lhe ajudará a pensar com mais cuidado para quando agendar essas negociações e o lembrará de participar ativamente nas discussões pré-negociação que definirão a agenda para negociações substanciais; não há nada pior do que ter uma negociação imposta quando você não está pronto.

140 ● Gênio da Negociação

Evite negociar sob pressão de prazo. A mentalidade do Sistema 1 assume o controle quando temos pouco tempo e nos sentimos apressados. Negociadores inteligentes antecipam esse problema e evitam negociar sob pressão de prazo, ou ao menos reconhecem se a pressão é real ou criada artificialmente como uma tática de negociação. Para evitar essa pressão, em vez de negociar durante um almoço de uma hora, reserve uma tarde inteira. Se alguém iniciar discussões substanciais com um telefonema ou uma visita inesperada e você não estiver preparado, peça educadamente para reagendar a conversa para alguma hora ou data posterior. Alguns negociadores gostam muito de forçar os outros a assumir compromissos ou responder a solicitações sob grande pressão de tempo. Infelizmente, muitas pessoas são vítimas dessa tática porque estão preocupadas em perder o negócio ou em ofender a outra parte. Como você *deve* responder a essas táticas? Na grande maioria dos casos, há poucos motivos para não adiar sua negociação ou decisão — ao menos por algum tempo. A menos que a outra parte tenha dado informações específicas e confiáveis de que o tempo é realmente essencial, você deve evitar ceder a essas táticas de pressão. Isso retoma o princípio (discutido no Capítulo 1) de *separar informação, de influência*. Por exemplo, se um empregador em potencial fizer uma oferta de emprego e disser "precisamos da sua resposta até sexta-feira" — e esse não for um tempo suficiente para tomar uma decisão sábia — não há problema em investigar um pouco e descobrir se é um ultimato sério. Depois de expressar sua gratidão e entusiasmo pela oportunidade de trabalhar para a empresa, você pode adicionar alguma pergunta como:

- "Este é um prazo fixo?"

- "Se, por motivos pessoais, eu precisasse de mais tempo para tomar essa decisão, qual seria o processo?"

Fracione a negociação em várias sessões. Você não precisa concluir uma negociação inteira de uma vez. Não importa o quão preparado esteja, em negociações mais complexas, você encontrará informações, questões e táticas que não previu. Se quiser evitar cair na mentalidade do Sistema 1 nesses momentos, precisará estruturar um processo que o permita repensar ou redefinir estratégias conforme necessário. Por exemplo, você pode programar pausas a cada uma ou duas horas, para ter tempo de avaliar e organizar tudo o que ouviu de inesperado. Ou pode negociar durante vários dias, de modo que troque informações preliminares por e-mail no dia 1, tenha uma discussão inicial por telefone no dia 2 e reserve mais tempo nos dias 3 e 4 para as negociações substanciais. Isso lhe dará o tempo necessário para aplicar a mentalidade do Sistema 2 ao longo do processo de negociação.

ESTRATÉGIA 2: APRENDA PELO USO DE ANALOGIAS

Costumam dizer que aprendemos mais com nossos erros e falhas do que com nossos êxitos. Se isso for verdade, então negociadores devem estar aptos a aprender com as consequências negativas de seus vieses decisórios e a ajustar o comportamento subsequente de acordo com isso. Entretanto, costuma ser um tanto difícil para negociadores aprenderem com erros passados; tendemos a ser vítimas dos mesmos vieses de maneira recorrente.[6] Por quê? No mundo real, no qual os resultados de negociações são determinados por uma série de fatores, pode ser difícil avaliar quando um erro aconteceu por uma estratégia falha ou por azar. Mesmo que você reconheça que sua estratégia foi a culpada, pode não ter certeza de em qual aspecto tenha falhado.

Então, como negociadores podem maximizar seu aprendizado pela experiência? As pessoas aprendem muito mais com exemplos, estudos de caso, exercícios ou experiências reais quando podem extrair disso algum fundamento abstrato.[7] Em outras palavras, pouco adianta dizer aos negociadores como *deveriam* ter se comportado em uma situação específica em que se encontraram recentemente, mas é muito útil para eles descobrirem quais *fatores* devem ser considerados ao enfrentar situações semelhantes no futuro. Como não há duas situações idênticas, é melhor para os negociadores extraírem o *fundamento* correto de experiências passadas, em vez de a *resposta* correta. O problema é descobrir como extrair os fundamentos de experiências e exemplos.

Uma maneira de fazer isso é aplicar o *raciocínio analógico* — a comparação consciente de diferentes situações em dimensões similares. Diversas pesquisas têm mostrado o poder dessa abordagem.

Em estudos dos psicólogos Jeffrey Loewenstein, Leigh Thompson, e Dedre Gentner, os participantes receberam resumos de dois problemas em negociações complexas que tinham a mesma lição subjacente (isto é, o mesmo tipo de solução para o problema do negociador). Metade dos participantes foi solicitada a dizer que lição tinham aprendido, um exercício de cada vez. A outra metade foi questionada sobre como os exercícios eram relacionados e quais lições tinham em comum. Os

142 • Gênio da Negociação

negociadores foram muito mais capazes de extrair a lição fundamental — e de superar problemas similares em suas negociações subsequentes — quando solicitados a comparar os dois exercícios. Em resumo, quando tentamos aprender com uma experiência por vez, costumamos nos concentrar nos elementos "supérfluos" da situação, enquanto o processo de comparar e contrastar diferentes experiências ajuda a extrair os elementos "estruturais" similares.

Considere, por exemplo, um executivo refletindo sobre a dissolução de uma parceria comercial. Ele pode concluir que negociar tal dissolução é muito difícil e requer a mediação de terceiros. Embora intuitivamente atraente, essa lição pode ser pouco útil. Também há a possibilidade de dissolver parcerias sem grandes conflitos, e assim a lição estaria errada. Em contraste, outro executivo refletindo sobre diversas negociações anteriores pode concluir que, qualquer que seja a situação subjacente, a escalada irracional do compromisso é mais provável quando advogados estão envolvidos e as emoções estão à flor da pele. Esse executivo pode decidir trazer um terceiro para mediar, sempre que encontrar tais condições — uma conclusão muito mais útil.

Como usar raciocínio analógico em seu proveito em uma negociação? Tente as seguintes técnicas:

Faça relatórios de múltiplas negociações simultaneamente. Gênios da negociação criam o hábito de revisar negociações importantes depois de terminadas. Melhor ainda, você deveria revisar múltiplas negociações ao mesmo tempo. Ao fazer isso, pergunte-se o quanto as negociações eram similares e diferentes. Ter outros membros da sua equipe ou organização ajudando a pensar criticamente sobre experiências, estratégias e resultados pode ser especialmente útil, pois também poderão avaliar suas próprias experiências.

Quando empresas nos contratam para treinar seus empregados em negociação, geralmente conduzimos um exercício de "relatório em grupo", com grupos de quatro a seis pessoas. Cada empregado é solicitado a discutir uma situação de negociação recente ou atual, então todos os membros do grupo tentam extrair lições e percepções importantes de várias experiências. Esse exercício é bastante eficaz em promover o aprendizado, pois encoraja os negociadores a fazer comparações e analogias entre negociações.

Concentre-se no que é fundamental, não nos detalhes. Ao revisar negociações passadas, tente compreender os aspectos estruturais e conceituais do acontecido. Em vez de se concentrar nas singularidades de uma situação específica, disseque sua experiência recente em elementos que mapeiem os conceitos de negociação descritos neste livro. Embora todas as negociações sejam únicas, todas têm BATNAs, valores de reserva, ZOPAs, interesses subjacentes, troca de informações e assim por diante. Examinar esses conceitos ajudará a levar melhor o aprendizado de negociações recém-completadas para o futuro.

ESTRATÉGIA 3: ADOTE UMA VISÃO EXTERNA

Por que somos tão presunçosos em julgar nossas próprias habilidades e mais corretos em avaliar a probabilidade de sucesso alheio? Daniel Kahneman e Dan Lovallo explicam essa inconsistência argumentando que as pessoas tomam decisões usando duas perspectivas diferentes, ou "visões": uma *visão interna* e uma *visão externa*.[8] Um negociador geralmente adota uma visão interna ao fazer julgamentos, imerso em determinado contexto ou situação. Ao contrário, geralmente adotamos uma visão externa quando somos removidos ou afastados da situação. A visão externa é mais clara. Obviamente, é melhor ter uma visão clara do que anuviada; infelizmente, a visão externa não costuma ser a visão padrão quando estamos envolvidos em uma negociação ou conflito. Assim, um negociador pode muito bem estar ciente de que o tempo que leva de uma apresentação inicial de vendas até um contrato assinado é de seis a doze semanas, e ainda assim acreditar que possa fechar negócio em três semanas. Mais perigoso: o negociador pode continuar agindo presunçosamente, apesar de ter se mostrado errado no passado. Isso acontece, pois, a visão interna tende a focar apenas a situação presente, enquanto a visão externa é melhor em perceber informações de vários episódios.

Considere o caso de proprietários negociando com um empreiteiro a construção de uma nova casa. Os proprietários souberam, por amigos, que tais projetos tipicamente terminam de 20% a 50% mais caros que o orçamento e levam mais tempo para serem terminados do que o originalmente planejado (a visão externa). Mesmo que a maioria dos proprietários acreditem que sua própria experiência será diferente — que suas casas serão construídas a tempo e próximas do custo original (a visão interna). Como resultado de um planejamento fraco, acabam precisando fazer um financiamento de última hora para os custos excedidos, abrir mão de acabamentos que preferiam e buscar uma moradia provisória, porque a casa não está pronta para se mudarem.

Daniel Kahneman, ganhador do Nobel, tem sua própria história sobre visão externa. Ele estava trabalhando com um grupo de colegas na definição de um novo currículo acadêmico e na escrita de um livro que o resumiria.[9] A equipe responsável estimou que o projeto levaria de dezoito a trinta meses. Kahneman se aproximou de um membro da equipe, um distinto especialista em desenvolvimento de currículos acadêmicos e fez a seguinte pergunta: "Com certeza não somos a única equipe a tentar desenvolver um currículo para uma nova área de estudo. Por favor, tente se lembrar de todos os casos possíveis. Pense em quando estavam em um estágio similar ao nosso agora. Quanto tempo levou para, a partir deste ponto, terminar o projeto?" Adotando uma visão externa, o especialista em desenvolvimento curricular disse que o tempo mínimo de conclusão era de sete anos e que 40% dos projetos *nunca* foram completados. De fato, a equipe de Kahneman acabou levando *oito anos* para terminar o projeto!

Com certeza, candidatos a empreendedores devem decidir entrar nos negócios com uma visão externa — tendo uma compreensão realista dos riscos envolvidos — em vez da mais tentadora visão interna. Ainda assim, em um estudo, 80% dos empreendedores viam suas chances pessoais de sucesso como maiores que 70%, e um terço descreveu seu sucesso como certo.[10] Essa é uma clara visão interna. Com uma visão externa, pode-se facilmente descobrir que a taxa de sobrevivência de novos negócios é de apenas 33%![11] Por que indivíduos inteligentes e motivados estariam dispostos a apostar grande quantidade de dinheiro, suas reputações e anos de suas vidas em uma decisão tomada com uma enviesada visão interna? Como discutimos no Capítulo 5, as pessoas têm um forte desejo de ver o mundo e a si mesmos de forma positiva, uma tendência que pode ter efeitos poderosos na tomada de decisões.

A distinção interna-externa nos leva a outro conjunto de técnicas que se pode usar para desenviesar o julgamento. Considere o seguinte:

Traga alguém de fora. Ao se preparar para uma negociação importante, traga alguém de fora para a sessão preparatória. Isso pode significar abordar especialistas de sua empresa, contratar um consultor especialista ou falar com um amigo. Lembre-se de que é mais provável antecipar custos excedidos quando é seu amigo que está construindo uma casa, do que quando é você. Quando se trata de sua própria casa, você espera que as coisas saiam melhor do que uma análise racional sugeriria. O mesmo vale para quando você faz um negócio. Outras pessoas verão fatores que você ignora, avaliarão informações negativas de maneira mais apropriada e manterão uma visão objetiva da situação, de maneiras que são difíceis para você fazer.

Ponha-se em uma perspectiva externa. Costuma ser igualmente eficaz — e mais barato — perguntar-se como você avaliaria uma situação se não estivesse imerso nela. Isso pode exigir que você pense em um momento em que outra pessoa se deparou com uma situação semelhante, ou colete dados sobre o que você pode esperar racionalmente da situação atual (por exemplo, dados sobre as médias do setor). Ou você pode se fazer esta simples pergunta: se alguém de quem eu gosto me pedisse um conselho em uma negociação como essa, que conselho eu daria?

Em resumo, use a mentalidade do Sistema 2, aplique o raciocínio analógico e adote a visão externa para reduzir a probabilidade de que vieses decisórios sabotem sua próxima negociação. Se você está comprometido em se tornar um gênio da negociação, deve tornar habitual o uso dessas estratégias. Muitas vezes, os executivos que frequentam cursos de negociação (ou leem livros sobre negociação) descobrem ideias interessantes, mas não mudam de fato seu comportamento. Juntar informações não é suficiente. A mudança real exige que você "acione" os processos de tomada de decisão existentes, entenda as ideias e técnicas que o ajudarão a fazer a mudança desejada e, em seguida, "estacione" as novas ideias e técnicas em seus pensamentos e comportamento.[12] Em outras palavras, considere como evitá-los ou superá-los e trabalhe duro para integrar estratégias novas e mais eficazes em sua abordagem habitual de negociação.

ENFRENTANDO OS VIESES ALHEIOS

Os vieses que os outros trazem para a mesa de negociação podem ter sérias implicações para os resultados. No restante do capítulo, exploraremos como incorporar uma compreensão dos vieses alheios em sua estratégia, por que e como ajudar os outros a serem menos enviesados, por que e como ajustar as informações que você recebe dos outros e como responder ao viés decisório da outra parte, por meio de contrato.

ESTRATÉGIA 1: INCORPORE AS CONSEQUÊNCIAS DOS VIESES ALHEIOS EM SUA ESTRATÉGIA

Gerentes gerais de times de beisebol levam bastante tempo decidindo como avaliar os talentos que pretendem adquirir e considerando com quais negociar um contrato. Billy Beane, gerente geral do Oakland Athletics, encontrou um meio de fazer isso melhor do que ninguém — e conseguiu transformar seu time perdedor em vencedor. De 1999 a 2002, com um orçamento muito limitado, Beane levou o Athletics ao segundo melhor recorde da Liga Principal de Beisebol (MLB na sigla em inglês). Os jogadores do time recebiam, em média, menos de um terço do que ganhavam os do New York Yankees. Mesmo assim, durante esse período de quatro anos, eles venceram mais jogos do que os Yankees.[13]

Como Beane conquistou esse feito incrível? Estudando os erros de outros gerentes de beisebol, e com a ajuda de um recém-formado no curso de economia de Harvard, Paul DePodesta, usando esse conhecimento para desenvolver estratégias de negociação mais sábias. Em seu livro *Moneyball*, Michael Lewis argumenta que outros gerentes da MLB foram consistentemente culpados de três erros sistemáticos que Beane e DePodesta foram capazes de identificar e explorar: 1) eles generalizaram demais a partir de suas experiências pessoais; 2) foram excessivamente influenciados pelos desempenhos recentes dos jogadores e 3) foram demasiadamente influenciados pelo que viram pessoalmente, embora os registros plurianuais dos jogadores fornecessem dados muito melhores. Em outras palavras, a maioria dos gerentes de beisebol se baseavam em uma mentalidade do Sistema 1.

Beane e DePodesta decidiram, em vez disso, examinar os dados concretos. Eles descobriram que os jogadores selecionados do ensino médio tinham muito menos probabilidade de sucesso, do que os jogadores selecionados da faculdade. No entanto, os executivos de beisebol sistematicamente supervalorizavam os jogadores do ensino médio e subestimavam os universitários. Armado com esse conhecimento, Beane parou de recrutar jogadores do ensino médio. Além disso, Beane e DePodesta descobriram que certos jogadores tinham uma tendência dramaticamente maior do que outros de perderem bolas, mas que os profissionais de beisebol subestimavam inadequadamente esses dados.[14]

No nível mais simples, o sucesso da abordagem de Beane e DePodesta revela que o uso de análises sistemáticas e rigorosas pode ser superior à mentalidade do Sistema 1, na qual muitos negociadores experientes confiam. Mas havia muito mais acontecendo de fato: Beane e DePodesta usaram sua compreensão dos vieses decisórios alheios para fazer negócios com outros times. Ao fazer isso, conseguiram jogadores de maior sucesso, em troca de jogadores de menor sucesso. Assim, eles combinaram sua mentalidade do Sistema 2 com uma compreensão das consequências da mentalidade do Sistema 1 dos outros, para conseguir criar valor.

A lição para negociadores? Use a mentalidade do Sistema 2, mas esteja pronto para se adaptar aos erros do Sistema 1 alheio. Se alguém está obcecado em vender sua empresa por um determinado preço (talvez porque um corretor mencionou um número alto, ou porque um irmão vendeu sua empresa por aquele valor), reconheça a vivacidade desse número para ele. Então, em vez de lutar, veja se pode atender criativamente a essa necessidade vívida. Como? Ofereça o número desejado em troca de concessões em outras questões que ele valorize muito. Por exemplo, você pode fazer com que ele compre imóveis relacionados, ou aceite melhores condições de financiamento. De fato, muitos negociadores se concentram excessivamente em valores proeminentes. Se o outro lado não aceitará "nem um centavo a menos que US\$40 milhões", pode ser que aceite US\$40 milhões divididos em um longo período. Quando você começa a pensar sobre os vieses decisórios alheios, pode projetar estratégias de negociação personalizadas que se adaptem aos erros deles.

ESTRATÉGIA 2: AJUDE OS OUTROS A SEREM MENOS ENVIESADOS

Nossos alunos costumam nos perguntar: "É melhor negociar com um bom negociador ou com um mau negociador?" Nossa resposta é simples: é melhor negociar com bons negociadores; maus negociadores geralmente apenas impedem o caminho para bons negócios. Infelizmente, muitas pessoas presumem que barganhar com um parceiro incompetente ou irracional lhes dá uma vantagem competitiva. Embora isso às vezes seja verdade (como mostra o exemplo de *Moneyball*), negociadores enviesados também têm tremendo potencial para arruinar completamente a negociação. Por exemplo, se sua contraparte é presunçosa, ela pode esperar por negócios que vocês nunca farão. Se, de modo irracional, o compromisso escala para um curso de ação, a outra parte pode se tornar excessivamente competitiva e indisposta a fazer acordo. Se é vítima do viés do bolo fixo, pode se recusar a compartilhar informações, eliminando oportunidades de criar valor. Nesses casos, os vieses ferem não apenas os interesses dela, como também os seus.

Por essas razões, geralmente é do seu interesse ajudar sua contraparte a pensar com mais clareza. Como você pode promover um pensamento cuidadoso, racional e sistemático? Considere novamente que negociadores tendem a ser muito mais enviesados sob pressão de prazo, do que quando têm tempo para pensar em uma proposta ou ideia. Assim, quando você fornecer ao outro lado uma oferta que acredita ser melhor do que a proposta de um concorrente, dê tempo para ele pensar, em vez de pressionar por uma resposta imediata. Sob pressão, negociadores excessivamente confiantes em sua capacidade de conseguir um melhor acordo costumam dizer não quando deveriam dizer sim. Se você tem certeza de que está oferecendo mais do que ele pode conseguir em outro lugar, seria sensato incentivá-lo a explorar alternativas e entrar em contato com você depois de comparar sua oferta com outras.

A maioria de nós também presume desejar que o outro lado esteja menos preparado. No entanto, negociadores mal preparados normalmente querem negociar uma questão de cada vez e reter informações. Também são menos capazes do que negociadores preparados para avaliar ou propor (pacotes de) acordos de múltiplas questões. Todos esses comportamentos inibem a criação de valor. Ao lidar com um negociador mal preparado, encoraje-o a pensar na importância relativa de cada questão para ele. Além disso, assuma a liderança na negociação de múltiplas questões, simultaneamente, e em pacotes de ofertas — e o incentive a fazer o mesmo. Também é importante deixar claro que você valoriza mais algumas questões do que outras, e que está feliz em explorar em conjunto transações mutuamente benéficas.

Por fim, a melhor coisa que você pode fazer para ajudar um negociador mal preparado (e para ajudar a si mesmo) é incentivá-lo a estar mais preparado. Se a negociação não estiver indo bem, você pode sugerir que ambos se beneficiariam se pensassem mais sobre as questões que surgiram na discussão recente. Vocês podem, então, criar uma linha do tempo que inclua pontos que estimulem a preparação e o compartilhamento de informações. Por exemplo, vocês podem acordar que, após uma semana, cada um enviará um e-mail listando suas principais prioridades e preocupações; depois de mais três dias, um de vocês ficará responsável por fazer um pacote de proposta inicial; então, depois que a outra parte tiver considerado, por alguns dias, ambas as partes se reunirão para discussões mais substanciais. Enquanto a maioria das pessoas acredita que dar tempo para a outra parte se preparar seja perigoso, um gênio da negociação reconhece que sua contraparte só pode fazer transações sábias, expandir o bolo e aceitar ofertas criativas, se souber o que valoriza — e esse conhecimento requer preparação. Portanto, da próxima vez que encontrar um negociador bem-preparado, fique encorajado pelo potencial de criar um acordo excelente, em vez de nervoso, com medo de ser explorado ou passado para trás.

ESTRATÉGIA 3: CALIBRE INFORMAÇÕES FORNECIDAS POR OUTROS

Imagine que está se mudando para uma nova cidade e que tenha abordado vários corretores de imóveis para vender sua casa atual. Embora você queira que seu corretor seja um bom vendedor, também quer que forneça uma estimativa precisa do valor da casa. A menos que você saiba por quanto sua casa será realmente vendida, não pode ter certeza sobre o preço de uma casa que possa pagar no novo local. Aqui está um dilema que pode surgir. Um corretor sabe que você quer um preço de venda alto e que fornecer uma estimativa alta (com certos limites) tornará mais provável que você o contrate. Infelizmente, quanto mais infladas as estimativas, menos precisas poderão ser, e o pior virá quando você estiver avaliando casas novas para comprar.

Como identificar se um corretor está sendo excessivamente otimista e tentando passar esse otimismo a você? Tente isto: em vez de negociar com um corretor, pergunte as opiniões de quatro corretores sobre uma determinada *tabela de preços*. Então peça para cada agente trazer as tabelas de preços originais das últimas dez casas que venderam, assim como o *preço de venda* real de cada uma dessas casas. Essa é uma informação prontamente disponível para eles. (Para verificar a precisão dos dados, você pode até pedir aos corretores que verifiquem uns aos outros.) Armado com as recomendações dos corretores para sua casa, e também com os históricos das diferenças entre os preços de tabela e os preços de vendas reais, você está em melhor posição para estimar o valor verdadeiro da sua casa. Você também tem os dados de que precisa para contratar o melhor corretor — aquele que está vendendo a preços mais altos, mas também mais realistas (ou confiáveis).

Sem dúvida, você escolheria dados diferentes em outros tipos de negociações. Imagine que você é um executivo de uma organização de varejo e que um grupo de gerentes regionais se reporta a você. Cada gerente regional está a cargo de aproximadamente um oitavo do país. Vocês estão se reunindo para negociar o orçamento publicitário específico de cada região para o próximo ano. Quando a reunião começa, os gerentes das duas regiões de maior sucesso no ano anterior sugerem que os recursos disponíveis deveriam ser alocados proporcionalmente às vendas do último ano. Argumentam que essas vendas são o melhor indicador para o próximo ano, assim como mostram onde estão sendo mais efetivas. O que há de errado com essa lógica?

Primeiro, algumas regiões terão vendas maiores do que outras, independentemente da publicidade (por exemplo, vendem-se mais pás de neve no norte, do que no sul dos Estados Unidos). Assim, os gerentes podem estar escolhendo uma "medida apropriada de sucesso" egoísta. Se for o caso, talvez você devesse pedir para cada gerente uma análise do impacto marginal do orçamento publicitário sobre o aumento das vendas nos últimos dez anos. Um segundo problema com essa lógica é que ela falha em considerar o fato de que muitos resultados "regridem à média" ao longo do tempo.[15] Alunos fantásticos frequentemente têm irmãos mais novos menos bem-sucedidos. Pais extremamente altos tendem a ter filhos mais baixos do que eles. Calouros espetaculares tendem a ter segundos anos medíocres (a "maldição segundanista"). E regiões que acabaram de ter um ano fantástico, tendem a ter um desempenho pior no próximo ano. Por quê? Porque cada resultado de sucesso se deve, em parte, a um fator esperado (habilidade, orçamento publicitário, genética etc.) e parte ao acaso (ou fatores desconhecidos). Além disso, é provável que resultados de sucesso extremo sejam altos em ambos os fatores. Infelizmente, não há como contar que a sorte recairá sobre você todos os anos. Dessa forma, você precisa ajustar suas expectativas para baixo. Regressão à média não significa que não se possa utilizar o passado para prever o futuro. Em vez disso, significa que o passado pode prever o futuro, com menos confiabilidade do que supomos.

Armado com a compreensão desses vieses, o executivo está mais bem preparado para negociar com os gerentes regionais — e esperar que as duas maiores regiões possam continuar desempenhando acima da média, mas não necessariamente da mesma forma que no ano anterior. A lição fundamental: pensar sobre os vieses decisórios alheios permite a você calibrar quantitativa e qualitativamente as informações, dados e argumentos que tenha ouvido.

ESTRATÉGIA 4: USE CONTRATOS DE CONTINGÊNCIA PARA RESOLVER CONFLITOS DECORRENTES DE VIESES

"Curar" os vieses da sua contraparte na negociação não é sempre a resposta. Seu oponente pode ser extremamente confiante sobre sua própria visão de futuro, enquanto você tem certeza de que ele está errado. Em vez de argumentar, às vezes vale a pena potencializar as expectativas enviesadas. Como? Usando um contrato de contingência. Nos Capítulos 1 e 2 já discutimos seu uso, que permite a ambos os lados da negociação apostar em suas crenças sobre o futuro. Quando você sabe que o outro lado está enviesado, pode escrever um contrato que permita a ele apostar na informação que você acredita estar errada. Fazendo isso, você aposta no que é favorável para si e caro para o outro.

Suponha que uma vendedora afirme que seu produto seja consideravelmente melhor que o do concorrente. Você está bastante certo de que a afirmação não se aplica ao uso que pretende dar ao produto, e não quer correr o risco de ficar desapontado, se o desempenho for inferior às expectativas informadas. Em vez de chamar a pessoa de mentirosa ou tentar desacreditar suas afirmações, proponha um contrato de contingência. Especificamente, ofereça pagar o preço pedido caso o produto desempenhe como informado, mas insista em um grande desconto, caso não alcance o nível desejado. Se ela estiver exagerando intencionalmente, se afastará de sua proposta. Mas se estiver apenas superconfiante aceitará, e você terá um belo negócio. Claro que se ela estiver certa, você acabará pagando mais — por um produto melhor do que esperava. Você também descobrirá que a vendedora é mais bem informada e mais confiável do que você pensava.

SEGUINDO ADIANTE

Muitas pessoas inteligentes se deparam com situações nas quais suspeitam do processo decisório do outro negociador, mas carecem de vocabulário para articular as falhas na lógica alheia. Nos Capítulos 4 a 6, resumimos conceitos claramente definidos e rigorosamente pesquisados para ajudá-lo a reconhecer e entender os vieses que você enfrenta. Se gostaria de praticar o reconhecimento dos vieses dos outros, você precisa apenas ler as notícias ou assistir a um jogo na televisão. Jornalistas, políticos, narradores e outros "especialistas" constantemente fazem afirmações que exemplificam o processo do viés decisório que tomaram. Mas não são os únicos enviesados. O pior erro que você pode cometer agora é pensar que acabou de ler três capítulos que explicam como os *outros* são enviesados.

Gênios da negociação não presumem ser imunes a vieses. Em vez disso, aceitam o fato de que sua intuição, como a de outras pessoas inteligentes, é fundamentalmente falha. Tentam reduzir o grau em que são afetados por isso e, quando necessário, adotam processos decisórios mais sistemáticos para evitar vieses. Além disso, em vez de esperar racionalidade de suas contrapartes, gênios da negociação antecipam vieses alheios e usam as estratégias que destacamos para responder a esses vieses.

Reunidas, as Partes I e II deste livro (Capítulos 1 a 6) devem fornecer as ferramentas de que você precisa para negociar com mais efetividade na ampla variedade de contextos de negociação que encontrará. Na Parte III, elaboraremos sobre esse conhecimento e prepararemos você para lidar, até mesmo, com as mais difíceis e complexas negociações.

PARTE III

NEGOCIANDO NO MUNDO REAL

CAPÍTULO 7

Estratégias de Influência

Ao longo dos capítulos anteriores, enfatizamos a necessidade de entender a perspectiva do outro lado. Por exemplo, os princípios e estratégias de negociação investigativa são fundamentais, pois, descobrir os interesses, as prioridades e as restrições do outro lado permite que você crie e reivindique valor de forma mais eficaz. Uma de nossas mensagens fundamentais é que o sucesso da negociação normalmente depende mais de quão bem ouvimos, do que quão bem falamos. Mas essa não é toda a história. Quando você está fazendo uma apresentação, pedindo concessões ou tentando angariar apoio para sua proposta, o sucesso também depende de sua capacidade de "vender" ideias, persuadir oponentes relutantes e convencer outras pessoas sobre os méritos do seu caso. Essas habilidades não apenas ajudam você a reivindicar valor para si mesmo, mas também criam valor para ambas as partes. Uma das queixas mais comuns de negociadores experientes é que pessoas defensivas, desconfiadas ou incompetentes podem bloquear até mesmo ideias e propostas mutuamente benéficas. Assim, os potenciais gênios da negociação devem encontrar maneiras de superar, não apenas as objeções racionais dos outros, mas também suas mentes fechadas.

Neste capítulo, aproveitamos algumas das pesquisas atuais mais fascinantes sobre a psicologia da influência e da persuasão — incluindo o trabalho pioneiro do renomado psicólogo social Robert Cialdini[1] — para desenvolver estratégias que lhe ajudarão a convencer outras pessoas a atender suas solicitações, propostas e ideias. Observe que essas estratégias de influência *não* são projetadas para ajudá-lo a melhorar os méritos de sua proposta. Em vez disso, aumentarão a probabilidade de que outros digam sim, sem que qualquer *melhoria* seja necessária. Claro, você também pode esperar ser *alvo* de táticas de influência vindas do outro lado. Este capítulo fornece inúmeras "estratégias de defesa" para resistir a essas manobras, bem como uma série de fatores a considerar antes de dizer sim.

ESTRATÉGIA 1: DESTAQUE AS PERDAS POTENCIAIS EM VEZ DE OS GANHOS POTENCIAIS

Um representante da empresa de energia local chega ao seu bairro oferecendo checagens gratuitas de energia aos moradores. Você aceita e, logo após, o representante o aconselha a investir em produtos e serviços que ajudarão no isolamento elétrico da casa e, assim, reduzir seus custos de energia. Você aceitaria? Como pesquisadores da Universidade de Santa Cruz descobriram, sua resposta provavelmente depende exatamente de como a apresentação é realizada. Nesse estudo, o representante disse à metade dos proprietários o seguinte: "Se você isolar sua casa, economizará X centavos por dia." (Sendo o valor de X determinado pela checagem.) Para a outra metade dos proprietários, o discurso foi invertido: "Se você *não* isolar sua casa, *perderá* X centavos por dia." Observe que o conteúdo informativo dessas duas afirmações é idêntico. Entretanto, aqueles que foram informados de quanto poderiam *perder,* por não seguirem a recomendação, tiveram uma probabilidade significativamente maior de comprar o isolamento![2]

Como esse estudo ilustra, as pessoas são mais motivadas a evitar perdas do que acumular ganhos, de acordo com o princípio da *aversão à perda.*[3] Em outras palavras, tomadores de decisão pesam mais as informações sobre perdas potenciais, do que informações sobre ganhos potenciais — mesmo quando ganhos e perdas são de igual magnitude. Como resultado, quando você anuncia exatamente o mesmo conjunto de informações como uma perda, isso será mais influente na negociação, do que quando você o anuncia como um ganho.

Considere as seguintes maneiras de potencializar a aversão à perda na negociação:

- Faça sua proposta informando quais ganhos potenciais o outro lado deve abrir mão se sua ideia ou proposta for rejeitada, em vez do que ele pode ganhar ao aceitar.

- Ao realizar um leilão, diga aos licitantes: "Você perderá a oportunidade de obter X, se não aumentar seu lance", em vez de: "Você terá a oportunidade de obter X se aumentar seu lance."

- Aponte que "a oferta do concorrente não lhe dá X, Y ou Z", em vez de apontar que "nossa oferta lhe dá X, Y e Z".

Em cada um desses casos, o conteúdo de *informação* da proposta permanece inalterado quando você adota um enunciado de perda, em vez de um enunciado de ganho. O conteúdo da *influência*, no entanto, muda drasticamente.

Ao conhecer o princípio da aversão à perda, você começará a perceber com que frequência a tática surge, não apenas em negociações, mas também na sua vida como gestor, consumidor e cidadão. Por exemplo, quando um consultor ou representante de uma força-tarefa diz que "falhas na implementação dessas mudanças resultarão em uma perda de receita de 1,5%", você está recebendo uma estratégia de influência. A aversão à perda também é uma das razões pelas quais os anúncios políticos negativos são tão eficazes, mesmo que todos digam odiá-los: quando os candidatos alertam sobre os perigos associados à eleição de seu oponente (em vez de divulgar seus próprios méritos), eles estão aproveitando essa estratégia.

O princípio da aversão à perda também pode ser direcionado para fins benevolentes. Em um estudo realizado em uma clínica médica de uma cidade dos EUA, mulheres assistiram a vídeos destinados a promover o teste de HIV. Em uma versão do vídeo (a condição de "controle"), as informações foram ditas como benefícios associados ao se fazer o teste. Em outra versão (a condição de "quadro de perda"), a informação realçada foi sobre os custos e riscos associados ao não se fazer o teste (por exemplo, "ao não fazer o teste, uma mulher está colocando em risco a si mesma, as pessoas que ama e a seus futuros filhos"). Das mulheres que assistiram ao vídeo com quadro de perda, 63% escolheram fazer o teste de HIV em duas semanas. Entre aquelas que assistiram ao vídeo de quadro de ganho, apenas 23% escolheram ser testadas.[4] Em pesquisa semelhante, quadros de perda também foram mais eficazes em persuadir as pessoas a obter exames de detecção de câncer de pele[5] e em aumentar a probabilidade de mulheres realizarem o autoexame nas mamas.[6]

Apesar de seu poder de motivar o cumprimento de demandas e propostas, temos uma importante ressalva sobre o uso dessa estratégia: uma dependência excessiva de quadros de perda pode azedar relacionamentos. Aqueles que focam apenas riscos, custos, perdas e desvantagens, podem ser percebidos como hostis, ameaçadores ou simplesmente desagradáveis. Esses atributos podem criar barreiras à negociação, se induzirem a outra parte a retaliar na mesma moeda. Dessa forma, seu uso de quadros de perda deve ser estratégico e direcionado, não generalizado. Pode ser melhor reservar seu uso para resumir seus argumentos, ou fazer sua "apresentação final", para evitar negatividade no início de sua apresentação, ou da discussão.

ESTRATÉGIA 2: DESAGREGUE GANHOS E AGREGUE PERDAS

Qual dessas duas situações o faria mais feliz?

> *Cenário 1:* Você está andando na rua e encontra uma nota de US$20.

> *Cenário 2:* Você está andando na rua e encontra uma nota de US$10. No dia seguinte, está andando em uma rua diferente e encontra outra nota de US$10.

Perceba que esses dos cenários possuem recompensas idênticas: ambas resultam em um ganho de US$20. Entretanto, a imensa maioria das pessoas acredita que ficaria mais feliz com o Cenário 2. Por quê? Antes de tentarmos responder, vamos considerar outros dois cenários.

O que o deixaria mais infeliz?

> *Cenário X:* Você abre sua carteira e descobre ter perdido uma nota de US$20.

> *Cenário Y:* Você abre sua carteira e descobre ter perdido uma nota de US$10. No dia seguinte, perde outra nota de US$10.

Mais uma vez, os cenários são idênticos em relação ao resultado financeiro. Entretanto, dessa vez a imensa maioria das pessoas afirma que o Cenário Y a deixaria mais *infeliz.*

Como esses dois exercícios demonstram, as pessoas parecem preferir encontrar dinheiro em parcelas, mas perder dinheiro de uma só vez.[7] Para maximizar o prazer, então, você deve separar o ganho total em várias pequenas vitórias (em vez de uma grande vitória). Porém, para minimizar a dor, você deve colocar todas as perdas juntas — isso lhe dá apenas uma perda para absorver.

Aqui estão as implicações dessa descoberta para negociadores:

Desagregue os Ganhos:

- Se você puder fazer concessões, não as faça de uma só vez. Por exemplo, se puder aumentar sua oferta em US$100, divida essa concessão única em concessões menores e as distribua separadamente. Sua contraparte avaliará a sucessão de concessões de maneira mais positiva, do que uma concessão única.

- Se tiver boas notícias para compartilhar, tente dividir a informação em "pérolas" que darão à outra parte mais ocasiões para sorrir. Por exemplo, se você completou um projeto dentro do orçamento e antes do prazo, não compartilhe as boas notícias de uma vez. Você fará seu cliente mais feliz se, num dia disser que completou o projeto no prazo, e, noutro dia, disser que também terminou abaixo do orçamento.

- Se tiver benefícios ou recompensas a oferecer, separe-os em parcelas que possa fazer ao longo do tempo. Por exemplo, se você tiver sido autorizado a conceder um aumento e uma promoção a um empregado desavisado, você o fará mais feliz se disser sobre o aumento hoje e sobre a promoção amanhã.

Agregue as Perdas:

- Se você está solicitando ou demandando que o outro lado faça concessões, faça uma solicitação abrangente, em vez de várias solicitações parciais.

- Se tiver más notícias a compartilhar, faça de uma só vez.

- Se tiver custos ou encargos a impor, combine-os em um.

ESTRATÉGIA 3: EMPREGUE A TÉCNICA DE "PORTA NA CARA"

Muitos vendedores seguem esta regra de ouro: "Mantenha-os dizendo sim!" A teoria por trás dessa abordagem é que, como vendedor em uma negociação, você deve se esforçar para manter o comprador em um estado de espírito positivo, agradável e complacente. Afinal, quanto mais ele concorda com você, maior a probabilidade de acreditar que seus interesses são mutuamente compatíveis. Também há que se considerar a questão do momento: você deseja ganhar força em direção à aceitação final de suas demandas — e não à rejeição final.

Como muitas regras de ouro, essa é apenas parcialmente verdadeira. De fato, uma maneira de conseguir o "sim" que deseja é permitir (ou provocar) o outro a primeiro dizer "não". Considere uma pesquisa fascinante conduzida pelo professor Robert Cialdini, da Universidade do Estado do Arizona. Os assistentes de Cialdini saíram pela cidade passando-se por funcionários de um centro de detenção juvenil. Eles pararam pessoas aleatórias nas ruas, solicitando um favor: "Você poderia acompanhar um grupo de menores infratores em um passeio ao zoológico?" Como se pode imaginar, a maioria das pessoas ficava surpresa com o pedido extremo, e somente 17% concordaram. Os pesquisadores então tentaram uma abordagem diferente. Desta vez, quando paravam uma pessoa, solicitavam um favor ainda maior: "Você poderia servir como conselheiro no centro de detenção juvenil? Isso exigirá duas horas por semana, durante três anos." Sem surpresa, *todos* recusaram o pedido. Logo em seguida, os pesquisadores então perguntavam: "Bem, já que não pode fazer isso, poderia acompanhar um grupo de menores infratores em um passeio ao zoológico?" A resposta foi surpreendente. Dessa vez, 50% dos entrevistados concordaram! Quando exatamente a mesma proposta — um pedido de acompanhamento — foi precedido por uma demanda extrema que certamente seria rejeitada, três vezes mais pessoas concordaram.

Por que a concordância aumentou após uma rejeição inicial? Porque, segundo Cialdini, quando a pessoa fazendo o pedido modera suas demandas (e pede algo menos extremo), o outro vê isso como uma concessão que deve ser retribuída.[8] Em outras palavras, como a outra parte "concordou" em pedir menos, é incumbência do outro lado "encontrá-lo no meio do caminho". Outro fator é o *efeito contraste* — nossa tendência em julgar o tamanho de algo com base no contexto. Colocado ao lado do pedido que tem um investimento de tempo de três anos, acompanhar um passeio ao zoológico não parece ser muito! Cialdini se refere a essa abordagem extrema-depois-moderada como estratégia "porta na cara" (DITF, na sigla em inglês), referindo-se à imagem de um vendedor recebendo uma porta batida na cara, ao fazer um pedido ultrajante. Claro que, nesse caso, o vendedor não vai embora quando a porta é batida; em vez disso, faz um segundo, e menos ultrajante, pedido.

As implicações em negociação do estudo de Cialdini são óbvias, e já abordamos algumas delas em nossa discussão sobre primeiras ofertas e âncoras no Capítulo 1. Simplificando, se você quer algo, peça mais do que deseja (ou espera) e esteja preparado para fazer concessões. Infelizmente, negociadores costumam se autocensurar, presumindo que uma oferta muito agressiva será censurada — mas, como mostra a pesquisa de Cialdini, rejeição não é, necessariamente, uma coisa ruim. Existem, é claro, alguns riscos associados ao fazer demandas ultrajantes. Sua contraparte pode considerar seu pedido ignorante, louco ou simplesmente ofensivo (embora o estudo do passeio no zoológico sugira que você possa, às vezes, se sair bem com um pedido ultrajante!). Na Estratégia 5, consideraremos um meio poderoso de mitigar as possibilidades de ofender à outra parte, ao se fazer uma demanda extrema.

ESTRATÉGIA 4: EMPREGUE A TÉCNICA "PÉ NA PORTA"

Considere os resultados do seguinte experimento.[9] Em um estudo realizado próximo a um campus universitário, o barman de um estabelecimento local identificou um grupo de clientes assíduos e pediu que metade deles assinasse uma petição contra dirigir embriagado. Eles assinaram. O barman não abordou a outra metade do grupo com esse pedido. Ao longo das próximas seis semanas, ele notou quando os clientes que assinaram ficaram embriagados. Então, quando algum deles se preparava para ir embora, ele fazia um novo pedido: "Posso chamar um táxi para levá-lo para casa?" Dentre aqueles que não foram solicitados a assinar a petição, somente 10% dos clientes concordaram em esperar pelo táxi. Ao contrário, 58% dos que assinaram estavam dispostos a esperar.

Por que mais pessoas concordaram com o pedido mais oneroso (esperar por um táxi) após terem concordado com um pedido menos oneroso (assinar uma petição)? Pesquisas sugerem que, uma vez que a pessoa tenha se comprometido com um pedido inicial, torna-se psicologicamente mais comprometida a levar o processo até o fim. Assim, a disposição para concordar com um pedido leva a um maior compromisso em concordar com pedidos adicionais *que decorram naturalmente do pedido inicial*. O fator fundamental aqui é a motivação que as pessoas têm de justificar

162 ● Gênio da Negociação

ações passadas e a preservar a consistência entre afirmações e ações. Uma vez que alguém tenha concordado com o pedido inicial do barman, está psicologicamente compromissado. E começa a se ver como alguém que se põe contra a direção embriagada. Ao se deparar com um segundo pedido do barman, a pessoa pode sentir não ter escolha a não ser atender; se não o fizer, torna-se difícil justificar sua disposição em ter assinado a petição.[10]

Essa abordagem, conhecida como estratégia "pé na porta" (FITD, na sigla em inglês), pode parecer contradizer a estratégia "porta na cara" de Cialdini, na qual a solicitação mais extrema é feita primeiro. Entretanto, essas estratégias têm diferentes mecanismos e objetivos subjacentes. A porta-na-cara (mirar na rejeição e depois moderar a demanda) é apropriada (como no estudo do passeio ao zoológico) quando seu objetivo é fazer com que sua demanda principal pareça razoável. A pé-na-porta (mirar no cumprimento de um pedido simples e depois aumentar a demanda) é apropriada quando se precisa construir o comprometimento até sua demanda principal.

Por exemplo, um vendedor de carros pode empregar a técnica porta-na-cara mostrando, primeiro a um comprador em potencial, um carro mais caro, mesmo que já tenha determinado que o comprador esteja considerando apenas o modelo mais barato. Por causa do efeito contraste, ver o carro mais caro primeiro fará com que o preço do carro mais barato pareça razoável. Depois, ainda na mesma interação, o vendedor pode também utilizar a técnica pé-na-porta. Ele pode fazer isso pedindo ao comprador que leve o carro *mais barato* para um *test drive* (um pedido moderado). Depois que o *test drive* termina e o comprador aumentou seu compromisso com o carro mais barato, o vendedor está em melhor posição para pedir que o compre (o pedido mais extremo).

Há outra distinção importante entre o uso das estratégias porta-na-cara e pé-na-porta: ao aplicar a porta-na-cara (extrema, depois moderada), tente solicitar o moderado logo após a rejeição do pedido extremo. Caso contrário, o efeito contraste diminui e o pedido moderado é percebido não como uma concessão, mas como uma demanda totalmente diferente. A abordagem pé-na-porta (moderada, depois extrema), em contraste, parece funcionar melhor quando o pedido extremo é feito algum tempo depois de o pedido moderado ser aceito (supondo que o acordo anterior não tenha sido esquecido). Se a segunda demanda for feita muito cedo, haverá menos tempo para que a sensação de compromisso seja processada; além disso, fazer uma segunda demanda logo após a primeira pode ser visto como excessivamente agressivo, insistente ou descaradamente estratégico.

ESTRATÉGIA 5: POTENCIALIZE O PODER DA JUSTIFICATIVA

A psicóloga de Harvard Ellen Langer e seus colegas prepararam o terreno para outro estudo fascinante, quando pediram ao bibliotecário da universidade que desligasse todas as copiadoras da biblioteca, exceto uma. Como resultado dessa conspiração, longas filas começaram a se formar na única copiadora restante. Os pesquisadores estavam interessados em descobrir o que convenceria as pessoas na fila a deixar alguém passar na frente. Em alguns casos, um pesquisador simplesmente disse: "Com licença, tenho cinco páginas. Posso usar a máquina de xerox?" Então 60% dos abordados dessa maneira permitiram que o pesquisador passasse na frente. Outras pessoas foram abordadas com um pedido ligeiramente diferente: "Com licença, tenho cinco páginas. Posso usar a máquina de xerox *porque tenho que fazer algumas cópias?*" Como pode ver, a segunda abordagem acrescentou uma justificativa totalmente oca (obviamente, a razão para querer furar a fila de uma copiadora é fazer cópias!). Qual foi a resposta dessa vez? Nesse caso, 93% dos abordados com esse pedido permitiram ao pesquisador passar na frente![11]

Como esses resultados sugerem, mesmo justificativas completamente superficiais têm poder de induzir concordância. Por quê? Porque seres humanos são "programados" para acomodar demandas e imposições (aparentemente) legítimas, pois isso nos permite construir relacionamentos mutuamente gratificantes. Em outras palavras, estamos dispostos a ir além para ajudar aqueles que ficarão agradecidos, mas não aqueles que podem simplesmente impor sua vontade e talvez nunca retribuir. Assim, embora as pessoas tendam a resistir à imposição de suas exigências, estão dispostas a diminuir a resistência e considerá-las, se sentirem que pelo menos você acha que são justificadas. Para fazer tais julgamentos, segundo Langer e seus colegas, humanos usam a heurística, ou simples "regras de ouro", e até mesmo um simples sinal como a palavra "porque", costuma ser suficiente para obter a concordância. No experimento da copiadora, por exemplo, a falta de informações substanciais após o "porque" foi menos relevante, do que a palavra em si.

Como negociadores podem usar essa percepção? Aqui vai um conselho fundamental, que compartilhamos pela primeira vez no Capítulo

164 ● Gênio da Negociação

1: abstenha-se de fazer exigências (especialmente ofertas agressivas) que não caibam em uma frase com esta estrutura aproximada: "Estou pedindo X porque..." Em outras palavras, se você pode encontrar um meio de justificar sua posição, essa justificativa provavelmente aumentará as chances de concordância — ou, no mínimo, mitigarão os riscos de sua demanda ser percebida como ilegítima, infundada, maluca ou ofensiva. Mesmo que seu objetivo não seja "vender" uma demanda extrema (como na técnica porta-na-cara), adicionar uma justificativa pode fortalecer seu caso e diminuir a probabilidade de que o outro lado simplesmente vá embora.

Quais são algumas das justificativas potenciais para suas demandas? Geralmente existem muitas justificativas *potenciais*, e negociadores devem escolher aquela que melhor se adequa ao resultado desejado. O vendedor de um imóvel pode tentar maximizar lances citando os altos preços de vendas recentes na área, a condição acima da média de sua propriedade ou as projeções otimistas de analistas sobre os preços de imóveis na região. Enquanto isso, um comprador pode justificar sua oferta baixa, pela mesma propriedade, com base em baixas avaliações recentes, o risco de que os preços atuais estejam inflados devido a uma bolha imobiliária nacional, ou o preço baixo de outra propriedade vista no mesmo dia.

Em outro exemplo, considere as diferenças entre os diferentes roteiros que um empregado pode utilizar na tentativa de negociar um salário maior.

Oferta A: "Você me perguntou quanto de aumento eu acho que mereço. Pensei sobre isso, acredito que um aumento de 10% seria justo."

Oferta B: "Você me perguntou quanto de aumento eu acho que mereço. Pensei sobre isso, acredito que um aumento de 10% seria justo, porque meu desempenho este ano tem sido excepcional."

Oferta C: "Você me perguntou quanto de aumento eu acho que mereço. Pensei sobre isso, e acredito que um aumento de 10% seria justo, porque meu desempenho este ano tem sido excepcional. Aqui estão alguns dados financeiros que sustentam minha afirmação."

A Oferta B é claramente superior à Oferta A, pois fornece uma justificativa para a demanda (um aumento de 10% no salário). Entretanto, a Oferta C é a melhor abordagem: fornece uma justificativa *e* segue com evidências que sustentam a justificativa. Há muitas maneiras em potencial de medir o desempenho no trabalho, mas ao assumir o controle da discussão logo cedo, você tem uma oportunidade de *definir* a medida apropriada. Então, a Oferta C inclui uma justificativa para a demanda, mas também apresenta a negociação de uma forma que ajuda a maximizar o poder da justificativa. De forma mais geral, em negociação, não deixe sua oferta "falar por si"; forneça uma justificativa para sua demanda e conte uma história que a legitime.

ESTRATÉGIA 6: POTENCIALIZE O PODER DA PROVA SOCIAL

Há alguns anos, os "infomerciais" — longos comerciais que fornecem informação extensiva sobre os benefícios, aplicações ou popularidade de um produto — tornaram-se uma marca registrada das madrugadas televisivas dos Estados Unidos. Em vários momentos de um típico infomercial de trinta minutos, o apresentador pedirá que o espectador "ligue para o número na tela" para comprar com desconto o produto anunciado. Muitos de nós já se perguntaram o que persuadiria alguém a, de fato, pegar o telefone, no meio da noite, para comprar algo como uma luva de forno autolimpante. Ao que parece, uma roteirista de infomerciais, chamada Collen Szot, gastou um punhado de tempo perguntando-se exatamente a mesma coisa. Em certo momento, ela decidiu alterar a frase padrão em todos os infomerciais: "Nossos atendentes estão aguardando, ligue agora." Ela, então, alterou ligeiramente a frase para: "Se nossos atendentes estiverem ocupados, ligue novamente." O resultado? O número de ligações disparou![12]

Por quê? Aparentemente, ambas as afirmações parecem conter informações idênticas, e nenhuma diz nada sobre o *produto*. Mas, que mensagem cada afirmação transmite sobre o comportamento de *outros espectadores*? A primeira mensagem parece sugerir que pouquíssimas pessoas (se alguma) estão ligando e que os atendentes estão simplesmente esperando o telefone tocar. A segunda mensagem, ao contrário, sugere que os telefones estão ocupados e que você deve tentar ligar várias vezes *porque outras pessoas estão comprando esse produto*. Psicólogos se referem a esse fenômeno como o poder da *prova social*.[13] Como todo adolescente sabe, sempre que houver incerteza ou ambiguidade

166 • Gênio da Negociação

em relação ao que fazer, você deve olhar o comportamento dos outros ("Mas, mãe, todo mundo está fazendo!"). Acontece que adolescentes não são os únicos a pensar dessa maneira. Esse é o motivo pelo qual bares e casas noturnas deixam longas filas na entrada, mesmo que estejam quase vazios (você pode pensar que seria melhor se eles vendessem bebidas a essas pessoas). Por isso que sitcoms usam sons de risos: acreditamos que uma piada é mais engraçada quando ouvimos outras pessoas rindo.

Como o princípio de prova social pode melhorar nossos resultados em negociação? Considere as seguintes táticas:

- O vendedor de uma casa limita as visitas à propriedade a somente uma hora, para que todos os potenciais compradores estejam presentes ao mesmo tempo.

- Quando um potencial cliente solicita uma lista de datas para marcar uma primeira reunião, a consultora (secretamente desesperada pelo trabalho) fornece apenas algumas datas na semana seguinte.

- Um representante de vendas começa sua apresentação listando os muitos outros clientes de sua empresa. (Ou uma escola de negócios enche seus catálogos com nomes e fotos de alunos famosos.)

ESTRATÉGIA 7: FAÇA CONCESSÕES UNILATERAIS SIMBÓLICAS

Alguns anos atrás, uma associação comercial nacional para subempreiteiros determinou que precisava fazer uma pesquisa com seus membros. Estava ciente, entretanto, da barreira principal para essa pesquisa de mercado: o público-alvo, notoriamente relutante em responder pesquisas e questionários. Na esperança de descobrir a melhor maneira de aumentar as taxas de resposta, decidiram testar um incentivo financeiro pelo preenchimento da pesquisa. A um subgrupo aleatório de membros foi enviado um questionário sem incentivo financeiro. Desse subgrupo, 20,7% devolveu o questionário completo. A outro subgrupo aleatório foi prometido um pagamento de US$50 para preencher e devolver o questionário. Infelizmente, o incentivo não resultou em uma mudança significativa de comportamento; dessa vez, 23,3% dos membros responderam. Por que o efeito foi tão fraco? Uma teoria plausível é de que o incentivo não tenha sido grande o suficiente; talvez a associação devesse ter prometido US$100 ou US$200. Entretanto, considere o que aconteceu com um terceiro grupo de membros.

Esse grupo recebeu o questionário e, com ele, uma única nota de US$1. Dessa vez, 40,7% dos membros devolveram o questionário completo![14]

As teorias econômicas-padrão não conseguem explicar o comportamento desses entrevistados. Não apenas o incentivo de US$1 era consideravelmente menor do que o de US$50, como também não era realmente um "incentivo" — era um pagamento garantido, *independentemente* de o membro atender ou não à solicitação. Enquanto os teóricos econômicos correm para criar um modelo que explique esse comportamento, o resto de nós pode notar que é precisamente porque o US$1 não era um incentivo, mas sim uma concessão unilateral — ou presente — que os destinatários se sentiram obrigados a retribuir. O que chama a atenção, no entanto, é o fato de uma concessão tão pequena ser tão eficaz. Pesquisas sobre confiança e reciprocidade sugerem que os destinatários de presentes e concessões são muitas vezes insensíveis ao grau de custo incorrido pelo doador; assim, mesmo uma concessão de baixo custo (ou seja, "simbólica") pode ser suficiente para induzir reciprocidade, concordância ou acordo.

Por exemplo, considere algumas concessões simbólicas que você pode fazer em sua próxima negociação:

- Você concorda em se encontrar em um horário — ou local — mais conveniente para o outro do que para você.

- A caminho da reunião, você compra rosquinhas e café para compartilhar com sua contraparte na negociação.

- Você inicia discussões substantivas concordando com uma das solicitações menores do outro lado.

Em cada caso, quanto mais evidente for sua concessão para o outro lado (por exemplo, ele sabe que você concordou com o local, apesar da inconveniência), mais provável é que ele seja obrigado a retribuir de maneira substancial.

ESTRATÉGIA 8: USE PONTOS DE REFERÊNCIA PARA QUE SUAS OFERTAS E DEMANDAS PAREÇAM RAZOÁVEIS

Em uma recente sessão de treinamento em negociação, apresentamos o seguinte cenário (adaptado do trabalho de Daniel Kahneman e Amos Tversky[16]) para metade dos participantes:

168 • Gênio da Negociação

Cenário A: Imagine que você está prestes a comprar uma calculadora de US$50. O vendedor informa que está à venda apenas em outra filial da loja, localizada a vinte minutos de carro de onde você está agora. Supondo que não possa negociar o preço em seu local atual, qual é o desconto mínimo que você precisa no outro local para que o deslocamento de vinte minutos valha a pena?

Antes de continuar a leitura, reserve um momento para escrever sua própria resposta ao Cenário A. Então, considere o próximo cenário, que foi apresentado à outra metade dos participantes da sessão.

Cenário B: Imagine que você está prestes a comprar um notebook de US$2.000. O vendedor informa que está à venda apenas em outra filial da loja, localizada a vinte minutos de carro de onde você está no momento. Supondo que não possa negociar o preço em seu local atual, qual é o desconto mínimo que você precisa no outro local para que o deslocamento de vinte minutos valha a pena?

Olhando de perto, você notará que ambos os cenários fazem a *mesma* pergunta: quanto valem vinte minutos do seu tempo? Mas considere como os executivos valorizam de maneira diferente seu tempo, dependendo de como leem os cenários A ou B. Aqueles que leram o Cenário A disseram que precisariam, em média, de um desconto de US$20 para valer a pena atravessar a cidade. Aqueles que leram o Cenário B disseram que precisariam, em média, de um desconto de US$200 para a mesma viagem valer a pena!

Como esse experimento sugere, a maneira como as pessoas valorizam seus próprios interesses (nesse caso, seu tempo) está sujeita a influências. Atravessar a cidade para economizar US$20 pode parecer tolice quando estamos comprando um item caro (como um computador ou um automóvel). Mas com um desconto de US$20 em algo relativamente barato (como uma calculadora ou um suéter de US$60), podemos nos sentir compelidos a fazer o trajeto. Em outras palavras, as pessoas não avaliam objetivamente o custo de um item ou questão; em vez disso, avaliam os custos em comparação com pontos de referência evidentes (como o valor total que estão gastando naquele dia). É exatamente por isso que vendedores de carros vendem tantos acessórios. Quando você já está pagando US$30.000 por um carro, pagar um adicional de US$200 a US$500 por tapetes ou proteção contra arranhões não parece grande coisa. Por outro lado, se você já tem o carro e alguém bate à sua porta vendendo tapetes ou protetores pelo mesmo preço, você provavelmente baterá a porta na cara dele!

Há outra razão pela qual os executivos em nossa sessão de treinamento estavam dispostos a buscar um desconto de US$20 em uma calculadora, mas não em um computador: as pessoas se preocupam não apenas com o valor do item que estão comprando, mas também em fazer um "bom negócio". O desejo de obter um acordo bom ou "justo" torna os negociadores suscetíveis à influência.[17] Por exemplo, compradores estarão mais propensos a pagar US$500 por um item se descobrirem que seu preço original era US$750, independentemente de quanto o item realmente valha para eles. Da mesma forma, em um estudo conduzido pelo economista Richard Thaler, as pessoas estavam dispostas a pagar significativamente mais por uma cerveja comprada em um "resort chique" do que em uma "mercearia decadente", mesmo que em ambos os casos levassem a cerveja para consumir na praia. Em outras palavras, mesmo quando o valor do negócio é idêntico, é provável que os negociadores o achem mais atraente ou menos atraente, dependendo de como é apresentado, com o que é comparado e quanto de "roubo" representa.

DEFENDENDO-SE DE ESTRATÉGIAS DE INFLUÊNCIA

Todas as estratégias que descrevemos são fundamentadas não apenas em pesquisas científicas, mas também na experiência de profissionais que ganham a vida induzindo você a concordar, consentir ou cumprir seus desejos e demandas. Como negociador, você provavelmente será confrontado por muitos habilidosos detentores de influência. Infelizmente, é improvável que somente aprender sobre as estratégias o proteja de efeitos poderosos. Para se proteger, você deve fazer um esforço consciente para antecipá-los e mitigá-los.[18] A seguir, analisamos algumas estratégias de defesa que você pode empregar em suas próprias negociações.

ESTRATÉGIA DE DEFESA 1: PREPARE-SE SISTEMATICAMENTE

Uma das melhores maneiras de se defender contra estratégias de influência é se preparar de forma sistemática e abrangente para as negociações. Isso envolve uma análise rigorosa da BATNA, uma avaliação cuidadosa da ZOPA e uma investigação completa de todas as questões. Negociadores que tenham avaliado seus interesses e prioridades com cuidado antes de entrar em negociações provavelmente não aceitarão uma oferta desfavorável simplesmente pela forma como é apresentada.

ESTRATÉGIA DE DEFESA 2: CRIE UM SISTEMA DE PONTUAÇÃO

Como descrito no Capítulo 2, um sistema de pontuação permite avaliar objetivamente o valor total de uma oferta declarada, comparando-a ao valor total de ofertas alternativas, ao valor de sua BATNA ou ao grau de suas aspirações. Estratégias de influência têm menos probabilidade de persuadir um negociador que pode avaliar objetivamente cada proposta feita.

ESTRATÉGIA DE DEFESA 3: SEPARE EXPLICITAMENTE INFORMAÇÃO, DE INFLUÊNCIA

Conforme explicado no Capítulo 1, gênios da negociação compreendem que tudo o que o outro lado diz é parte informação, parte influência. Sua tarefa é separar explicitamente os dois antes de reagir ou responder. Quando o outro lado faz uma afirmação aparentemente convincente, negociadores eficientes se fazem perguntas como estas: "Aprendi algo novo aqui? Se sim, o quê? Como devo avaliar o que foi dito, no contexto dos meus interesses e prioridades?" Aqui está outra linha de questionamento que pode ajudar a separar influência, de informação: "Eu estaria disposto a fazer isso por qualquer outra pessoa? Estaria disposto a fazer isso ontem — ou mesmo uma hora atrás? Posso defender minha decisão para outras pessoas fundamentais?"

ESTRATÉGIAS DE DEFESA 4: REFORMULE A OFERTA EM OUTROS TERMOS

Você também pode mitigar o impacto das estratégias de influência reservando um tempo para reformular as declarações substanciais feitas pela outra parte. Você pode reformular a declaração do quadro de perda (para si mesmo) usando um quadro de ganho — e então ver se a proposta parece tentadora. Por exemplo, se o outro lado disser: "Se você não aumentar seu lance, perderá a oportunidade de ganhar este negócio", você pode ficar tentado a fazer um lance mais alto. Antes disso, reserve um momento e reformule a declaração da seguinte maneira: "Se eu quero ter uma chance de ganhar este negócio, terei que aumentar meu lance". Você continua tentado a dar lances mais altos? A chave é identificar se sua reação decorre dos méritos da proposta ou de sua apresentação.

ESTRATÉGIA DE DEFESA 5: DESIGNE UM ADVOGADO DO DIABO

Conforme sugerido no Capítulo 4, uma estratégia de negociação útil é designar alguém do seu lado para desempenhar o papel de advogado do diabo. Essa pessoa deve questionar suas crenças sobre tudo o que é relevante para a negociação. O advogado do diabo não precisa estar presente durante a negociação; você pode achar mais apropriado estruturar um processo que lhe permita chamar a pessoa, de vez em quando, para conferenciar com ela.

ESTRATÉGIA DE DEFESA 6: SE POSSÍVEL, NÃO NEGOCIE SOB PRESSÃO DE TEMPO

Táticas de influência têm maior probabilidade de surtir efeito quando o alvo precisa responder rápido. Isso sugere que se deve tentar reservar bastante tempo para negociar, estar disposto a esperar um dia ou mais antes de tomar decisões importantes e se sentir à vontade para pedir um tempo às outras partes para considerar a oferta ou proposta. Por exemplo, é provável que muitos daqueles que foram abordados no estudo do passeio ao zoológico teriam rejeitado o pedido para acompanhar menores infratores se tivessem a chance de responder no dia seguinte.

Claro que essas estratégias de defesa não são mutuamente exclusivas. Gênios da negociação se apoiam, simultaneamente, em muitas ou em todas elas. Além disso, essas estratégias não são apenas úteis para combater táticas de influência; são bons conselhos de negociação em qualquer situação.

OS LIMITES DA INFLUÊNCIA

As estratégias de influência que descrevemos não irão ajudá-lo a melhorar suas ideias ou ofertas; em vez disso, elas simplificam a tarefa de vender o que você tem a oferecer. E, embora essas estratégias sejam meios poderosos de persuadir os outros a aceitar suas ofertas e concordar com suas demandas, negociadores que dependam exclusivamente de estratégias de influência estão propensos a alcançar apenas sucesso limitado, por dois motivos. Primeiro, como destacado no Capítulo 3, aqueles que se concentram apenas em "vender" em vez de "negociar" renunciarão oportunidades para descobrir interesses do outro lado e, como consequência, perderão oportunidades de criar valor. Segundo, se estiver enfrentando um negociador durão — ou envolvido em uma disputa acirrada — sua capacidade de fazer o outro obedecer, concordar ou consentir pode ser seriamente limitada. Se tudo o que há para recorrer são estratégias "suaves" de influência, você estará seriamente desarmado. Nem todos os negociadores pegam leve, nem todos são amigáveis. Gênios da negociação antecipam isso, e sabem o que fazer quando as coisas ficam difíceis. Nos capítulos seguintes (e especialmente no Capítulo 12, que trata de estratégias para lidar com negociadores difíceis), compartilharemos nossos segredos.

CAPÍTULO 8

Pontos Cegos
na Negociação

Em 15 de dezembro de 2004, a Johnson & Johnson (J&J) fez um acordo para comprar a fabricante de produtos médicos Guidant, por US$25,4 bilhões.[1] A princípio, pareceu uma boa notícia para os acionistas da Guidant e para a J&J, já que o mercado acreditava que a aquisição possuía sinergia — isto é, a Guidant parecia ter mais valor para a J&J do que como empresa independente.

Em 24 de maio de 2005, bem antes que a J&J e a Guidant pudessem fechar um acordo, um artigo do *New York Times* revelou que, por três anos, a Guidant escondeu de médicos que seu desfibrilador implantável continha uma falha que fez com que 26 deles apresentassem curto-circuito e mau funcionamento. A unidade havia sido implantada em 24 mil pacientes. A FDA (Food And Drug Administration) abriu uma investigação sobre o caso; algumas semanas depois, em 17 de junho, a Guidant anunciou um *recall* de seus desfibriladores.

Em 18 de outubro, a J&J indicou querer renegociar os termos do acordo com a Guidant e, em 2 de novembro, emitiu uma declaração dizendo acreditar que a investigação federal e o recall tinham afetado "os resultados a curto prazo e as perspectivas de longo prazo."[2] No mesmo dia, o procurador-geral de Nova York, Eliot Spitzer, anunciou uma ação judicial contra a Guidant e a Comissão Federal de Comércio aprovou condicionalmente a fusão J&J/Guidant. Pelos termos do acordo, a J&J tinha 48 horas para executar e finalizar o negócio, após sua aprovação. Se a J&J deixasse o prazo expirar, possivelmente citando uma "alteração material adversa" nos negócios da Guidant, esta poderia processar a J&J para forçar a conclusão da aquisição. A J&J optou por não fechar o negócio em 48 horas. Em 7 de novembro, a Guidant processou a J&J.[3] Nove dias depois, conforme as matérias negativas sobre a Guidant continuavam a crescer,[4] a J&J propôs uma oferta revisada de US$21,5 bilhões.

173

174 • Gênio da Negociação

Enquanto isso, praticamente não mencionada ao longo do relatório inicial sobre a aquisição, havia outra empresa, a Boston Scientific, que ficaria em desvantagem estratégica se a J&J adquirisse a Guidant. A Boston Scientific era uma concorrente-chave da J&J na indústria farmacêutica, que estava sendo reestruturada devido à oferta da J&J pela Guidant. Entre 14 de dezembro de 2004 (um dia antes da oferta da J&J) e 28 de abril (um dia depois de os acionistas da Guidant aprovarem a oferta), o preço das ações da Boston Scientific caiu de US$35,88 para US$29,46. No momento em que a J&J propôs sua oferta revisada de US$21,5 bilhões, as ações da Boston Scientific caíram para US$25. Em 5 de dezembro, incapaz de suportar a aquisição da Guidant pela J&J, a Boston Scientific ofereceu US$24,7 bilhões pela Guidant. Enquanto isso, os problemas judiciais e de imagem pública da Guidant continuaram a piorar; em 27 de dezembro, a FDA tornou pública uma carta de advertência enviada à Guidant sobre problemas com seus produtos.[5]

As negociações envolvendo essas três empresas continuaram em 2006. Preferindo a estrutura do acordo da J&J, em vez do preço mais alto da Boston Scientific, a Guidant aceitou provisoriamente a oferta da J&J, elevada para US$23,2 bilhões em 11 de janeiro. No dia seguinte, a Boston Scientific aumentou sua oferta para US$24,5 bilhões. No sétimo dia, a Boston Scientific ofereceu comprar a Guidant por US$27 bilhões, bem acima do valor que a J&J estava disposta a pagar, mesmo antes dos problemas legais.[6] A J&J decidiu não aumentar novamente sua oferta e tornou sua decisão pública na manhã seguinte, 25 de janeiro.[7] Nesse dia, a Guidant aceitou a oferta de US$27 bilhões.[8] A Boston Scientific havia ganhado a batalha. Mas quem ganhou a guerra?

No dia seguinte, o preço das ações da Boston Scientific caiu para US$23,15 — quase US$2 mais baixo do que antes da primeira oferta pela Guidant. Notavelmente, o preço das ações da J&J caía toda vez que ela anunciava uma oferta pela Guidant; havia caído 4,4% entre o momento em que entrou pela primeira vez na guerra de lances e no dia em que a Guidant aceitou sua oferta de US$27 bilhões. Meses depois, em junho de 2006, a Boston Scientific foi forçada a fazer o *recall* de 23 mil marcapassos da Guidant e a aconselhar outros 27 mil pacientes a consultarem seus médicos. Tempos depois, o preço da ação da Boston Scientific era de US$17. A revista Fortune depois descreveria a aquisição da Guidant pela Boston Scientific como "indiscutivelmente a segunda pior de todos os tempos, atrás apenas do espetacular desastre da AOL Time Warner".[9]

Por que a Boston Scientific tomou decisões que fizeram suas ações despencarem mais de 50%? Por que agressivamente buscou assumir uma empresa com óbvias desvantagens tecnológicas, jurídicas, financeiras e de imagem? Por que a J&J iniciou um processo (com sua oferta inicial pela Guidant) que levaria a uma queda significativa em suas ações? A J&J e a Boston Scientific poderiam ter previsto e evitado o que acabou acontecendo? Achamos que sim. Muitas organizações e indivíduos tomam decisões ruins em ambientes competitivos graças às suas falhas em considerar todas as informações relevantes. Com frequência, essas informações estão disponíveis e são altamente fundamentais, ainda que os negociadores as ignorem, porque estão localizadas no que chamamos de "ponto cego" do negociador. Segundo um fenômeno que Max e sua colega Dolly Chugh chamam de *consciência limitada,* negociadores tendem a se concentrar estritamente nas decisões que devem tomar, enquanto muitas vezes ignoram informações relevantes, mas fora do escopo de seu foco restrito.[10]

Neste capítulo, identificaremos as formas sistemáticas pelas quais os negociadores cometem esse erro decisório comum. Especificamente, revelaremos como costumam ignorar os seguintes fatores:

- o papel das partes que não estão na mesa de negociação;
- as maneiras prováveis com que as outras partes farão suas decisões;
- o papel das assimetrias de informação;
- a força dos competidores;
- informações que não são imediatamente relevantes, mas que serão fundamentais no futuro.

Para cada situação, também forneceremos estratégias para ver mais claramente as informações em seu ponto cego.

QUANDO PARTES FORA DA MESA ESTÃO EM SEU PONTO CEGO

À medida que procuramos esclarecer as falhas por trás da custosa busca da J&J e da Boston Scientific pela Guidant, considere um problema mais abstrato:

176 ● Gênio da Negociação

Duas empresas, A e B, são líderes em um setor. A Empresa C, em terceiro lugar no mesmo setor, vale US$1 bilhão como empresa independente, e sua administração anunciou estar interessada em ser adquirida por um preço favorável. Analistas identificaram A e B como prováveis compradoras, uma vez que a aquisição da C tornaria a empresa compradora dominante do setor. Tanto A quanto B analisaram a possível aquisição da C e ambas concluíram que ela valeria US$1,2 bilhão, se administrada por uma delas. Isso significa que se A ou B pudessem adquirir a C por menos de US$1,2 bilhão, seria uma aquisição lucrativa, mas qualquer valor acima disso criaria uma perda líquida e levaria a uma queda nas ações da compradora. Entretanto, se A adquirisse C, B estaria em catastrófica desvantagem e perderia US$0,5 bilhão. Da mesma forma, se B adquirisse C, a A também perderia US$0,5 bilhão. Por fim, se A ou B fizerem ofertas à C, uma saberá da oferta da outra. Então, como CEO da Empresa A, o que você deve fazer?

Quando apresentamos esse problema em nossa aula de educação executiva, nossos alunos costumam sugerir que a A deveria oferecer US$1,1 bilhão pela C. Essa oferta, se aceita, criaria um benefício líquido de US$100 milhões para a A e mais US$100 milhões para a C. Claramente, a oferta de US$1,1 bilhão está na ZOPA.

Mas, e quanto à B? Quando se pensa sobre a posição da B, fica claro que a C não terá que aceitar a oferta de US$1 bilhão. Uma vez que A tenha feito essa oferta, B perderá US$0,5 bilhão, a menos que supere a A. Em vez de sofrer essa perda, é provável que a B ofereça US$1,2 bilhão para cobrir a oferta.

Mas, e quanto à A? A menos que faça uma nova oferta, perderá US$0,5 bilhão. Então, oferecerá US$1,3 bilhão, e o problema passa para a B.

O padrão agora fica claro: é melhor para cada parte fazer uma nova oferta, do que perder US$0,5 bilhão. Assim, podemos facilmente prever que o leilão escalará até US$1,7 bilhão, quando terminará. Uma das duas competidoras (A ou B) perderá US$0,5 bilhão, ao perder o negócio, e a outra perderá US$0,5 bilhão ao "vencer", pagando mais caro pela C. Infelizmente, assim que a primeira oferta é feita, nenhuma das partes pode sair sem sofrer uma perda de US$0,5 bilhão.

Qual a chave para vencer esse leilão? Primeiro, você deve reconhecer que *qualquer* oferta para o alvo (C) levará a uma competição disfuncional. Segundo, você deve desenvolver uma estratégia (legal) para desencorajar a concorrente de iniciar o processo de escalonamento destruidor de valor. Por que a maioria de nossos alunos executivos não percebe essas soluções e, em vez disso, propõe que A faça uma oferta por C? Essa estratégia (A deve oferecer US$1,1 bilhão por C) resulta de uma definição bastante estreita do escopo dessa negociação. Especificamente, a oferta surge quando A vê a negociação como envolvendo apenas A e C. Se o mundo fosse tão simples, A só precisaria considerar se existe uma ZOPA — isto é, se C vale mais para A, do que como entidade autônoma. Mas essa análise ignora dois elementos-chave: 1) o efeito do comportamento de A nos resultados de B e 2) as regras que permitem a C trazer *B* para o jogo, depois de receber uma oferta de A.

De forma mais ampla, a história ABC ilustra o que acontece quando negociadores deixam de considerar a perspectiva das partes que não estão na mesa de negociações. Gênios da negociação, ao contrário, aprendem a ampliar seu foco para considerar o impacto de suas ações sobre os outros e a pensar na dinâmica competitiva que resultará de sua estratégia.

O problema ABC é baseado em um caso real: uma negociação, em meados dos anos 1990, envolvendo American Airlines, United Airlines e USAir. Como a empresa C, a USAir tornou público o fato de estar à venda pelo preço certo. Jornalistas de negócios rapidamente especularam que os dois líderes do setor, United e American Airlines, acabariam em uma guerra de ofertas, pois o valor da USAir era maior para um comprador (United ou American), do que como empresa independente. As apostas para ambos os potenciais compradores eram enormes: a venda da USAir para a American seria um grande revés para a United; a venda da USAir para a United seria um golpe igualmente prejudicial para a American. Em outras palavras, a American e a United enfrentavam o mesmo dilema das empresas A e B no problema ABC. Então, o que fizeram?

Logo após a revelação de que a USAir estava à venda, Robert Crandall, CEO da American Airlines, escreveu uma carta aberta aos seus 118 mil funcionários afirmando:[11]

Continuamos acreditando, como sempre, que a melhor maneira de a American aumentar seu tamanho e alcance é pelo crescimento interno — não por fusões. Portanto, não seremos os primeiros a fazer uma oferta pela USAir. Por outro lado, se a United pretender adquirir a USAir, estaremos preparados para responder com uma oferta, ou por outros meios necessários, para proteger a posição competitiva da American.

Embora a carta tenha sido nominalmente endereçada aos funcionários da American Airlines, é bem possível que a mensagem fosse realmente destinada à United. Em outras palavras, a mensagem de Crandall à United foi "Mantenha as coisas como estão, ou ambos acabaremos perdendo muito dinheiro". O resultado? Nenhuma oferta pela USAir nos anos 1990, e este se tornou um dos poucos casos em que o setor aéreo dos EUA evitou uma concorrência disfuncional. Ao considerar o escopo de uma possível negociação pela USAir, Crandall claramente ampliou seu foco para incluir o dilema que a United enfrentaria com a American e o provável resultado da guerra, se qualquer um dos lados fizesse uma oferta.

A história da USAir não é única; muitas outras guerras de aquisição têm uma estrutura similar. Sempre que duas empresas souberem que o perdedor de uma guerra de ofertas incorrerá em perda de valor de mercado assim que o leilão começar, cada uma terá um incentivo para continuar dando lances, além do valor da meta. Em tais batalhas, como no leilão de US$100 descrito no Capítulo 4, é mais fácil ficar fora do leilão do que sair dele com segurança. Ao que tudo indica, até mesmo líderes de mercado como J&J e Boston Scientific são capazes de cair nessa armadilha.

QUANDO AS REGRAS DECISÓRIAS DO OUTRO LADO ESTÃO EM PONTO CEGO

Imagine que uma empresa, sob sua liderança, esteja considerando fazer uma oferta para adquirir uma pequena empresa que inventou um novo produto excelente, que atende às suas necessidades comerciais. Você acredita que sua empresa pode agregar valor de forma única ao produto da empresa menor. Sua avaliação é que a empresa atualmente possa valer de US$5 milhões a US$10 milhões no mercado, dependendo dos quesitos de avaliação. Mas, devido às sinergias únicas que sua empresa pode criar, você avalia a empresa menor em cerca de US$14 milhões. Você sabe que os três fundadores da outra empresa possuem em partes iguais, mas podem ter opiniões diferentes sobre o valor. Quanto você oferecerá para comprar a empresa?

Espere um minuto! Suponha que você descubra que os três fundadores têm um acordo de que só venderão a empresa se todos concordarem com a oferta. Essa nova informação altera sua oferta? Se sim, qual sua nova oferta?

Agora vamos tentar uma variação. Imagine que você descubra que os fundadores têm um acordo de que, se receberem uma oferta, qualquer um deles pode forçar a venda da empresa (a menos que os outros dois comprem suas ações a um preço equivalente, que você tem certeza de que não podem pagar). Essa informação altera sua oferta? Se sim, qual sua nova oferta?

Depois de perceber que cada um dos fundadores provavelmente tem um valor de reserva (isto é, um preço mínimo diferente que exigem para vender), fica óbvio que você precisa considerar que tipo de acordo os três fundadores têm em relação a como e quando vender. Em outras palavras, você precisa se concentrar em suas regras de decisão. Qual pode ser sua melhor estratégia, quando qualquer um dos fundadores pode ratificar uma venda, provavelmente não é a melhor estratégia, quando todos os fundadores devem concordar com ela.

Imagine que cada um dos três fundadores tenha um valor de reserva diferente para vender a empresa: o valor de reserva do Fundador A é de US$6 milhões, o do Fundador B é de US$7 milhões e o do Fundador C é de US$9 milhões. Claramente, se um fundador pode forçar a venda, você pode ter sucesso em oferecer um preço muito mais baixo — pouco acima de US$6 milhões — porque o Fundador A aceitará esse preço e forçará a venda. Se, no entanto, todos os três fundadores precisarem concordar, o Fundador C é fundamental, e você terá que oferecer mais de US$9 milhões para garantir o acordo. (E, se a regra da maioria fosse o acordo, você teria que satisfazer os Fundadores A e B, oferecendo mais de US$7 milhões).

180 ● Gênio da Negociação

Depois de analisar cuidadosamente esse problema, fica claro que precisamos pensar nas regras de decisão, nas restrições e nas políticas do outro lado. No entanto, quando apresentamos esse cenário a executivos, muitas vezes eles não conseguem ver a importância de considerar os direitos de decisão dos três fundadores. Além disso, eles nos dizem que normalmente não se concentram em tais questões no mundo real. Em vez disso, em situações como a que acabamos de descrever, muitos executivos se concentrarão inteiramente em questões financeiras e contábeis, como cálculo de múltiplos de receita, projeção de sinergias financeiras etc. Esses cálculos são claramente necessários, pois fornecem uma avaliação objetiva para a empresa e ajudam a entender o máximo que você deve estar disposto a pagar pela aquisição. Mas focar apenas nessas questões e ignorar a dinâmica decisória do outro lado pode levá-lo a pagar mais do que o necessário.

Para a maioria dos negociadores, as regras de decisão das outras partes estão fora dos limites da percepção. Em contraste, gênios da negociação entendem que precisam considerar não apenas os interesses do outro lado, mas também como ele avaliará e tomará suas decisões.

QUANDO AS VANTAGENS DE INFORMAÇÃO DO OUTRO LADO ESTÃO EM PONTO CEGO

Leia o exercício a seguir e anote sua resposta antes de continuar a leitura.

ADQUIRINDO UMA EMPRESA

Você representa a Empresa A (adquirente) e planeja fazer uma oferta de aquisição, em dinheiro, por 100% das ações da Empresa O (objetivo). A principal complicação: o valor da Empresa O depende diretamente do resultado de um grande projeto de exploração de petróleo, em curso no momento. Caso o projeto falhe, a Empresa O, sob a atual administração, não valerá nada (isto é, US$0 por ação). Mas, caso o projeto tenha sucesso, o valor da empresa pode chegar a US$100 por ação. Todos os valores de ações entre US$0 e US$100 são considerados igualmente prováveis.

Segundo todas as estimativas, a empresa valerá 50% mais nas mãos da Empresa A, do que sob a atual administração. Caso o projeto falhe, a empresa valerá US$0 por ação, sob qualquer administração. Caso o projeto de exploração gere um valor de US$50 sob a atual administração, o valor sob a Empresa A será de US$75 por ação. Da mesma forma, um valor de US$100 por ação sob a Empresa O implica US$150 por ação sob a Empresa A, e assim por diante.

Um último detalhe: sua oferta precisa ser feita agora, antes que o resultado do projeto de perfuração seja conhecido. A Empresa O aceitará seu preço por ação, se for maior que o valor sob a atual administração. Entretanto, ela adiará a decisão sobre sua oferta até que os resultados do projeto sejam conhecidos, quando então a aceitará ou a rejeitará. Assim, você (Empresa A) não saberá os resultados do projeto de exploração ao submeter sua oferta, ao contrário da Empresa O, ao decidir aceitar ou não sua oferta. Não há outras empresas envolvidas; o objetivo será atingido por você ou por mais ninguém.

Como representante da Empresa A, você está deliberando sobre preços, variando entre US$0 por ação (o que equivale a não fazer nenhuma oferta) e US$150 por ação. Que oferta de preço por ação você ofereceria para as ações da Empresa O?

Sua resposta: "Minha oferta de aquisição é de US$ por ação."

O que você, como adquirente, deve oferecer pelo objetivo? O problema parece simples e direto, mas na verdade é analiticamente complexo para muitas pessoas. As respostas dos milhares de parceiros de auditoria, banqueiros de investimento, CEOs e outros executivos que já participaram de nossos programas executivos geralmente variam entre US$50 e US$75 por ação. Essa resposta comum — mas perigosamente incorreta — baseia-se na lógica de que "em média, a empresa valerá US$50 para o objetivo e US$75 para o adquirente; portanto, um preço de venda nessa faixa será, em média, lucrativo para ambas as partes". Dito de outra forma, a ZOPA (em média) varia de US$50 a US$75; assim, uma oferta nessa faixa faz sentido estratégico.

182 • Gênio da Negociação

Mas vamos ver o que de fato acontece quando trabalhamos com a lógica de fazer uma oferta nessa faixa. Imagine, por exemplo, que você ofereça US$60 por ação:

> A oferta de US$60 será aceita 60% das vezes — ou seja, sempre que a empresa valer entre US$0 e US$60 para o objetivo. Como todos os valores entre US$0 e US$60 são igualmente prováveis, a empresa valerá, em média, US$30 por ação para o objetivo. Isso significa que a ação valerá (em média) US$45 para o adquirente. Como a oferta é de US$60 por ação, o adquirente perderá (em média) US$15 por ação. Consequentemente, uma oferta de US$60 por ação não é sensata.

Pela lógica, uma análise semelhante se aplica a *qualquer* oferta positiva. Em média, para uma oferta ser aceita, o adquirente obterá uma empresa que vale 25% menos do que o preço pago. Isso ocorre porque, para qualquer oferta aceita, o valor da empresa (após a exploração) cairá entre US$0 e o valor oferecido, com todos os valores igualmente prováveis. Assim, em média, a empresa valerá metade do valor ofertado ao objetivo, e três quartos do valor ofertado ao adquirente. Como resultado, todas as ofertas acima de US$0 por ação têm maior probabilidade de perder dinheiro, do que de ganhar dinheiro. Isso significa que você deveria ter oferecido US$0 por ação.

A chave para esse paradoxo é a vantagem de informação da empresa objetivo. Especificamente, como o objetivo aceitará a oferta do adquirente somente após a conclusão do projeto de exploração, às vezes o objetivo venderá a empresa quando for lucrativo para o adquirente, mas, muito frequentemente, quando for de valor extremamente baixo — isto é, quando for um "limão".

George Akerlof recebeu o Prêmio Nobel de Economia por pesquisas demonstrando que a aceitação seletiva de ofertas pode levar a distorções de mercado.[12] Por exemplo, Akerlof notou que um carro médio no mercado de usados não é um carro usado de média *qualidade*, pois os proprietários de carros tendem a permanecer com bons carros ou vendê-los a parentes ou amigos. Quanto pior o carro, maior a probabilidade de que entre no mercado geral. Sabendo disso, compradores devem ficar mais cautelosos; o resultado é uma queda no valor do que se pode obter por seu carro usado, mesmo que esteja tentando vendê-lo em boas condições.

A análise de Akerlof destaca o perigo de ser a parte menos informada da negociação — uma situação comum para compradores. Mas por que pessoas inteligentes não anteveem esse problema e evitam fazer uma oferta, no exercício "Adquirindo uma Empresa"? Porque, em nossa análise, tendemos a sistematicamente excluir informações cruciais sobre o conhecimento do outro lado. Especificamente, falhamos em reconhecer que o benefício em fazer uma oferta depende de ela ser aceita pelo outro lado, e que essa aceitação se torna mais provável quando oferecemos muito! Esse fenômeno é a materialização do problema da *maldição do vencedor*.

A maldição do vencedor descreve situações em que um licitante consegue um prêmio, mas apenas pagando mais do que vale, devido a uma falha em considerar a vantagem de informação do outro lado. A maldição do vencedor é uma forma específica de ponto cego, na qual a chave é a vantagem informacional. Groucho Marx pareceu entender o conceito por trás da "maldição do vencedor", quando brincou que não desejaria pertencer a nenhum clube que o aceitasse como membro. Se os padrões de um clube fossem tão baixos a ponto de *aceitá-lo*, não é algo de que ele gostaria de fazer parte.

Muitas pessoas acreditam que experiência é a chave para evitar a maldição do vencedor. Nesse caso, entretanto, experiência não é a solução. Max e seus colegas Sheryl Ball e John Carroll testaram a capacidade de brilhantes alunos de MBA aprenderem a evitar a maldição do vencedor.[13] Esses estudantes fizeram vinte vezes o exercício Adquirindo uma Empresa, ganhando dinheiro de verdade com base na rentabilidade de suas decisões. Os participantes recebiam um feedback completo imediatamente após cada tentativa, com base em um valor aleatório escolhido para a empresa; além disso, permitimos que observassem alterações (reduções esmagadoras) em seu saldo de ativos. Apesar da crescente evidência de que lances acima de US$0 eram uma estratégia ruim, e apesar do acúmulo de perdas financeiras, ao longo das vinte tentativas, os participantes não conseguiram descobrir a resposta correta; o lance médio continuou acima de $50 por ação. De fato, *apenas 5 dos 72 participantes* de um dos principais programas de MBA aprenderam a dar um lance de zero ao longo das tentativas. Em uma pesquisa mais recente, esses erros persistiram, mesmo após cem tentativas.[14]

Então, como evitar tornar-se vítima da maldição do vencedor?

1. Imagine como se sentirá se sua oferta for aceita imediatamente. Antes de fazer uma oferta, imagine que o outro lado *aceitará* imediatamente sua oferta planejada (para o carro, casa ou empresa). Agora pergunte-se, "Essa aceitação diz algo sobre o valor do bem? O outro sabe de algo que não sei, e isso explica a aceitação?" A maldição do vencedor resulta, não de uma incapacidade de pensar sobre as decisões dos outros, mas da falha em considerar os efeitos de vantagens informacionais.

2. Busque aconselhamento objetivo e especializado. Outra estratégia, para a maioria de suas negociações importantes, é obter ajuda especializada, como uma análise mecânica imparcial de um carro usado, uma inspeção profissional de uma casa, ou uma avaliação independente de alta qualidade de uma empresa-alvo.

3. Faça sua oferta em caráter de contingência. De forma mais geral, sempre que estiver lidando com uma contraparte mais bem informada no meio de uma transação importante, você deve procurar diminuir o impacto da vantagem de informações do outro lado. Considere a seguinte maneira pela qual um adquirente no exercício Adquirindo uma Empresa poderia oferecer um valor lucrativo acima de US$0. Em vez de oferecer um valor exato por ação, o adquirente poderia pagar uma porcentagem fixa pelo valor da empresa, após a exploração. Por exemplo, se o acordo era pagar 25% por ação à Empresa O, ambas as empresas se beneficiariam com uma eventual venda. De fato, cláusulas de contingência são características comuns em acordos de aquisição.

QUANDO A FORÇA DA CONCORRÊNCIA ESTÁ EM PONTO CEGO

Imagine que sua empresa está em uma corrida de patentes contra quatro outras empresas. A primeira empresa a concluir a pesquisa científica necessária para a patente terá uma enorme vantagem de mercado, mas a pesquisa é muito cara. As quatro empresas que perderem a corrida, perderão todo o investimento em P&D.

Você pede ao seu cientista-chefe uma avaliação da probabilidade de sua empresa vencer a corrida pelas patentes. "Este não é um problema difícil de engenharia", diz ele. "Temos 40% de chance de vencer."

Você deve confiar nessa avaliação? Como poderia obter uma estimativa mais precisa?

Veja outra situação, em que pesquisas psicológicas recentes podem ajudá-lo. O pesquisador Don Moore demonstrou que as pessoas estão muito mais dispostas a apostar em sua probabilidade de vencer uma competição quando são solicitadas a realizar uma tarefa familiar, ou objetivamente fácil, em vez de uma tarefa objetivamente difícil.[15] Claro, o que as pessoas não costumam perceber é que, se a tarefa é fácil para você, provavelmente também será para seu concorrente; o mesmo é verdadeiro para tarefas difíceis. Em outras palavras, se o desafio for somar números de dois dígitos, o que você considera fácil, pode estar superconfiante na vitória. Mas se está hesitante em entrar em uma competição amadora de malabarismo, pode ter perdido de vista o quanto isso é difícil para os outros competidores também. O mesmo princípio pode operar em uma decisão complexa de P&D.

Pesquisas sobre a *negligência do grupo de referência*[16] seguem um padrão semelhante. Os pesquisadores de decisão, Colin Camerer e Dan Lovallo, demonstram que as empresas tendem a se concentrar em suas próprias habilidades, produtos, sistema de distribuição, e assim por diante, enquanto a qualidade da concorrência fica fora de foco. Por exemplo, empresas muitas vezes falham em avaliar a força dos concorrentes ao decidir entrar em um mercado — um erro extremamente caro.

A boa notícia é que é possível corrigir esse problema, concentrando-se explicitamente nas capacidades exclusivas da concorrência.[17] Quando nos concentramos em nossos concorrentes individualmente, conseguimos avaliar com mais precisão a probabilidade de sucesso do outro lado (e, por extensão, nossa própria probabilidade de fracasso).

Voltando à previsão de patentes, como interpretar a resposta de seu cientista-chefe? No mínimo, você deve se fazer as seguintes perguntas:

1) Ele considerou o fato de que é um problema de engenharia fácil para nós, mas ignorou que também pode ser fácil para nossos concorrentes?

2) Ele se concentrou nas habilidades exclusivas de nossa empresa e ignorou as vantagens e ameaças representadas por nossos concorrentes?

3) Ele considerou, individualmente, a probabilidade de vitória de cada empresa concorrente ou agrupou todas as "outras" em uma ameaça combinada?

Tendo considerado essas possibilidades, você pode descobrir que, embora a estimativa de 40% possa ser uma boa indicação de quão bem sua P&D está se desenvolvendo ("As coisas estão indo muito bem!"), ela pode não capturar a ameaça representada pelos concorrentes (as coisas podem estar indo muito bem para eles também).

QUANDO O FUTURO ESTÁ EM PONTO CEGO

Max recentemente desenvolveu e ministrou (como parte de uma equipe) um curso para os executivos mais seniores de uma das vinte maiores empresas do mundo. Essa empresa costuma fazer contratos de longo prazo e investimentos significativos em nações em desenvolvimento, onde as relações comerciais nem sempre seguem as expectativas ocidentais. Eles queriam o melhor treinamento possível em diplomacia corporativa.

Um caso de negociação que apresentamos aconteceu em um país onde muitos dos executivos já haviam negociado ou logo estariam negociando. O caso em si foi baseado em um episódio recente envolvendo a empresa. Para participar das aulas, também convidamos ex-diplomatas de alto nível que trabalharam no país em questão, e poderíamos chamá-los para fornecer informações sobre os costumes locais, mudanças nas circunstâncias políticas e normas comerciais. Eles forneceram esses conhecimentos e muito mais.

A percepção fundamental que esses diplomatas ofereceram foi a de que negociadores eficazes devem começar a pensar de maneira mais ampla sobre o que significa adquirir informação "relevante". Geralmente, não é óbvio o que é — ou poderá ser um dia — relevante, ou até mesmo crucial. Como a maioria dos negociadores fica muito concentrada na "atual" oportunidade, problema ou crise, faz um mau trabalho em questionar e reunir as informações que precisará no futuro.

A seguir, algumas questões importantes que os diplomatas apontaram:

- Como mudanças nas leis afetarão a sabedoria da transação?
- Qual precedente você está criando para futuros negócios?
- Como obter informações sobre o pessoal-chave de uma organização com a qual planeja uma *joint venture*?
- Como os concorrentes da empresa parceira reagirão à *joint venture*?
- Quanto poder esses competidores têm? Qual a fonte desse poder?
- Quais suposições você faz quando estima o sucesso a longo prazo dessa estratégia?

Com o avançar da conversa, ficou claro que os executivos envolvidos no caso verdadeiro não haviam feito as questões que os diplomatas estavam agora identificando; se tivessem, as atividades de desenvolvimento de negócios da corporação teriam sido mais bem-sucedidas.

Essa "perspectiva de diplomata" é compartilhada por muitos negociadores e peritos em negociação que tiveram a experiência de negociar em contextos culturalmente distintos dos seus próprios, ou em ambientes dinâmicos. Em 2002, o Programa de Negociações da Escola de Negócios de Harvard entregou ao embaixador das Nações Unidas Lakhdar Brahimi seu prêmio de "Melhor Negociador". A premiação reconheceu os muitos feitos diplomáticos de Brahimi, com destaque para seu papel de mediador nas negociações políticas que se seguiram à derrubada do governo talibã, como enviado especial do secretário-geral da ONU ao Afeganistão, em 2002. Brahimi também liderou missões de soluções de problemas no Iêmen, Libéria, Sudão, Nigéria, África do Sul e outras nações em crise. Durante um painel de discussão, Brahimi foi questionado sobre como se preparou para a difícil e complexa negociação no Afeganistão. Ele relembrou o conselho de um "antigo diplomata britânico", que uma vez lhe disse: "Você vai a algum país e tenta

188 • Gênio da Negociação

compreender o lugar, *porque um dia pode precisar negociar com esse país*".[18]

Gênios da negociação — nos negócios, na política e no dia a dia — não começam a se concentrar em uma situação apenas depois da erupção de um problema. Em vez disso, preparam-se para eventualidades com bastante antecedência. Conseguem fazer isso porque compreendem a diferença entre focar estritamente em informações que parecem relevantes para a preocupação atual e focar globalmente em informações que possam, um dia, fazer a diferença entre o sucesso e o fracasso.

QUANDO O QUE ESTÁ DIANTE DOS SEUS OLHOS ESTÁ EM PONTO CEGO

Nos anos 1970, Ulric Neisser, psicólogo da Cornell University, criou um vídeo, agora famoso, que mostrava dois grupos sobrepostos de estudantes passando bolas de basquete uns para os outros.[9] No vídeo, um grupo usava camisetas brancas e passava uma bola de basquete entre si, e o outro grupo usava camisetas pretas e passava outra bola de basquete entre si. Muitas vezes mostramos esse vídeo para nossos alunos executivos e de MBA e pedimos que contem o número de vezes que os membros do grupo de camiseta branca passam a bola. Como os dois grupos foram filmados separadamente e depois sobrepostos, a tarefa de contar passes é difícil; os espectadores devem prestar muita atenção para evitar confundir as duas bolas de basquete.

Muitos de nossos alunos são capazes de contar com precisão o número total de passes: onze. No entanto, a maioria perde uma coisa. Depois que os jogadores de camiseta branca fazem seu quarto passe, uma pessoa segurando um guarda-chuva aberto caminha de uma ponta à outra da tela, passando bem na frente dos dois grupos de alunos. Qualquer espectador desse vídeo, que *não* tenha sido solicitado a contar os passes, imediatamente identifica a pessoa com o guarda-chuva. No entanto, entre os espectadores ocupados contando passes, normalmente apenas entre 5% e 20% veem a pessoa de guarda-chuva! Transparência: Deepak e Max também não perceberam da primeira vez que viram o vídeo. Neisser refere-se a esse fenômeno como *cegueira por desatenção*.[20] Isso não se deve a uma falha de visão; é uma consequência natural da capacidade limitada da mente humana de se concentrar em várias tarefas simultaneamente.

Se é tão fácil perder uma imagem que está (literalmente) bem diante de seus olhos, imagine como é fácil perder questões, interesses e perspectivas que são importantes para a outra parte, mas que não estão à vista, pois importam menos para você.

EXPANDINDO SUA CONSCIÊNCIA

Certamente, a capacidade de se concentrar estritamente em um problema é uma habilidade crítica que nos permite concluir muitas tarefas de maneira eficaz e eficiente. Mas, pesquisas sobre consciência limitada devem fazer com que você se pergunte o que pode ter perdido durante os períodos de intenso foco na negociação. Quando você está ocupado estimando a disposição de pagamento máximo do outro lado, está ignorando o efeito que esse acordo terá sobre seus concorrentes? Ao se concentrar no potencial de sinergia com seu alvo de aquisição, você está negligenciando a possibilidade de que tomadores de decisão influentes e egoístas possam atrapalhar a negociação? Quando está ocupado explicando ao cliente quantos problemas seu produto ou serviço resolverá, você está ignorando outros interesses e preocupações que podem empurrá-lo para seus concorrentes? Quando, como recém-chegado a um setor, você está fazendo todo o possível para aumentar a receita da empresa, está também ignorando as dificuldades futuras que poderá enfrentar ao fazer a transição para um modelo de negócios de margem alta?

Se esses problemas soam familiares, você provavelmente quer saber como ter o melhor dos dois mundos em negociação: focar intensamente quando necessário e expandir sua consciência para incluir elementos que normalmente estão em seu ponto cego. Como realizar essas tarefas aparentemente contraditórias? Primeiro, o conteúdo deste capítulo deve ajudá-lo a prever quais fatores costumam estar em seu ponto cego. Você deve ser extremamente vigilante ao procurar essas informações, comumente "invisíveis". Além disso, quanto mais importante e complexa a negociação, mais necessário é buscar informações que tendam a estar em ponto cego.

Outra estratégia é reservar um tempo para refletir sobre importantes negociações passadas. Você perdeu alguma oportunidade importante?

Falhou em explorar informações que poderiam ter ajudado? Como poderia ter encontrado essa informação? As respostas a essas perguntas podem fornecer dicas de como melhorar a coleta de informações e o desenvolvimento de estratégias em suas negociações atuais e futuras.

Por fim, você pode simplificar a tarefa de reunir e sintetizar informações de diversas fontes, contando com a ajuda de outras pessoas em sua organização. Para suas negociações mais importantes, reúna uma equipe cujo objetivo seja expor pontos cegos. Defina as funções dos membros de sua equipe, colocando cada um no comando de determinado ponto cego. Por exemplo, uma pessoa pode estar encarregada de avaliar e monitorar as partes que não estão na mesa, outra pessoa pode ser encarregada de avaliar a força dos concorrentes, e assim por diante. Em seguida, reserve um tempo (por exemplo, durante sua reunião semanal) para que cada pessoa atualize o grupo e a equipe revise sua estratégia. Assim como "muitas mãos tornam o trabalho leve", os muitos olhos de sua equipe podem aliviar a tarefa de expandir sua consciência.

POR QUE GÊNIOS DA NEGOCIAÇÃO TÊM POUCOS PONTOS CEGOS

Parece que identificamos muitas áreas nas quais você deve se concentrar durante a negociação? Em caso positivo, você pode tornar mais fácil a tarefa de aumentar sua consciência, adotando a perspectiva de negociação investigativa apresentada no Capítulo 3. Se abordar cada negociação como um mistério a ser resolvido, e fizer questão de identificar suas suposições, você naturalmente se moverá na direção das fontes de informação que muitos negociadores ignoram. É quando superestimamos o valor do que sabemos e subestimamos o valor do que os outros sabem que nos tornamos vítimas dos elementos da negociação que espreitam no ponto cego. Ao adotar uma mentalidade investigativa, gênios da negociação evitam esse destino. A genialidade, muitas vezes, não é nada mais que reservar um tempo para olhar para aquilo para o qual os outros fecharam os olhos.

CAPÍTULO 9

Enfrentando
Mentiras e Trapaças

Quando perguntamos a grupos de executivos ou estudantes de MBA se já mentiram em uma negociação, a maioria admite que sim. Quando perguntamos ao mesmo grupo se alguém já mentiu para eles, todos afirmam que sim. De fato, muitos de nossos alunos e clientes nos contam que trapacear é simplesmente parte da negociação em sua área. Em outras palavras, ainda que quiséssemos de outra forma, todo negociador tem que lidar com mentiras e trapaças. Felizmente, há muito o que se pode fazer para se preparar para isso.

Considere as três histórias a seguir. Quantas soam verdadeiras para você? Com que frequência você se encontrou em uma situação parecida?

HISTÓRIA 1: A MENTIRA ÓBVIA

Rafael, fundador e presidente de uma pequena empresa que fabrica equipamentos de iluminação, estava negociando a venda de um grande pedido com um cliente em potencial. Depois que Rafael informou seu preço, que considerou estar de acordo com os valores vigentes de mercado, o cliente pediu um tempo para considerar a oferta. Dois dias depois, o cliente ligou de volta dizendo que tinha recebido outra oferta que era 5% mais barata. Se Rafael pudesse bater essa oferta, o cliente estaria pronto para fazer a compra. Rafael não tinha certeza do que fazer. Por um lado, duvidava seriamente que alguma outra empresa pudesse ter batido seu preço em 5%. Por outro lado, não poderia simplesmente chamar o cliente de mentiroso. Além disso, mesmo que tivesse certeza de que o cliente não tinha uma oferta melhor, caso se recusasse a baixar o preço, o cliente se afastaria para manter as aparências — aceitar o preço de Rafael tornaria óbvio que não havia outra oferta e que ele

191

tinha mentido. Preso nesse dilema, e bastante confiante de que haviam mentido para ele, Rafael baixou o preço e fez a venda.

HISTÓRIA 2: A TRAPAÇA DESCOBERTA TARDE DEMAIS

Com vinte anos de experiência, Stacy era uma executiva bem-sucedida em uma empresa Fortune 500. Quando decidiu mudar de trabalho, recebeu diversas boas ofertas de emprego de algumas das mais prestigiadas empresas em seu país. Porém, Stacy foi pessoalmente atraída pela oferta de um CEO de uma pequena *startup*, a quem ela foi apresentada por meio de um conhecido. Os valores não eram particularmente vantajosos — ela receberia mais em uma empresa maior —, mas teria a oportunidade de tentar algo diferente e criar grande impacto em um nicho incipiente do setor. Mais importante, foi dito a Stacy que ela teria autoridade na tomada de decisões para moldar e fazer o negócio crescer. Stacy aceitou o trabalho. Mas, em menos de um ano, deixou a empresa, desapontada, descontente e incrédula. Acontece que o CEO não havia sido franco sobre o cargo e o nível de autoridade que ela teria. Em vez disso, ele simplesmente queria uma executiva de alto nível com contatos na indústria; uma vez contratada, Stacy foi relegada a um cargo de vendas. Ela se sentiu enganada desde o começo.

HISTÓRIA 3: A TRAPAÇA NUNCA DESCOBERTA

Thomas, agente de compras de uma empresa de manufatura, estava em negociações com um fornecedor. Geralmente, ao comprar componentes de vendedores externos, a empresa de Thomas abre uma licitação e compra do fornecedor de menor preço. Entretanto, devido à natureza única desse componente em particular, Thomas se viu na desconfortável posição de ter que negociar com o único fornecedor que poderia atender às especificações da empresa no prazo exigido. Para piorar a situação, o fornecedor sabia que nenhum outro atenderia às necessidades atuais de Thomas. Após muita discussão, o fornecedor fez uma cotação do preço. Era mais alto do que Thomas esperava, e mais alto do que a empresa havia orçado para o componente. Esperando receber ao menos uma pequena concessão, Thomas perguntou: "Minha empresa está fazendo uma compra grande, e é provável que façamos mais no futuro. Este é, realmente, o preço mais baixo que você pode nos vender o componente?" O fornecedor olhou direto nos olhos de Thomas e respondeu: "Aprecio o negócio agora e apreciarei no futuro, mas este é o menor preço que já vendemos este componente." Ainda um tanto desapontado pelo preço, mas satisfeito com a resposta do fornecedor, Thomas aceitou o acordo. Ele não tinha ideia de que o fornecedor poderia ter baixado o preço em mais 20–25%.

Como essas histórias demonstram, trapaças podem assumir muitas formas. Às vezes sua contraparte dirá algo que sabe não ser verdadeiro (uma mentira); às vezes criará afirmações tecnicamente corretas, elaboradas para enganá-lo e desinformá-lo. Às vezes a trapaça é grande, às vezes pequena; às vezes óbvia, às vezes difícil de descobrir; às vezes é esperada; e, outras, pega-o totalmente de surpresa.

Antes de seguirmos, vale notar que as razões pelas quais as pessoas mentem em uma negociação também variam. As pessoas podem contar mentiras "benevolentes" para fazer as outras se sentirem bem ("Você está ótimo hoje!"), para ajudar os outros a salvar a pele ("Estou feliz que aceitou nossa oferta, já que eu não poderia ter movido mais nem um centímetro"), ou para evitar conflito desnecessário ("Você nos representou bem na negociação"). É mais comum, entretanto, que mentiras e trapaças sejam elaboradas para cumprir fins totalmente egoístas: mais dinheiro e um melhor negócio.

Embora ninguém possa estar inteiramente a salvo de mentiras e trapaças alheias, gênios da negociação sabem o que é preciso para derrubar e dispersar uma ampla variedade de táticas nefastas. Neste capítulo, enfrentaremos o lado sombrio da negociação e apresentaremos as seguintes estratégias:

- Como tornar menos provável que mintam para você;
- Como detectar quando estão mentindo para você;
- O que fazer quando descobrir que alguém está mentindo;
- Como eliminar sua própria vontade — e necessidade — de mentir.

Muitos de nossos alunos e clientes se queixam de que gostariam de ser mais éticos ao lidar com os outros, mas admitem que, às vezes, a tentação de mentir é irresistível. Eles estariam dispostos a serem verdadeiros

Gênio da Negociação

— desde que a honestidade não custasse milhares ou milhões de dólares. Este capítulo também ajuda a entender como ser ético, sem se perder na mesa de negociação.

ANTECIPANDO MENTIRAS E TRAPAÇAS

A melhor defesa contra mentiras e trapaças é eliminar a tentação de mentir. Normalmente, o outro lado tem certas motivações para mentir — por exemplo, conseguir um melhor acordo. Mas também tem certas motivações *para não* mentir — se a mentira é descoberta, pode-se perder o negócio ou a reputação. Para eliminar as motivações para mentir, você precisa deixar claras as razões pelas quais alguém não deveria mentir para você. Isso pode ser feito de várias maneiras.

ESTRATÉGIA DE DEFESA 1: PAREÇA PREPARADO

Ao longo deste livro, exaltamos os méritos da preparação — quanto mais preparado você está, melhor negociará. Mas isso não é tudo. O negócio não é apenas *estar* mais preparado, mas também *parecer* mais preparado! Simplificando, quanto mais preparado parecer, menos as pessoas desejarão mentir para você. Por quê? Porque se você parece preparado, isso os faz pensar que pode detectar quando estão mentindo — tornando-se, assim, arriscado mentir para você.

Considere a História 1, em que o cliente veio a Rafael com "uma melhor oferta" de um concorrente. Imagine o que teria acontecido se, nas discussões iniciais, Rafael tivesse (verdadeiramente) mencionado ao cliente que conhece, pessoalmente, a maioria dos concorrentes, ou que a empresa se mantém de olho nos valores da concorrência. Qualquer uma dessas afirmações faria o cliente reconsiderar a estratégia de chegar em Rafael com uma oferta falsa, de um suposto concorrente.

É fácil ver por que ajuda parecer preparado em questões relacionadas a preço. Mas, geralmente, negociadores costumam subestimar o valor de parecer preparado. Considere as outras formas que Rafael — ou você — poderia mostrar que fez a lição de casa e estar preparado:

- Chegar na hora para todas as reuniões e negociações;
- Estar bem-preparado para discutir os detalhes da miríade de questões envolvidas;

- Ser bem-organizado e eficiente;
- Falar de forma inteligente sobre questões relacionadas aos negócios e setor — incluindo questões não diretamente relevantes para a negociação atual;
- Lembrar-se dos detalhes mais sutis de discussões anteriores com o outro lado e/ou referir-se explicitamente a anotações feitas durante uma reunião anterior;
- Responder prontamente a pedidos de informação ou a ofertas da outra parte.

Todas essas táticas não apenas lhe ajudarão a negociar com mais eficiência, mas também diminuirão a probabilidade de que mintam para você. Se você se apresentar como alguém sempre preparado e sistemático em sua abordagem às negociações, conquistará respeito e, ao mesmo tempo, desencorajará trapaças.

ESTRATÉGIA DE DEFESA 2: SINALIZE SUA CAPACIDADE DE OBTER INFORMAÇÕES

Imagine que você não tem a menor ideia se o outro lado está mentindo — e ele sabe disso. Isso significa que você está em sério perigo? Não necessariamente. Você pode não saber se ele está mentindo agora, mas e se pudesse descobrir no dia seguinte? Se puder sinalizar que tem a capacidade de descobrir (no futuro) se alguém mentiu para você, poderá dissuadi-lo de mentir, em primeiro lugar.

Como isso pode funcionar? Pense em Thomas (da História 3), a quem o fornecedor sugeriu ser impossível obter um preço mais baixo no componente. Como o fornecedor teria reagido se Thomas tivesse declarado seu pedido de concessão de forma diferente? Considere estas duas variações:

Roteiro original: "Minha empresa está fazendo uma compra grande, e é provável que façamos mais no futuro. Este é, realmente, o preço mais baixo que você pode nos vender o componente?"

Roteiro revisado: "Minha empresa está fazendo uma compra grande, e é provável que façamos mais no futuro. Como sabe, precisamos dos suprimentos rapidamente desta vez, o que o coloca em uma posição única para atender ao pedido. Mas, como também sabe, outros fornecedores têm recursos para atender às nossas necessidades de pedidos futuros. Dessa maneira, vou me encontrar com eles para discutir o preço que cobrarão por esses componentes no futuro. Talvez eles não consigam bater o seu preço. Mas gostaria de saber, antes de falar com eles: este é, realmente, o preço mais baixo que você pode nos vender o componente? Pode encontrar uma maneira de baixar o valor, ou devo supor que, se os outros fornecedores puderem bater esse preço, devemos seguir com eles no futuro?"

ESTRATÉGIA DE DEFESA 3: FAÇA PERGUNTAS MENOS AMEAÇADORAS E INDIRETAS

O que você acha que acontecerá se pedir a alguém para revelar seu valor de reserva? A menos que exista uma confiança considerável entre você e a pessoa, ela se recusará a lhe dizer — ou mentirá. Isso não deveria ser surpresa, mas os negociadores costumam fazer perguntas que quase certamente motivarão o outro lado a mentir. Existe uma maneira melhor de obter essencialmente as mesmas informações: faça perguntas *indiretas e menos ameaçadoras*.

Imagine que você está interessado em descobrir os custos de produção de um fornecedor com quem está negociando. Se pedir diretamente para revelar os custos da empresa, está convidando-o a mentir, pois ele sabe que, assim que você souber desses custos, estará em posição de fazer uma oferta apenas um pouco acima do custo. Aqui estão algumas perguntas alternativas, que ele provavelmente responderia com sinceridade:

- Você pode me dar algumas informações sobre o seu processo de produção?
- Pode me explicar como funciona sua cadeia de suprimentos?
- Você compra seus materiais no mercado interno?
- Quais são seus principais fornecedores?
- Quais as características do seu típico comprador?

- Pode me fornecer uma lista de alguns de seus outros clientes?

- O quanto eu precisaria aumentar meu pedido, para receber uma redução de preço?

Embora nenhuma dessas questões lhe forneça toda a informação necessária para calcular os custos, se conhecer bem sua área, as respostas combinadas devem ajudá-lo a fazer uma estimativa precisa.

ESTRATÉGIA DE DEFESA 4: NÃO MINTA

Se pedíssemos para nunca mentir de novo durante uma negociação, você concordaria em ser verdadeiro para sempre? Se não, por quê? Se você é como a maioria das pessoas às quais perguntamos, uma razão é que você não quer ser o único trouxa na mesa de negociação. Você pode dizer que adoraria ser totalmente honesto, mas que, infelizmente, vive em um mundo onde os outros mentem. Ser a única pessoa verdadeira o colocaria em desvantagem. Parece razoável.

Porém, há um problema com essa perspectiva: e se todo mundo está justificando suas próprias mentiras, usando a mesma lógica? E se a maioria das pessoas adoraria viver em um mundo sem trapaças, mas estivesse presa contando mentiras, em legítima defesa? Infelizmente, muitos de nós enfrentam esse círculo vicioso na negociação. Estamos cara a cara com outros negociadores que podem preferir ser honestos, mas que não confiam em nós o suficiente para arriscar. Em resposta, nós também nos tornamos mais propensos a mentir.

Felizmente, essa lógica também possui uma solução em potencial: podemos tornar mais fácil para os outros serem verdadeiros se *nós* fizermos questão de não mentir. Essa estratégia não irá dissuadir aqueles que querem explorar sua honestidade, mas irá dissuadir aqueles que mentem em legítima defesa. Conforme o tempo passa, e sua contraparte descobre que você tem sido honesto, ela achará mais fácil ser honesta com você.

Como sinalizar o desejo por este tipo de relação? Revelando informações que podem, de alguma maneira, fazê-lo vulnerável. Em outras palavras, revelar algo que a outra parte reconhece ser, de algum modo, caro a você. Que tipo de mensagem esse movimento passa? É possível que sua contraparte o veja como ingênuo ou despreparado, mas também é altamente provável que aprecie o gesto de confiança e retribua da mesma forma. Pode ajudar deixar suas intenções explícitas: "Sei que há bastante em jogo nesta relação, e que isso provavelmente nos deixará mais cautelosos e céticos. Mas também sei que quanto mais aberto e honesto formos um com o outro desde o princípio, mais fácil será para desenvolvermos um relacionamento de longo prazo mutuamente gratificante. Com isso em mente, gostaria de compartilhar algumas informações sobre nossa estrutura de custos." Alguém deve dar o primeiro passo, e pode muito bem ser aquele que aspira a se tornar um gênio da negociação.

DETECÇÃO DE MENTIRAS

Você acha que consegue detectar quando estão mentindo para você? Muitas pessoas acham que sim. Infelizmente a maioria está errada. Muitos de nós confiam na intuição, mas ela não é confiável. Para piorar as coisas, muitos "especialistas" nos dizem que deveríamos confiar em nossa intuição (por exemplo, Malcolm Gladwell, em seu popular livro *Blink*), mas as evidências sugerem sérias limitações em nossos julgamentos intuitivos.[1] O psicólogo Paul Ekman, que passou décadas medindo a capacidade das pessoas de distinguir verdades, de mentiras, concluiu que uma pessoa comum é, na verdade, muito ruim em detectar mentiras.[2] Ekman também desenvolveu técnicas especializadas para detecção de mentiras; suas pesquisas sugerem que negociadores devem focar em sinais indicadores como dilatação das pupilas, alterações no tom de voz e "microexpressões" faciais.

Nós temos uma abordagem diferente. Ao contrário dos participantes nos experimentos laboratoriais de Ekman, negociadores se encontram em ambientes complexos e dinâmicos, nos quais é difícil se concentrar em sutis sinais delatores de mentiras. Não seria um bom conselho pedir à sua contraparte na negociação para repetir o que acabou de dizer, para que você possa se inclinar e averiguar dentro de seus olhos se suas pupilas dilataram. Em vez disso, recomendamos as seguintes táticas:

ESTRATÉGIA DE DETECÇÃO 1: REÚNA INFORMAÇÕES DE MÚLTIPLAS FONTES

A primeira coisa a se lembrar é que trapaças dependem de *assimetria de informação*. Inevitavelmente, em negociação haverá alguns fatos e dados que o outro lado sabe, e que você não — e que não pode saber.

Essa assimetria de informações o torna vulnerável a trapaças. Também há muitos fatos e dados que você não conhece, mas que pode aprender — com sua contraparte ou com outras pessoas. Para reduzir sua vulnerabilidade, você deve contar com sua preparação.

Gênios da negociação esgotam todas as fontes de informação antes, durante e depois da negociação. Quanto mais informações você tiver, mais fácil será detectar mentiras. Por exemplo, Stacy (da História 2) não sabia que o CEO que a contratou planejava deixá-la de lado em questões importantes e usá-la apenas para fins de *networking*. Ela poderia descobrir isso, no entanto. Para começar, poderia ter falado com a última pessoa que ocupou seu cargo na empresa. Também poderia ter tentado coletar informações sobre o estilo de gestão do CEO, perguntando a outros funcionários da empresa. Por fim, poderia ter perguntado à pessoa que a apresentou ao CEO o que ela sabia sobre os interesses em sua contratação. Nenhuma dessas conversas garante que Stacy detectaria a trapaça do CEO, mas cada uma aumentaria suas chances de diagnosticar a desonestidade.

ESTRATÉGIA DE DETECÇÃO 2: FAÇA UMA ARMADILHA

Alguns negociadores experientes nos dizem que têm uma maneira muito simples de testar a honestidade alheia: eles fazem uma pergunta para a qual já sabem a resposta, e depois avaliam o retorno. Claro que, para que a armadilha funcione, a pergunta deve ser relacionada a um assunto pelo qual o outro lado seja incentivado a mentir.

Por exemplo, certa vez, um aluno nosso, que trabalhava como comprador na indústria têxtil, perguntou a um vendedor se o preço que ele havia orçado era o preço mais baixo pelo qual aquele determinado material poderia ser vendido. O vendedor, sabendo que o comprador era novo no ramo, jurou que nunca havia vendido o material por um preço menor. Infelizmente para o vendedor, o comprador estava preparado e havia conversado com um amigo que tinha adquirido recentemente o material por um preço menor, do mesmo vendedor. Como resultado dessa interação inicial, o comprador decidiu nunca mais trabalhar com aquele vendedor.

ESTRATÉGIA DE DETECÇÃO 3: TRIANGULE A VERDADE

Séculos atrás, quando os navios eram o principal meio de transporte, os navegadores dependiam de mapas estelares e trigonometria básica para determinar suas posições em mar aberto. Considerando o navio como o terceiro ponto em um triângulo cujos outros dois pontos eram estrelas à distância constante, os navegadores eram capazes de "triangular" seu meio de descobrir a localização.

O que isso tem a ver com detecção de mentiras em negociação? O ponto é que você pode nunca descobrir uma mentira se perguntar apenas uma questão (especialmente se não sabe a resposta). Em vez disso, precisa perguntar muitas questões e "triangular" a verdade. Quanto mais perguntas fizer, mais difícil se torna para a outra parte responder com consistência — a menos que esteja dizendo a verdade. Para descobrir se seu cliente realmente tinha outra oferta de um concorrente, Rafael (na História 1) poderia ter triangulado a verdade, fazendo perguntas como estas:

- Quando você recebeu esta oferta?
- O que exatamente meu concorrente ofereceu?
- Ele forneceu informações específicas sobre o produto?
- Quais informações eram essas?
- Meu concorrente fez esta oferta por escrito?
- Se não, por quê? Você pediu por escrito?
- Se a tem por escrito, posso vê-la?

E se o seu cliente não estiver disposto a responder a essas perguntas? Isso deve deixá-lo pelo menos um pouco desconfiado. Ele pode não querer revelar seu valor de reserva, mas se ficar completamente calado nas perguntas mais diretas sobre suas alternativas — e se não tiver uma explicação razoável para isso —, então você deve proceder como se ele estivesse blefando.

ESTRATÉGIA DE DETECÇÃO 4: PROCURE RESPOSTAS QUE NÃO RESPONDEM À PERGUNTA QUE VOCÊ FEZ

Nosso conselho mais útil sobre a detecção de mentiras decorre desta percepção fundamental: *a maioria das pessoas não gosta de mentir, mas geralmente se sente muito confortável em enganar.* Em outras palavras, as pessoas costumam fazer de tudo para evitar dizer algo que seja tecnicamente falso (ou seja, uma mentira), mas ficarão felizes em enganá-lo indiretamente com sua resposta. Vamos considerar um exemplo clássico.

Relembre o diálogo (da História 3) entre Thomas e o fornecedor:

Thomas: "Minha empresa está fazendo uma compra grande, e é provável que façamos mais no futuro. Este é, realmente, o preço mais baixo que você pode nos vender o componente?"

Fornecedor: "Aprecio o negócio agora e apreciarei no futuro, mas este é o menor preço que já vendemos este componente."

Se ler com atenção, perceberá que o fornecedor *nunca respondeu* à questão de Thomas! Ele havia perguntado se aquele era o preço mais baixo que o vendedor *poderia* fazer. O fornecedor respondeu que *nunca havia* vendido o componente por um preço mais baixo. Isso parece uma resposta à questão de Thomas (implicando que "não podemos vender mais barato"), mas claramente não é. É bastante possível que o fornecedor nunca tenha vendido o componente específico por um preço mais baixo — tecnicamente, pode ter dito a verdade —, mas isso é irrelevante.

Se Thomas tivesse sido mais perspicaz, teria apontado a falta de resposta e questionado a relevância do preço de vendas anteriores na situação presente. Ele poderia reiterar, por exemplo, estar fazendo uma compra grande (talvez a maior que o fornecedor já tenha feito para esse componente) e que seria um cliente recorrente. Além disso, é possível que mesmo que o fornecedor não tenha vendido exatamente o mesmo componente por um preço mais baixo, pode ter vendido componentes similares mais baratos. Ao enfrentar esse intenso escrutínio, o fornecedor poderia achar mais difícil justificar sua posição.

Como está, é improvável que o fornecedor sinta qualquer culpa por essa transação. Além de uma série de justificativas interesseiras que ele poderia dar por seu comportamento, também poderia relembrar que "nunca mentiu". Esse é o ponto. Em vez de mentir abertamente, as pessoas tendem a ter certeza de que *tecnicamente* disseram a verdade — ao mesmo tempo em que tentam despistá-lo. Essa manobra é uma bênção para potenciais detectores de mentiras. Gênios da negociação fazem questões claras e determinadas, que obrigam a outra parte a responder de modo transparente. Como é mais provável que as pessoas enganem

Gênio da Negociação

indiretamente, do que mintam explicitamente, gênios da negociação que ouvem atentos as respostas ditas (e as *não* ditas) estão em boa posição para pegar "enganadores honestos" no ato.

ESTRATÉGIA DE DETECÇÃO 5: USE CONTRATOS DE CONTINGÊNCIA

Um dos autores faz consultoria para um grande cliente do ramo do varejo. Quando esse varejista faz importações, geralmente compra em grandes quantidades. Para um acordo-chave que ouvimos, o contrato era tão específico que incluía o nome do navio que levaria as mercadorias aos Estados Unidos. Após a assinatura do contrato, mas antes de a embarcação ser carregada no país estrangeiro, o varejista descobriu que o governo dos Estados Unidos havia criado um embargo contra esse tipo particular de mercadoria, que começaria a valer aproximadamente na mesma data que as mercadorias chegariam ao país. O navio deveria chegar antes do embargo, ou não precisaria chegar.

O varejista norte-americano informou ao fabricante sobre o embargo, solicitou que a mercadoria fosse enviada por via aérea, e também que pagasse os custos maiores do frete aéreo. O fabricante disse para o varejista ficar tranquilo, garantiu que o navio chegaria antes do embargo e sugeriu que os norte-americanos estavam desnecessariamente nervosos. O varejista respondeu que se a mercadoria não fosse enviada por via aérea, não teria acordo. O fabricante apontou que ficaria feliz em atender ao pedido, caso houvesse um risco verdadeiro de as mercadorias não chegarem a tempo; entretanto, naquele momento, não havia risco — mas um contrato assinado — e eles ficariam felizes em enviar uma cópia. A negociação estava ficando quente e a pressão do tempo aumentava.

Então, o varejista teve uma ideia de gênio (da negociação). Propôs que as mercadorias fossem enviadas por via aérea, com os custos extras arcados pela parte cujas afirmações se mostrassem incorretas. Embora o navio não estivesse carregando nada de interesse (pois as mercadorias estariam sendo enviadas por via aérea), ambas as partes o rastreariam quando ele chegasse aos Estados Unidos. Se o navio chegasse antes do embargo, o varejista pagaria todo o custo extra do frete aéreo; se chegasse atrasado, o fabricante arcaria com os custos. O varejista considerou esse um excelente contrato de contingência. Ambas as partes ficariam com suas avaliações, as mercadorias chegariam a tempo e, graças à tecnologia, poderiam checar diariamente na web para ver quem estaria ganhando a "aposta". O acordo parecia perfeito — até o representante do fabricante ligar e informar que não aceitariam o contrato de contingência. "Isso está ficando complicado demais", disse o representante. "Por que apenas não dividimos os custos extras em 50–50?".

O que o varejista descobriu com essa resposta? Que o fabricante jamais acreditou em suas próprias afirmações! Se acreditasse, teria aproveitado a oportunidade de aceitar uma cláusula que permitisse evitar custos adicionais de frete. Como discutimos nos capítulos 1 e 2, quando o outro lado faz uma afirmação duvidosa sobre alguma perspectiva futura, você não precisa aceitar a palavra, nem precisa argumentar sobre quem está certo. Em vez disso, peça para "ver para crer", propondo um contrato de contingência. É uma ferramenta excelente para permitir que pessoas honestas apostem em resultados financeiros, de acordo com suas diferenças de expectativas (ver Capítulo 2). Também é excelente para diagnosticar quando o outro lado está mentindo sobre crenças e expectativas. Se não estiverem dispostos a concordar com um contrato de contingência, pode ter certeza de que não acreditam em suas próprias afirmações.

Você pode estar curioso para saber o que aconteceu na negociação entre nosso cliente e o fabricante: o varejista precisava muito da mercadoria e concordou com a divisão 50–50. O navio chegou um dia atrasado!

VOCÊ O PEGOU NA MENTIRA... E AGORA?

É difícil detectar mentiras. Também não é fácil saber o que fazer após tê-las detectado. Por um lado, é provável que você experimente uma variedade de emoções: raiva, ansiedade, decepção e surpresa. Além disso, provavelmente terá motivações conflitantes: se vingar ou tentar salvar a relação? Sair do acordo ou tentar maximizar o valor? Dizer à outra parte para parar de mentir ou esperar para ver o que acontece? Chamá-lo de mentiroso e permanecer fiel a seus princípios, ou esconder sua indignação e se concentrar nos lucros?

Embora não haja uma única resposta correta a essas questões, há maneiras sistemáticas de pensar sobre como resolver esses conflitos. A primeira coisa a se fazer em situações como essas é permanecer calmo e

204 ● Gênio da Negociação

tratar a trapaça como qualquer outro problema de negociação — algo que deve ser melhor entendido e cuidadosamente resolvido. Então, responda as seguintes questões, que o ajudarão a tomar a melhor decisão.

QUESTÃO 1: É REALMENTE UMA MENTIRA?

É possível que sua contraparte nem mesmo saiba que o que disse era falso? Em outras palavras, ela pode não ter tido a intenção de mentir, mas estava simplesmente mal-informada. Na maioria das negociações, é melhor dar ao outro lado o benefício da dúvida — mas também ter mais cuidado, conforme se move adiante. Se acha que mentiram para você, mas não tem certeza, investigue usando as estratégias descritas anteriormente. A menos que esteja certo de que o outro lado tenha mentido, você ganhará pouco ao chamá-lo de mentiroso. É quase certo que ele negará e você se encontrará em uma escalada de conflito.

Além disso, tenha em mente que o que parece uma mentira para você, pode não parecer para sua contraparte. Na História 3, é provável que Thomas e o fornecedor caracterizem as observações de maneira bem diferente. Se Thomas descobre que o preço poderia ser mais baixo, pensará que o fornecedor mentiu. O fornecedor, certamente, pensa de outra forma. Similarmente, quando nossos executivos e alunos de MBA se engajam em simulações de negociação, é comum que um estudante alegue que sua contraparte mentiu, enquanto esta nega fortemente as acusações. Geralmente, o "mentiroso" nunca fez uma afirmação verdadeiramente falsa, mas *permitiu* ao outro lado ser enganado. O que fazer em uma situação como essa? Não chame o outro de mentiroso, mas explique que você sente que foi enganado ou passado para trás e, então, discuta se o engano foi proposital ou não.

Por fim, note que nem todas as mentiras são consideradas "antiéticas" em todos os contextos e culturas. Se você está pechinchando uma peça de arte com um vendedor ambulante na Índia, pode ter certeza de que ouvirá diversos preços, justificativas e lorotas. Poucas pessoas considerariam essas afirmações antiéticas; em vez disso, essa é a "linguagem" em que a venda é conduzida. Entretanto, comportamento similar em outros contextos seria altamente antiético. Antes de rotular sua contraparte na negociação como desonesta, reveja suas suposições culturais. Foi uma mentira? Ou você está negociando em um contexto que não compreende as regras?

QUESTÃO 2: DESEJO CONTINUAR COM ESTA NEGOCIAÇÃO?

Se e quando tiver certeza de que alguém deliberadamente mentiu para você, é hora de decidir abandonar a negociação ou rever se há muito a perder ao fazer isso. Se, a princípio, estiver disposto a abandonar, sua tarefa é simples. Você decidirá se deve ou não confrontar o mentiroso e expressar suas emoções; então, voltará à sua BATNA. Entretanto, geralmente não é fácil abandonar a negociação.

QUESTÃO 3: PRECISO ALERTÁ-LOS OU CONFRONTÁ-LOS?

Se desejar continuar com a negociação, você provavelmente não deveria gritar "Mentiroso!" Em vez disso, precisa de uma estratégia que permita sinalizar estar ciente da mentira, enquanto dá a oportunidade para o outro lado salvar a própria pele. Há dois meios de se fazer isso; a estratégia que escolher dependerá do que deseja conseguir. Se não estiver particularmente aborrecido com a mentira, mas quer desencorajar sua contraparte de mentir futuramente, você deveria usar um roteiro de "alerta".

Se a mentira foi mais ofensiva, e você deseja obter desculpas ou concessões, em troca de sua disposição para continuar as negociações, você deveria usar um roteiro de "confronto". Veja como soa cada uma dessas estratégias:

Roteiro de Alerta: "Você mencionou que o custo destes materiais seria de US$1,05 por unidade. Acho que precisa checar seus dados. Temos relações com vários fornecedores e estamos certos de que o custo é de US$0,90. Talvez você esteja trabalhando com dados antigos ou tenha sido erroneamente informado. Em qualquer caso, vamos tentar ser mais cautelosos sobre fatos e valores conforme prosseguimos com este acordo."

Roteiro de Confronto: "Você mencionou que o custo destes materiais seria de US$1,05 por unidade. Preciso informá-lo de que, ao contrário de alguns de seus outros clientes, temos relações com vários fornecedores. Por isso, sabemos quando alguém está inflando preços. Por exemplo, o custo do material em questão, na verdade é de US$0,90. Temos negociado de boa--fé com você e estamos nesta transação para criar valor para ambos os lados. Mas agora estamos um pouco inquietos

206 ● Gênio da Negociação

com a maneira como negociou conosco. Talvez haja uma explicação simples para a discrepância em nossos números; talvez você tenha sido mal informado. Mas gostaria apenas de dizer que estamos desapontados com isso. Você pode nos ajudar a entender sua perspectiva e sugerir alguma maneira de superarmos a ansiedade que estamos sentindo agora?"

Como você notará, o segundo roteiro contém uma linguagem muito mais forte e também implica a necessidade de um pedido de desculpas ou concessão. Em alguns casos, pode até ser apropriado pedir uma concessão específica como reparação. Você também notará que *ambos* os roteiros fornecem uma oportunidade para o outro lado salvar a própria pele. Isso é fundamental se você já decidiu continuar com a negociação ou o relacionamento.

Muitas vezes é tentador — mas nem sempre criterioso — retaliar rapidamente quando você sente que foi enganado. Gênios da negociação dedicam tempo para avaliar se o outro lado pode ter sido mal informado ou se considerou seu comportamento adequado ao contexto. Eles também ficam de olho em seus próprios interesses, o que pode exigir uma resposta poderosa o suficiente para resolver o problema, mas também controlada o suficiente para permitir que o outro lado tenha espaço para navegar.

ALTERNATIVAS INTELIGENTES
À MENTIRA

Mentiras e enganos não emanam simplesmente daqueles do outro lado da mesa. Quantas vezes dizemos coisas nas negociações (e na vida cotidiana) que sabemos não serem as versões mais precisas da verdade? Quantas vezes dizemos coisas ambíguas e que esperamos que escondam a verdade para nosso benefício? Obviamente, questões éticas envolvem essa questão — e a maioria das pessoas que conhecemos gostaria de ser mais honesta e ética. Se você é uma dessas pessoas, as estratégias a seguir o ajudarão. Mas mesmo que não tenha interesse em ser mais ético, há motivos para seguir este conselho. Pois, as mentiras não são apenas potencialmente antiéticas; também são, muitas vezes, uma estratégia ruim.

Em algum momento, a maioria dos negociadores já sentiu a dor de ser pego por suas próprias mentiras. Considere o que acontece se você estiver disposto a pagar até US$15.000 por uma compra, mas, durante a negociação, você argumenta veementemente que "não pode pagar um dólar a mais do que US$13.000". À medida que as negociações continuam, você acaba descobrindo que o outro lado não aceitará nada menos do que US$14.000. Em outras palavras, sua "oferta final" não se enquadra na ZOPA. O que fazer agora? Infelizmente, ou você deve desistir do negócio (que poderia ter sido consumado a um preço entre US$14.000 e US$ 15.000), ou admitir que estava mentindo sobre o valor da sua reserva. Ou considere o que acontece quando, durante uma negociação, você finge que valoriza muito uma questão, quando na verdade dá pouquíssimo valor a ela. Sua esperança é que, ao superestimar o valor, você seja capaz de extrair maiores concessões, em vez de abrir mão. Mas e se o outro lado ceder *a você* nessa questão? Você pode acabar com algo que realmente não valoriza, enquanto o outro lado espera que você retribua em outras questões.

Quer sua motivação seja melhorar seu próprio caráter ou reduzir os custos associados a mentiras mal concebidas, as estratégias a seguir o ajudarão a negociar com mais honestidade, sem colocá-lo em desvantagem em relação a indivíduos desonestos, corruptos ou — mais provavelmente — complexos, com virtudes e vícios exatamente como você.[3]

ESTRATÉGIA 1: INCORPORE CUSTOS DE REPUTAÇÃO E RELAÇÃO EM SEUS CÁLCULOS

Quando perguntamos aos nossos alunos de MBA se é aceitável mentir nas negociações para conseguir o que se deseja, uma minoria, decepcionantemente grande, diz que sim. Quando fazemos a mesma pergunta aos nossos alunos executivos, muito poucos (se algum) dizem que mentir é aceitável. Em grande parte, essa diferença de perspectiva pode ser atribuída ao fato de que nossos alunos executivos têm muito mais anos de experiência em negociação do que nossos alunos de MBA. Eles testemunharam e experimentaram as consequências de negociar de má-fé. Quer tenham aprendido com suas próprias experiências ou com as de outras pessoas em suas organizações e setores, eles descobriram como é fácil destruir um relacionamento ou uma reputação — e como é difícil construí-los novamente.

Infelizmente, a maioria dos negociadores é míope; eles não enxergam além dos acordos ou relacionamentos atuais. Aqueles que adotam uma perspectiva de longo prazo acham muito mais fácil serem verdadeiros e honestos — mesmo que isso custe dinheiro no curto prazo — pois o retorno a longo prazo vale a pena.

ESTRATÉGIA 2: PREPARE-SE PARA RESPONDER QUESTÕES DIFÍCEIS

Uma das maiores razões pelas quais as pessoas mentem na negociação é que não sabem como responder a perguntas difíceis. Pegos desprevenidos e preocupados com a possibilidade de dizer algo que os coloque em desvantagem, optam por mentir. Você pode aprender a evitar essa reação. Aqueles que antecipam as perguntas difíceis e investigativas que o outro lado fará, podem preparar respostas verdadeiras que não os prejudicarão. Considere estas duas respostas à pergunta que um empregador em potencial pode fazer a um candidato que não tem outras ofertas de emprego: "Você tem outras ofertas de emprego?"

> *Resposta Despreparada:* "Sim, tenho. Há algumas outras ofertas que estou considerando."

> *Resposta Preparada:* "Não, esta é a única oferta que tenho atualmente. Mas faz pouco tempo que comecei a enviar meu currículo e tenho várias entrevistas agendadas."

Um candidato a emprego é mais propenso a dar a primeira resposta (uma mentira) quando está despreparado. Quando alguém lhe pergunta sobre suas ofertas de emprego, sua reação imediata é se preocupar que não ter nenhuma o faz parecer desesperado; a maneira mais óbvia de evitar essa percepção é mentir. Mas tais mentiras são muito arriscadas. Se o empregador sondar melhor essas ofertas, sua mentira pode ser descoberta. A resposta preparada não apenas evita a mentira, mas também mitiga a percepção de que está desesperado.

ESTRATÉGIA 3: TENTE NÃO NEGOCIAR OU RESPONDER A QUESTÕES SOB PRESSÃO DE TEMPO

Independentemente de quão preparado você esteja, haverá ocasiões em que uma questão o pegará com a guarda baixa. O que fazer? Na medida do possível, evite responder até que tenha uma oportunidade de pensar melhor na resposta. Não é tão difícil quanto parece. Geralmente, não há nada de errado em fazer uma das seguintes afirmações:

- "Não tenho essa informação aqui, mas estou certo de que posso consegui-la para você depois."
- "Pergunta interessante. Terei de pensar na resposta e te retornar."
- "Ninguém nunca me perguntou isso. Eu poderia tentar dar uma resposta parcial agora. Mas se estiver tudo bem para você, gostaria de um tempo para verificar a posição de nossa empresa sobre esse assunto e dar uma resposta mais completa mais tarde."

Outra forma de evitar responder questões difíceis sob pressão de tempo é estruturar sua negociação de maneira diferente. Por exemplo, você pode ter algumas discussões preliminares destinadas a levantar questões difíceis por e-mail; isso lhe dará a oportunidade de responder em seu próprio ritmo. Da mesma forma, em vez de negociar por telefone (que faz você se sentir compelido a responder imediatamente), você pode marcar um almoço informal no qual se sentiria menos pressionado a responder cada questão sempre que for a "sua vez" de responder.

ESTRATÉGIA 4: RECUSE-SE A RESPONDER CERTAS QUESTÕES

Você não precisa responder toda questão que sua contraparte faça. Se ela pede seu valor de reserva, por exemplo, você não precisa se sentir compelido a responder. Suponha que a outra parte pergunte: "Qual é o menor preço que você aceita por esta remessa?" Uma forma de responder, e de neutralizar o momento constrangedor com humor, é dizer: "Acho que você já sabe a resposta — é o máximo que está disposto a pagar!" De modo geral, é aceitável responder a uma questão indesejada com um dos seguintes comentários:

- "Esta é uma discussão que podemos ter depois que tivermos feito nosso trato. Não me sinto confortável em divulgar essa informação no momento."
- "Como você com certeza compreende, não podemos compartilhar essa informação por razões estratégicas."

- "A resposta para sua questão depende de muitos fatores que precisamos discutir."

ESTRATÉGIA 5: OFEREÇA-SE PARA RESPONDER UMA QUESTÃO DIFERENTE

Se você se sente desconfortável em recusar a resposta para uma questão direta, pode mitigar sua inquietação oferecendo-se para responder uma questão diferente, mas relacionada. Aqui, a ideia é ser franco sobre sua incapacidade ou falta de disposição para responder essa questão específica, e então oferecer uma concessão, fornecendo outra resposta útil. Por exemplo, se alguém pergunta o custo de produção de uma mercadoria que você está vendendo, e você está tentado a mentir para assegurar a alta margem, pode dizer o seguinte: "Infelizmente, não tenho liberdade para divulgar informações específicas sobre custos, mas posso entender por que está perguntando. Quer ter certeza de que está levando um produto de alta qualidade pelo preço que está pagando. Bem, deixe-me lhe dar algo que lhe trará essa confiança. Posso compartilhar muitas informações específicas sobre nosso padrão de preços."

Ao fornecer informações que o outro lado valoriza, e que não o coloca em desvantagem, você serve a vários propósitos simultaneamente: evita mentir, dá informações valiosas para o outro, você parece razoável e acessível, e torna mais provável que o acordo seja consumado.

ESTRATÉGIA 6: ALTERE A REALIDADE PARA TORNAR A VERDADE MAIS SUPORTÁVEL

Fundamentalmente, por que humanos são tentados a mentir? Geralmente mentimos porque a realidade não é o que queríamos que fosse. Retornando à nossa história de entrevista de emprego, o candidato é tentado a mentir porque a realidade (não ter outras ofertas) difere do que ele deseja (ter várias ofertas). Anteriormente, resolvemos esse dilema com a seguinte "resposta preparada":

> *Resposta Preparada:* "Não, esta é a única oferta que tenho atualmente. Mas faz pouco tempo que comecei a enviar meu currículo e tenho várias entrevistas agendadas."

Mas, e se o candidato não tiver nenhuma entrevista agendada? Pior, e se todos os currículos que enviou foram rejeitados? Ele deve revelar seu desespero contando a verdade? "Não, esta é a única oferta que tenho atualmente" é a única resposta verdadeira?

Não exatamente. Se o candidato pode *alterar a realidade* da situação antes que a questão difícil seja feita, ele tem outra opção. Por exemplo, um dia antes de sua única entrevista, o candidato pode enviar *outra* dúzia de currículos para outras empresas. Então, durante sua entrevista, ele pode verdadeiramente responder ao empregador da seguinte maneira:

> *Resposta de Realidade Alterada:* "Não, esta é a única oferta que tenho atualmente. Mas faz pouco tempo que enviei uma dúzia de currículos e estou aguardando receber resposta dessas empresas nas próximas semanas."

Com essa resposta, o candidato pode ser verdadeiro porque tornou a mentira desnecessária. De maneira geral, quando estiver tentado a mentir ou enganar, tire um tempo para pensar por que sente a necessidade de retratar uma falsa realidade. É por que você está constrangido ou envergonhado da situação? Se sim, você pode fazer algo para mudar sua realidade, em vez de mentir sobre ela?

ESTRATÉGIA 7: ELIMINE AS RESTRIÇÕES QUE LEVAM À TENTAÇÃO DE MENTIR

Dan, um gestor em uma grande empresa de produtos de consumo, recebeu de seu vice-presidente a incumbência de enviar uma solicitação de orçamento anual para seu departamento. Infelizmente, Dan tinha um incentivo para superestimar os custos; em caso de imprevistos, seria útil ter um pequeno excedente para o qual recorrer. Os custos projetados para o próximo ano de seu departamento eram de cerca de US$14 milhões, mas Dan enviou um relatório com os custos estimados em US$16 milhões. Claro que os outros gestores de outros departamentos da empresa tinham incentivos similares para mentir (ou "inflar") seus custos estimados. Como resultado, o orçamento total da empresa excedeu o valor destinado para cada departamento. Sem uma compreensão precisa de quem precisava de quanto dinheiro, o vice-presidente fez seu melhor para alocar os fundos de maneira eficiente. Sem surpresa, alguns departamentos receberam menos do que precisavam, e outros acabaram com muito mais. Aqueles que ficaram com mais (incluindo o departamento de Dan) se sentiram compelidos a gastar o excedente de maneira frívola, para justificar a demanda inicial.

Considere uma solução possível para este problema. Os custos anuais menos previsíveis de Dan estavam relacionados à contratação de terceirizados. O pedido de orçamento foi feito em fevereiro, mas muitos dos terceirizados não poderiam ser contratados até março. Se Dan tivesse pedido ao vice-presidente se poderia enviar um segundo orçamento revisado um mês depois, e se o vice-presidente tivesse concordado, Dan não precisaria mentir em primeiro lugar. Em vez disso, poderia ter usado o tempo extra para reunir custos estimados mais precisos, eliminando a necessidade de inflar os valores.

Geralmente, nossa própria honestidade (e de outras pessoas que rotulamos de antiéticas) é limitada por regras, políticas, pressões de tempo e sistemas de incentivo. É fácil argumentar que uma pessoa "verdadeiramente" ética seria honesta, independente dessas restrições. No entanto, cabe a nós — e nossas organizações — tentar criar os tipos de ambientes que encorajam, em vez de desencorajar, um comportamento verdadeiro e honesto.

GÊNIOS DA NEGOCIAÇÃO MENTEM?

Já nos perguntaram (muito!) se é aceitável mentir em uma negociação — ou, variando a mesma questão, *quando* é aceitável mentir em uma negociação. Nossa resposta é muito simples. Nunca. Não minta. Mentir não vale a pena. Em vez disso, use seu tempo e energia para aprimorar suas habilidades de negociador eficaz. Acreditamos que gênios da negociação não sentem a necessidade de mentir. Claro que uma questão filosófica permanece: é aceitável mentir se a mentira pode ajudar os outros, salvar vidas ou fazer alguém se sentir melhor? Pela nossa experiência, não é necessária ajuda para responder essa questão. Caso seus motivos sejam genuinamente benevolentes — e nem um pouco egoístas — sua resposta para essa questão será tão boa quanto a nossa.

CAPÍTULO 10

Reconhecendo
e Solucionando
Dilemas Éticos

- "Claro, vou me beneficiar se você comprar nosso produto, mas não tentaria vendê-lo se não acreditasse que é o melhor produto para você e sua empresa."
- "Quando trabalha para nós, você sabe que está trabalhando para uma empresa que trata todos os seus funcionários com igualdade, independentemente de raça ou gênero."
- "Nosso acordo gera valor para todos — estamos aumentando o bolo e também beneficiando a sociedade."
- "Minha equipe de vendas merece 70% do crédito pelo sucesso da empresa nos últimos dois anos."

Imagine que está negociando com uma pessoa que fez uma dessas declarações. Além disso, suponha que você não acredite que os fatos relatados sejam verdadeiros. Qual sua primeira reação? Se for como a maioria das pessoas, você provavelmente concluirá que sua contraparte é antiética e está mentindo para ganhar vantagem na negociação.

Mas há uma explicação alternativa a considerar na próxima vez que pensar (ou souber) que uma declaração feita pela outra parte é falsa: a maioria das pessoas — e negociadores não são exceção — faz declarações incorretas e egoístas com bastante regularidade, mesmo sem ciência de estar sendo antiético. Quando você trata esses negociadores como mentirosos, é provável que fiquem muito ofendidos, pois acreditam — e muitas vezes podem justificar cada palavra sobre o que disseram. Além

O PROBLEMA DA ÉTICA LIMITADA

disso, tratá-los como mentirosos pode muito bem iniciar uma escalada que destruirá o relacionamento. Como, então, lidar com esse problema?

O PROBLEMA DA ÉTICA LIMITADA

Muitos (e talvez a maioria) dos comportamentos antiéticos em que as pessoas se envolvem em negociações resultam de processos psicológicos comuns e não intencionais, não de engano deliberado — ou mesmo consciente. No Capítulo 8, usamos o termo "consciência limitada" para nos referirmos à falha sistemática dos negociadores em ver informações prontamente disponíveis e importantes em seu ambiente. Em seu trabalho com Mahzarin Banaji e Dolly Chugh, Max também usa o termo "ética limitada"[1] para se referir aos processos psicológicos sistemáticos e previsíveis que levam as pessoas, incluindo negociadores, a se envolverem em comportamentos eticamente questionáveis, inconsistentes até mesmo com suas *próprias* preferências éticas. A ética limitada entra em jogo quando um negociador age de uma maneira que prejudica os outros e entra em conflito com suas próprias crenças conscientes sobre certo e errado.

O primeiro passo para entender o poder da ética limitada é descartar a suposição comum de que o comportamento aparentemente antiético que você observa sugere que a outra parte carece de altos padrões éticos, ou que ela escolheu conscientemente um comportamento de autorrecompensa, em vez do que acredita ser correto. Nos últimos anos, pesquisas em psicologia social desmentiram completamente a noção de que todo comportamento humano é intencional e destacaram o poderoso impacto do inconsciente em nossas ações.

O segundo passo fundamental é entender que o problema da ética limitada não afeta apenas os outros. Você também é vulnerável. Se comportar-se com ética é genuinamente um de seus objetivos, você precisa entender as maneiras pelas quais uma pessoa honesta como você pode agir de forma antiética inconscientemente. Você pode pensar que não está fazendo nada de errado e, ao mesmo tempo, agir de maneira aquém de seus próprios padrões éticos. Como sua moralidade não é o problema, sua bússola moral não o ajudará nesses momentos. Em vez disso, a solução é aumentar sua consciência das armadilhas psicológicas que atormentam até mesmo os negociadores mais bem-intencionados e éticos. Neste capítulo, mostraremos como vários fatores podem levar você e seus parceiros de negociação a se comportarem de maneira antiética — de forma inconsciente — e como corrigir esse comportamento.

CONFLITOS DE INTERESSE

Quando as pessoas falam de conflitos de interesse, geralmente presumem que os profissionais conscientemente consideram essas forças opositoras (o que é bom para eles *versus* suas obrigações profissionais). Veja, por exemplo, a velha piada de advogado: "Não é sobre ganhar ou perder, mas por quanto *tempo* se joga o jogo"; que implica que advogados são principalmente motivados a maximizar suas horas trabalhadas. Entretanto, quando pagos por hora, podem verdadeiramente acreditar que seus clientes são mais bem atendidos em um processo completo e demorado, enquanto advogados cujos clientes pagam uma porcentagem do acordo podem ser mais propensos a acreditar que seus clientes são melhor atendidos por um acordo rápido. Essas crenças não são conscientes ou deliberadamente antiéticas, mas influenciadas pelas circunstâncias. Ou, como Upton Sinclair, uma vez disse: "É difícil levar uma pessoa a entender algo quando seu salário depende de ela não entender."

Em negociações comprador-vendedor, é comum o vendedor acreditar estar vendendo um produto de mais alta qualidade do que o comprador pensa estar comprando. De fato, compradores geralmente acreditam que as mercadorias oferecidas por diferentes vendedores são indistinguíveis entre si, enquanto vendedores veem seus próprios produtos como consideravelmente melhores do que os dos outros. Assim, quando um vendedor diz: "Claro, vou me beneficiar se você comprar nosso produto, mas não tentaria vendê-lo se não acreditasse ser o melhor para você e sua empresa", ele provavelmente acredita nessa afirmação. No entanto, pesquisas substanciais nos dizem que o conflito de interesses do vendedor (ser honesto *versus* realizar a venda) pode levá-lo a ver o mundo inconscientemente por uma lente tendenciosa e a acreditar que seu produto é a melhor opção — mesmo que não seja o caso. Quando um vendedor afirma que seu produto é o melhor do mercado e um comprador em potencial acredita que os produtos concorrentes são indistinguíveis, este pode atribuir um valor negativo à ética do vendedor. Quando a conversa termina, o comprador presume que as afirmações do vendedor foram um indicativo de comportamento antiético, quando, de fato, o vendedor é uma vítima da armadilha psicológica apontada por Sinclair.

O PROBLEMA DOS AGENTES

Conflitos de interesse geralmente se tornam mais problemáticos quando envolvem agentes — sejam financiadores, advogados, agentes literários, corretores imobiliários ou quaisquer terceiros com interesse no resultado das negociações. Considere o que acontece quando um corretor imobiliário aconselha você, o comprador, a aumentar sua oferta por uma casa, mesmo que sua oferta atual seja consistente com uma avaliação racional do valor da propriedade. O corretor está pensando apenas em sua própria comissão? Podemos argumentar que ele não é intencionalmente corrupto, apenas humano, portanto implicitamente motivado a ver o mundo de uma forma que maximize seu próprio retorno em um negócio. O corretor pode rapidamente pensar em situações passadas em que um comprador preferiu pagar mais, do que se arriscar a perder a casa, ou que tenha se arrependido amargamente por não ter seguido o conselho sobre aumentar a oferta. Por outro lado, será mais difícil para ele relembrar as vezes em que esse foi um mau conselho, mesmo que tenha acontecido com frequência.

Ao planejar vender ou comprar uma casa, sem dúvidas ouvirá que seu corretor está trabalhando para fazer o melhor para você.[2] Mas quando vemos a situação de modo objetivo, fica claro que o corretor é uma terceira parte na transação, e que seus interesses não combinam perfeitamente com os principais (do comprador ou do vendedor). O comprador, que deseja pagar o menos possível e que não tem pressa, pode ter que lidar com um corretor bem-intencionado, que recebe conforme o preço da venda, e que adoraria fechar negócio o quanto antes. Da mesma forma, um vendedor pode não ter pressa, ainda que seu corretor dedique energia considerável para persuadi-lo a fazer a venda antes que o mercado esfrie. O que pode ser feito sobre esse problema?

Devido à deficiência de agentes agirem profissionalmente em diversas áreas, incluindo auditorias, investimentos, e negócios imobiliários, os governos federais e estaduais entraram para remediar a situação. A solução mais popular tem sido a implementação de regras que obrigam uma declaração. A razão para isso é que, se os consumidores entendem que seus conselheiros e agentes têm um conflito de interesses, podem tomar as medidas necessárias para se protegerem. É efetivo? Provavelmente não. Considere que, na maioria dos estados dos EUA, corretores imobiliários precisam pedir a seus clientes, sejam compradores ou vendedores, que assinem uma declaração de ciência de que há uma porcentagem pela transação realizada. A maioria das pessoas assina a declaração e nunca considera o verdadeiro conflito de interesses entre comprador e corretor. Em vez disso, realmente acreditam estar recebendo conselhos objetivos.

Além disso, pesquisas sugerem que essa declaração possa, na verdade, *aumentar* os problemas que resultam do conflito de interesses.[3] Em um estudo conduzido pelos pesquisadores Daylian Cain, Don Moore e George Loewenstein, os participantes, interpretando o papel de "consultores", precisavam (em alguns casos) dizer aos participantes interpretando "clientes", que tinham um interesse particular em fazê--los acreditar que uma mercadoria tinha um valor alto. Acontece que essa divulgação levou os "consultores" a se sentirem *mais* à vontade para exagerar suas estimativas; afinal, "eu já disse a eles que era tendencioso." Ao mesmo tempo, os "clientes" geralmente acreditavam que seus "consultores" eram mais confiáveis se declaravam seu conflito de interesse. Em outras palavras, os consultores teriam sido mais honestos, e os clientes mais cautelosos, se *não* houvesse declaração!

Se uma declaração não pode resolver esse dilema ético, o que podemos fazer? Primeiro, na medida do possível, tente pedir conselhos e dicas de pessoas que não tenham interesse no resultado e que não lucrem ao manipular seu comportamento ou decisões. Quando isso não é possível, tente reunir informações adicionais de fontes externas que possam servir como uma checagem da veracidade do conselho que recebeu. Por exemplo, se um corretor imobiliário diz que vale a pena investir em certa propriedade ou região, peça a opinião de alguém de fora, questionando outro corretor imobiliário (amigo, conhecido ou alguém que você não tenha contratado). Por fim, esteja disposto a pedir para seu corretor justificar sua análise. Em vez de simplesmente confiar em sua "opinião de especialista", tente descobrir os critérios ou procedimentos objetivos que ele empregou antes de fazer sua afirmação. Ele pode confiar em sua "intuição", mas você não deveria.

Uma observação final: a maioria de nós vê os conflitos de interesse como um problema social genuíno que deve ser remediado. Entendemos que conflitos de interesse podem distorcer julgamentos. Porém, temos

218 • Gênio da Negociação

problemas em acreditar que afetam nossos *próprios* julgamentos. A verdade é que nenhum de nós está imune. Não há razão para acreditar que você se comportará de maneira diferente do corretor, do auditor, do comprador ou do vendedor se tiver motivações e interesses conflitantes. Para evitar esses comportamentos antiéticos não intencionais, o primeiro passo é reconhecer sua própria falibilidade.

ESTEREÓTIPOS E ASSOCIAÇÕES IMPLÍCITAS

Steve Barrett, que ocupa o cargo de agente de aquisição de sua companhia, tinha que escolher entre duas empresas de paisagismo para fazer a manutenção da área de cinco prédios. A Empresa A tinha um longo histórico na área e oferecia serviços bem tradicionais. A Empresa B, era mais nova e oferecia muitas ideias contemporâneas e inovadoras. O proprietário e representante da Empresa A era um homem branco; a proprietária e representante da Empresa B era uma mulher hispânica. Barret pesou a confiabilidade comprovada da Empresa A e a imagem contemporânea que sua empresa desejava passar. Praticamente todas as conversas e análises levavam Barret a acreditar que deveria fechar o negócio com a Empresa B. Por fim, entretanto, decidiu seguir seu instinto. Contratou a antiga empresa tradicional.

Um mês depois, Barret estava preenchendo alguns formulários que pediam para reportar a diversidade das relações dos fornecedores da empresa. Ele não se importou em preenchê-los, pois era um grande apoiador da visão institucional de que empresas de mulheres e minorias sociais deveriam ser fortemente consideradas para contratos. Conforme ele marcava as caixas de "caucasiano" e "masculino", para indicar etnia e gênero do proprietário da Empresa A, Barret revisitou a raça e a etnia dos finalistas de seus últimos doze contratos de fornecedor. Ele percebeu que empresas de propriedade de mulheres e minorias sociais haviam sido finalistas, mas raramente ganhavam o contrato. Enquanto pensava, Barrett começou a se sentir um pouco culpado. No fim, entretanto, concluiu que esses fornecedores ainda não eram plenamente competitivos, embora esperasse que fossem em um futuro próximo. Barrett permaneceu orgulhoso de seu contínuo (e declarado) apoio à equidade e justiça na sociedade, e das políticas agressivas de ação afirmativa de sua empresa.

Logo depois que o contrato de paisagismo foi assinado, Barrett assistiu e ficou incomodado com um trecho do programa de TV *Dateline NBC*, com o psicólogo de Harvard, Mahzarin Banaji. O trecho era sobre o Teste de Associação Implícita, disponível no site da Universidade de Harvard (http://implicit.harvard.edu).[4] (Encorajamos os leitores a visitar o site antes de prosseguir a leitura e tentar um ou dois "testes"). Esse site fornece um conjunto de exercícios elaborados para identificar vieses inconscientes sobre raça e gênero. Com o episódio do paisagismo em mente, Barrett decidiu fazer um dos testes para provar a si mesmo que sua decisão não tinha nenhum viés.

O primeiro conjunto de itens do teste que Barrett selecionou pediu para ele categorizar, da forma mais rápida possível, fotografias de hispânicos e euro-americanos. Usando as teclas do computador como descritas no site, Barrett classificava rostos como "hispânico" ou "branco". No próximo teste, ele precisou classificar palavras na tela como positivas (como "bom") ou negativas (como "mau"). Barrett não teve problemas em classificar palavras como "agradável", "amor", "paz", como "bom", e palavras como "morte", "diabo" e "bomba", como "mau".

No próximo passo, esses dois testes foram fundidos. Agora, Barrett foi solicitado a apertar uma tecla se aparecesse um rosto hispânico *ou* uma palavra classificada como "bom". Essa tarefa se provou mais complicada; Barrett se viu cometendo alguns erros e respondendo consideravelmente mais devagar que nas tarefas anteriores.

Após trinta palavras ou fotos, a tarefa mudou. Agora, Barrett foi solicitado a clicar em um rosto hispânico ou uma palavra classificada como "mau", e a clicar para identificar um rosto branco ou uma palavra classificada como "bom". Ele ficou contente por completar essa tarefa com precisão e rapidez.

Como esperado, o computador confirmou que as respostas de Barrett para o segundo conjunto de palavras e rostos foram muito mais rápidas do que suas respostas para o primeiro conjunto. Parece que Barrett processou e completou as tarefas mais rapidamente quando rostos brancos eram associados a "bom" e rostos hispânicos associados a "mau", do que quando hispânicos eram associados a "bom" e brancos a "mau". Como resultado, o computador sugeriu que Barrett havia demonstrado uma associação implícita entre "hispânico" e "mau" e entre "branco" e "bom". Embora conscientemente ele não endosse tal preferência, suas atitudes implícitas pareceram favorecer brancos a hispânicos. Essas associações implícitas estavam conectadas à sua decisão no caso do paisagismo? Se a empresa do homem branco fosse a mais recente e inovadora, Barrett teria concluído que inovação era um fator mais fundamental do que experiência? Teria encontrado um meio de justificar a contratação de um homem branco, de qualquer forma? Barrett ficou agitado com os resultados do estudo e o que poderiam implicar.

A maioria de nós, incluindo aqueles que se consideram liberais e não discriminatórios com base em raça e gênero, pode não estar ciente dessas associações implícitas. Normalmente, as pessoas não apenas desconhecem seus processos implícitos, como também relutam em acreditar que possam existir processos de pensamento (que afetam o comportamento!) inacessíveis a elas. Portanto, considere o que pode significar quando um possível empregador diz em uma negociação: "Quando trabalha para nós, você sabe que está trabalhando para uma empresa que trata todos os funcionários com igualdade, independentemente de raça ou sexo." Uma possibilidade provável é que o empregador acredite em sua afirmação, mas que ele e outros membros da empresa, ainda assim, discriminem, por causa de seus processos de pensamento implícitos.

Os seres humanos tendem a estereotipar pessoas de grupos diferentes do seu, muitas vezes sem consciência. *Estereotipar* consiste em identificar uma característica-chave que é percebida como descrição de alguns membros de um grupo, aplicando-a a todos os membros do grupo e deixando de notar a singularidade de membros específicos. Claramente, uma grande desvantagem dos estereótipos é que pode levar as pessoas a se tornarem preconceituosas e a se comportarem mal com membros de outros grupos. Também pode nos levar a ignorar informações importantes sobre o indivíduo, fazendo com que nos comportemos de maneira inadequada, desinformada ou irracional, desconsiderando como a outra pessoa *realmente* é. Um resultado disso é que nossos próprios resultados negociados tendem a sofrer. Dolly Chugh, da Escola de Negócios Stern, da NYU, refere-se a isso como o *imposto do estereótipo*, o preço que pagamos por não superá-lo.[5] Em outras palavras, estereotipar não apenas machuca outras pessoas, também pode nos machucar.

Infelizmente, muitos textos da área encorajam a estereotipar seu oponente de negociação. Esses livros promovem conselhos estereotipados e excessivamente simplistas sobre como negociar com chineses, japoneses, sul-americanos, israelenses e outros. Embora seja extremamente importante aprender o máximo possível sobre as normas culturais antes de entrar em negociações interculturais, é perigoso negociar com "eles" como se fossem todos iguais. Identificamos facilmente variações na maneira como as pessoas de nossa própria cultura se comportam, mas aceitamos facilmente estereótipos sobre pessoas de outros países e culturas. Muitas vezes, esses estereótipos levam os negociadores a agir como se já soubessem muito sobre o outro lado, quando poderiam aprender muito mais entrando na negociação com a mente aberta e buscando informações individualizadas — ou, melhor ainda, preparando-se antecipadamente, fazendo perguntas e tentando descobrir perspectiva, personalidade e interesses diversos da outra parte.

Geralmente, pensamos em estereótipos com base em diferenças óbvias, como raça, gênero, nacionalidade e assim por diante. No entanto, também é possível formar estereótipos sobre empresas específicas e seus estilos de negociação, o que nos leva a julgamentos precipitados sobre como uma determinada empresa "pensa". É claro que empresas não pensam; pessoas, sim, e os indivíduos dentro de uma empresa específica são diferentes. Ao negociar com diferentes membros da mesma organização, também costumamos tratar esses indivíduos como um único ator — mesmo quando reconhecemos a diversidade de pensamento e opinião dentro de nossa própria organização. Você já iniciou uma conversa com um representante de uma companhia telefônica — ou aérea — de maneira acalorada porque teve uma conversa anterior com um representante dessa empresa que deu pouca ajuda e que foi rude? Como funcionou para você? Provavelmente não funcionou.

Então, quando Steve Barrett escolheu contratar uma empresa tradicional de paisagismo, de propriedade de um homem branco, em vez de uma empresa inovadora, de propriedade de uma mulher hispânica, ele estava ciente de suas atitudes implícitas e do quanto estava demonstrando preferência por aqueles que são muito parecidos com ele? Provavelmente não. Tornar-se um negociador mais ético e eficaz exige não apenas enfrentar nossos preconceitos intencionais, mas também procurar entender nossas preferências implícitas. Gênios da negociação não são pessoas imparciais. Em vez disso, são pessoas que confrontam seus preconceitos e fazem o máximo que podem para superá-los ou compensá-los.

CRIAÇÃO DE VALOR PARASITA

A empresa farmacêutica X fabrica um determinado medicamento e está vendendo 100 milhões de comprimidos por ano, a um preço de US$4,05 por comprimido. O custo de fabricação é de US$0,05 por comprimido, de modo que o medicamento está rendendo US$400 milhões por ano à empresa. Após certo período, a empresa farmacêutica Y apresenta um medicamento que trata a mesma doença. As melhores estimativas sugerem que a competição com Y levará X a reduzir o preço de seu medicamento em cerca de US$1, passando para US$3,05. Além disso, espera-se que Y capture 40% do mercado, cobrando um preço ainda mais baixo, de US$2,55 por comprimido. Em outras palavras, espera-se que X venda 60 milhões de comprimidos, com um lucro de US$180 milhões por ano, e que Y venda 40 milhões de comprimidos, com um lucro de US$100 milhões por ano. Após a entrada de Y no mercado, a lucratividade combinada de X e Y (US$280 milhões) será significativamente menor do que os US$400 milhões que X ganhava como monopolista.

Felizmente, o negociador-chefe da empresa X fez um curso sobre negociação e criação de valor e dominou as ideias apresentadas nos Capítulos 2 e 3 deste livro. Ele aborda o negociador-chefe de Y com a seguinte oferta: e se X pagasse US$125 milhões anuais para a Y ficar fora do mercado? Como US$125 milhões é mais que os US$100 milhões que espera ganhar, Y estaria financeiramente melhor se não competisse com X nesse mercado. X também estaria em melhor situação, já que seu lucro atual de US$400 milhões, menos um pagamento de US$125 milhões para Y, excederia o lucro de US$180 milhões, caso Y entre no mercado.

Esta solução parece perfeita, não? Trabalhando juntos, X e Y aumentaram o bolo, criando US$120 milhões em valor. Que comece a festa!

Mas, espere um minuto. De onde veio esse valor "criado"? Infelizmente, dos consumidores doentes que agora devem continuar pagando US$4,05 por comprimido, em vez de US$2,55 ou US$3,05, os valores aproximados que pagariam se Y pusesse seu produto no mercado. Em outras palavras, os US$120 milhões não foram realmente *criados*; apenas transferidos dos consumidores para os produtores. Como esses acordos restringem a concorrência, a Comissão Federal de Comércio dos EUA (FTC, na sigla em inglês) — assim como entidades semelhantes em outros países — os considera ilegais. Se fossem permitidos, X e Y poderiam conspirar para criar valor à custa dos consumidores. James Gillespie e Max Bazerman usam o termo criação de valor parasita para descrever o que ocorre quando os negociadores criam valor, tirando-o de partes que não estão na mesa de negociação.[6] Consideramos a palavra "parasita" apropriada, pois os benefícios que os negociadores obtêm vêm à custa de terceiros.

Como isso é claramente ilegal, e a empresa X não poderia abordar a empresa Y com o tipo de acordo descrito, vamos considerar quão parasitária a criação de valor funcionaria no mundo real. Como pode parecer? Em uma variação do cenário descrito há pouco, a FTC processou as farmacêuticas ScheringPlough e Upsher-Smith, acusando-as de fazer um acordo que restringia o comércio. A Upsher-Smith planejava introduzir no mercado um genérico que ameaçaria o produto dominante da Schering-Plough (um suplemento de potássio chamado K-Dur). A Schering-Plough tentou barrar a entrada da Upsher-Smith com uma ação que a acusava de violar sua patente. As duas farmacêuticas chegaram a um acordo extrajudicial, especificando que a UpsherSmith deveria adiar sua entrada no mercado e que a Schering-Plough pagaria US$60 milhões por cinco produtos não relacionados.

Em seu processo contra as farmacêuticas, a FTC argumentava que os US$60 milhões não eram destinados a ser uma compensação justa pelos cinco produtos, mas um pagamento falso, para manter o genérico da UpsherSmith fora do mercado. Os advogados das farmacêuticas argumentaram que negociar múltiplas questões simultaneamente (combinando o acordo do litígio pendente, com a transação envolvendo os cinco outros produtos) ajudou a criar valor e a beneficiar a sociedade. Até mesmo contrataram um conhecido especialista em negociação para atestar que a criação de valor era benéfica para a sociedade.

Conhecemos bem esse caso, pois Max estava do outro lado, servindo como testemunha especialista para a FTC. A visão de Max, na época e agora, é de que havia ocorrido a criação de valor parasita: as empresas criaram valor para si mesmas, sem aparente preocupação com os efeitos nocivos de suas ações para os consumidores e, mais abertamente, para a sociedade. Na opinião de Max, as cinco patentes simplesmente funcionaram como pretexto.[7]

224 • Gênio da Negociação

Infelizmente, muitos dos exercícios de negociação conduzidos em seminários de treinamento, implicitamente encorajam os estudantes a se envolverem em criação de valor parasita. Em uma simulação comum, os alunos representam empresas em uma indústria com poucos participantes. Em várias rodadas, cada empresa deve decidir se cobra um preço alto ou baixo. Quando uma empresa cobra um preço alto e outra um preço baixo, a empresa de preço baixo ganha participação de mercado, à custa da empresa de preço alto. No entanto, o jogo está configurado de modo que ambas as partes estariam em melhor situação se ambas cobrassem preços altos. Tais exercícios são baseados no conhecido problema do *dilema dos prisioneiros*, no qual os jogadores individualmente se saem melhor jogando uma estratégia não cooperativa (estabelecendo um preço baixo), mas coletivamente melhor jogando com uma estratégia cooperativa (estabelecendo um preço alto).[8] Nessas simulações, os instrutores elogiam os alunos que descobrem como desenvolver um padrão de preços mutuamente alto que leva à criação bem-sucedida de valor para ambas as empresas. Dado o que sabemos sobre criação de valor parasita, é preocupante que grande parte desse treinamento ocorra sem nenhuma consideração de onde vem o lucro extra — do consumidor!

Quando usamos o termo "criação de valor parasita", não pretendemos insultar a maioria dos acordos de criação de valor, nem estamos nos opondo a empresas que cobram preços que o mercado aceita. Na maioria das vezes, a criação de valor deve ser permitida, mesmo quando vai impor custos às partes fora da mesa. Por exemplo, vemos a indústria farmacêutica dos EUA como uma das grandes histórias de sucesso do século passado. Se essas empresas não tivessem obtido lucros sólidos, muitos medicamentos que salvam vidas, reduzem a necessidade de cirurgia e aliviam a dor, não existiriam.

Por outro lado, qualquer análise que se concentre apenas nos lucros das farmacêuticas e ignore os danos causados aos consumidores seria incompleta — e possivelmente antiética. Acreditamos que essas empresas (e seus negociadores) devam considerar, da mesma forma que as leis antitruste, se estão criando valor social ou simplesmente ajudando umas às outras a extrair o máximo de dinheiro possível à custa do consumidor, ou de outras partes interessadas. Quando suas negociações afetarem pessoas que não estão à mesa, como consumidores ou gerações

Reconhecendo e Solucionando Dilemas Éticos • 225

futuras, certifique-se de que sua ética não seja limitada pela exclusão não intencional das preocupações dessas partes.

Como julgar se o valor criado em sua negociação beneficia a sociedade? Um critério para dizer que uma criação de valor é socialmente benéfica é quando o valor criado por ambas as partes na mesa excede os custos impostos a pessoas de fora; nesses casos, embora parte do valor criado possa vir de criação de valor parasita, o resultado geral ainda é um benefício líquido para a sociedade. De maneira geral, para permanecer alerta aos aspectos potencialmente parasitários da sua criação de valor, recomendamos que se faça as seguintes perguntas:

- Quais são todas as partes afetadas por este acordo?
- Como cada parte é afetada?
- Devo me preocupar com alguma dessas partes?
- Como os efeitos do acordo sobre as partes que não estão à mesa se comparam aos efeitos das partes envolvidas no acordo?

Terminamos essa seção com uma observação política. Um exemplo de criação de valor parasita legalizado, embora perturbador, diz respeito ao papel de grupos de especial interesse em eleições. Nos Estados Unidos, grupos de especial interesse, incluindo corporações, e organizações sem fins lucrativos, contribuem com grandes somas de dinheiro a campanhas políticas. Os políticos, em retribuição, fornecem aos grupos de especial interesse acesso ao governo federal e influência sobre as políticas. Os políticos se beneficiam, pois os fundos mantêm seus cofres de campanha cheios. E a vasta soma que os grupos de especial interesse gastam, ano após ano fazendo lobby, sugerem que estão recebendo um bom retorno de seus investimentos. De uma simples perspectiva de criação de valor, essa negociação alcança um ganho para todas as partes — a menos que você seja um cidadão comum sem um lobby poderoso! Idealmente, autoridades eleitas implementariam políticas sábias para todos, em vez de promulgar políticas distorcidas que beneficiam grupos de interesse, à custa da população em geral. Novamente, por muitas razões já discutidas neste capítulo sobre ética limitada, temos receio de que poucos políticos e lobistas, se algum, tenham dificuldade para dormir à noite. Eles têm muitas maneiras de justificar seus comportamentos, e pouco incentivo para questionar suas estratégias lucrativas.

REIVINDICAÇÃO EXCESSIVA
DE CRÉDITO

Após doze anos de casamento, Jim e Karen decidiram se divorciar. Felizmente são pessoas legais e concordaram em dividir seus bens de forma justa e evitar o conflito que poderia afetar negativamente seus dois filhos. Contrataram um advogado mediador, que pediu tanto a Jim quanto a Karen para dizerem, em particular, como os bens deveriam ser divididos.

"Acho que mereço 60% dos bens", Jim disse ao mediador. "No primeiro ano de casamento, eu recebi uma grande herança de um tio, o que nos ajudou bastante. Não teríamos conseguido pagar a entrada da nossa casa se não fosse por esse dinheiro. Então, acho que mereço um pouco mais do que Karen."

Depois, o mediador se encontrou em particular com Karen, que também acreditava que uma partilha de bens em 60–40 era o correto, mas não a favor de Jim. "Acho que eu deveria ficar com 60% e Jim com 40%. Afinal, ganhei quase o dobro do que Jim nos últimos doze anos."

Jim está sendo ganancioso? Ou Karen? Ambos estão pedindo por mais do que honestamente acreditam merecer? O divórcio afetou negativamente a ética deles? O mais provável é que, como resultado do egocentrismo (descrito no Capítulo 5), eles genuinamente acreditam que tenham contribuído mais para o casamento do que o fizeram de fato.

Reivindicar crédito em excesso pode atrapalhar a implementação e o progresso de uma série de associações, desde startups até casamentos. Como tendemos a nos comportar de maneira egoísta, mesmo pessoas honestas e bem-intencionadas são propensas a acreditar terem contribuído mais do que realmente o fizeram, e então fazer julgamentos morais sobre aqueles que discordam. Isso serve para alimentar o conflito. Então, quando nossos colegas dizem: "Minha equipe de vendas merece 70% de crédito pelo sucesso da corporação nos últimos dois anos", aceite o fato de que a pessoa realmente acredita que essa afirmação é verdadeira, mesmo que você tenha certeza que não. Se pressionada, ela provavelmente encontrará algum dado ou lógica (por mais frívolo que pareça a você), apoiando o que ela diz.

Na sociedade, reivindicar em excesso também pode causar grandes danos. Ao redor do globo, a superexploração devastou mercados de pesca que antes eram prósperos. Muitos nessa área colapsaram, e a incerteza considerável envolve a questão de quando e como retornarão a um nível sustentável. Uma parte significativa do problema pode ser rastreada até o fato de que diferentes grupos de pesca acreditam estar apenas pegando sua "parte justa".[9]

Como controlar a tendência psicológica natural de reivindicar em excesso? Max e seus colegas, Nick Epley e Eugene Caruso, recentemente pediram a um grupo de estudantes de MBA, de um prestigioso programa, para estimar a porcentagem de trabalho que haviam pessoalmente completado em seus grupos de estudo.[10] Em média, as reivindicações dos membros de cada grupo, quando reunidas, totalizavam 139%. Obviamente só poderiam chegar a 100%. Entretanto, os pesquisadores descobriram que a tendência de reivindicar em excesso diminuiu quando pediram aos membros do grupo para "desembalar" as contribuições alheias — isto é, quando pediram a eles para pensar nas contribuições de cada membro do grupo, não apenas na sua própria contribuição. A reivindicação excessiva não desapareceu completamente, mas caiu quase à metade; pensar de maneira consciente e explícita sobre as contribuições de cada pessoa reduziu a magnitude do viés. Se quiser diminuir a tendência dos membros do seu grupo ou equipe de reivindicar excessivo crédito ou contribuições, uma forma é levá-los a se concentrarem não apenas no que fizeram, mas no que cada pessoa, individualmente, também fez.

COLOCANDO EM PRÁTICA

A maioria das discussões sobre ética em negociação se concentra em escolhas deliberadas — se é ou não aceitável mentir, esconder informações, e assim por diante. Neste capítulo, enfatizamos que negociadores nem sempre estão cientes de que estão adotando um comportamento eticamente questionável.

Além disso, quanto mais ocupadas as pessoas, mais confiarão em processos automáticos de pensamento, e mais provável será que se envolvam em comportamentos antiéticos comuns.[11] Infelizmente, a maioria dos negociadores são pessoas ocupadas, para quem negociar é apenas uma das muitas tarefas que precisam completar no dia. Para piorar, há muito o que se pensar em uma negociação: como criar e reivindicar valor, como ser um bom negociador investigativo, como se defender de estratégias de influência etc. Como um negociador pode fazer tudo isso e ainda evitar ser vítima dos tipos de processos automáticos que levam a comportamentos antiéticos comuns?

Nossa perspectiva sobre ética limitada fornece conselhos específicos para gerenciar seu próprio comportamento ético, e para entender e gerenciar o comportamento alheio. Sobre seu próprio comportamento, alguns passos importantes incluem:

1. Se estiver em uma situação de conflito de interesses, fique extra vigilante. Na medida do possível, tente eliminar a fonte do conflito (por exemplo, recusando-se a tomar decisões em que tenha um conflito de interesse).

2. Esteja atento à possibilidade de estar discriminando inconscientemente. Fazer os Testes de Associação Implícita (mencionados anteriormente) pode ajudá-lo a compreender essa tendência natural. Em seguida, seja proativo e tome medidas para compensar sua propensão a recompensar aqueles a quem, implicitamente, favorece.

3. Sempre que sentir que criou valor, tente analisar de onde exatamente está vindo esse valor. Alguém fica em situação pior? Essa transação é aceitável para você?

4. Ao atribuir crédito, esteja atento para não pegar demais para si — nem para atribuir demais a quem você gosta. Especificamente, tenha cuidado com a tendência de superestimar os fatores e aportes nos quais você tem um desempenho forte e que o fazem parecer bem.

Você também pode usar sua compreensão de ética limitada para compreender melhor suas contrapartes na negociação e para desenvolver melhores relações. A seguir, três regras gerais para melhorar seu conhecimento para esse fim:

1. Analise as reivindicações de suas contrapartes e procure por vieses não intencionais.

2. Aceite o fato de que podem não estar cientes de sua ética limitada. Eles podem não notar que estão sendo influenciados

ou sendo parasitários em seus esforços para criar valor. Evite atribuições desfavoráveis. Quando alguém fizer uma afirmação que você não acredita, ou quando "criar" valor à custa de outros, evite rotular a pessoa como mentirosa ou desonesta. Em vez disso, ajude-a a ver as causas e consequências de seus julgamentos e comportamentos.

3. Por fim, se não puder ajudar sua contraparte a revisar a perspectiva enviesada, siga os conselhos dos capítulos 6 e 9, para elaborar uma resposta que leve em conta esses equívocos. Por exemplo, quando você acredita que um vendedor está superestimando a qualidade de um produto, em vez de se retirar da discussão ou acusá-lo de exagero, lide com esse comportamento antiético comum usando um contrato de contingência. Pergunte como a qualidade do produto pode ser medida, e atrele o pagamento ao desempenho. Se o vendedor estava sendo enganoso de propósito, recuará na afirmação. Mas se estiver envolvido em um comportamento antiético comum — acreditando em sua própria afirmação exagerada — aceitará sua cláusula de contingência (para seu benefício).

O GÊNIO DA NEGOCIAÇÃO ÉTICA

Reconhecemos que não há garantia de que você implementará facilmente essas recomendações. Esperamos, entretanto, termos convencido você de que um gênio da negociação *ética* é aquele que tenta eliminar os comportamentos antiéticos *não intencionais*, como também os mais óbvios. Só porque muitos desses comportamentos antiéticos não intencionais são comuns, não significa que sejam aceitáveis. Em nossa visão, ética na negociação se trata de lutar ativamente para ser uma pessoa melhor, e não de alcançar — e se contentar com — um *status quo* tolerável.

CAPÍTULO 11

Negociando de uma Posição de Fraqueza

Uma das questões que ouvimos com mais frequência de nossos alunos e clientes — muitos deles experientes peritos em negociação — é mais ou menos o seguinte: "As estruturas e estratégias que vocês nos apresentaram são ótimas, nos ajudaram bastante. Mas, o que fazer quando não se tem poder algum na negociação? É possível fechar um bom negócio, quando o outro lado tem todas as cartas?" Quando pedimos aos nossos alunos e clientes para explicar a situação, ouvimos muitas versões das mesmas histórias. Estas são as mais comuns:

HISTÓRIA 1:

"Em nosso negócio, clientes em potencial costumam nos dizer que temos de baixar nosso preço, e se não o fizermos, eles irão para a concorrência. Não parecem querer conversar sobre nada além de preço. E o fato é, eles *podem ir* para a concorrência e conseguir o que querem. Como podemos fazer um bom negócio nessas situações?"

HISTÓRIA 2:

"Recentemente recebi uma oferta de trabalho de uma empresa na qual gostaria de trabalhar. Um grande problema é que a remuneração não é tão boa quanto eu gostaria. Outro problema é que minha BATNA é péssima. Não

Gênio da Negociação

tenho outras ofertas e estou bem desesperado. Como negociar um melhor acordo?"

HISTÓRIA 3:

"Estou em uma disputa e o outro lado está ameaçando me processar. A ação judicial é totalmente inconsistente, mas se formos ao tribunal, eles podem prosseguir no litígio, e eu à bancarrota. Eles têm bastante dinheiro e podem facilmente arcar com um longo processo judicial. O que fazer?"

HISTÓRIA 4:

"Meu país é um figurante no cenário mundial. Quando se trata de negociar acordos internacionais, econômicos ou políticos, somos constantemente pressionados. Países mais poderosos desconsideram nossos interesses e praticamente temos que implorar por nossas maiores necessidades. Há algum meio de melhorarmos nossa posição?"

Como essas histórias demonstram, a fraqueza na negociação acontece quando a BATNA do outro é relativamente forte, e a sua é relativamente fraca. Já se sentiu preso a uma situação assim? Como se saiu? Por nossa experiência, a maioria das pessoas nessas situações, ou entra em pânico, ou rapidamente aceita a inutilidade de negociar nessas condições. Poucos fazem o necessário para negociar de maneira efetiva e melhorar seus resultados. Também notamos que aqueles que não pensam cuidadosa e sistematicamente sobre essas situações, e que não abandonam a estrutura de negociação desenvolvida neste livro, costumam ser capazes de alcançar resultados excelentes diante de probabilidades aparentemente impossíveis.

Neste capítulo, o ajudaremos a compreender os segredos desses gênios da negociação. Primeiro, apresentaremos estratégias que você pode utilizar, mesmo que tenha pouco poder. Depois, compartilharemos estratégias para subverter o equilíbrio de poder — isto é, como passar de fraco para forte em uma negociação.

NEGOCIANDO SEM PODER

Provavelmente não há nada que cause mais ansiedade para negociadores do que a sensação de desespero de não ter nenhuma alternativa. A situação apenas piora quando se percebe que o outro lado não está ansioso, como você, pelo acordo. Esteja você negociando os detalhes de sua única oferta de emprego ou um contrato com o único vendedor que pode fornecer o que você desesperadamente precisa, saber que um "sem acordo" seria desastroso e pode colocar bastante pressão. Infelizmente, essa ansiedade pode fazer com que você abandone as esperanças de criar ou reivindicar valor e a perder de vista a necessidade de se preparar e praticar as negociações de maneira completa e sistemática. Em vez disso, você começa a se concentrar em fechar negócio de qualquer forma. Embora seja injusto de nossa parte dizer que não há razão para se preocupar em situações como essa, também seria injusto — e bastante impreciso — sugerir que há pouco a se fazer para melhorar resultados. Considere as seguintes estratégias:

ESTRATÉGIA 1: NÃO DEMONSTRE FRAQUEZA

Relembre a história que apresentamos no Capítulo 1, na qual o coordenador de campanha do presidente Roosevelt estava negociando com um fotógrafo sobre a quantia pelo uso de três milhões de cópias de uma fotografia. O problema era que as cópias da campanha já tinham sido impressas, e o fotógrafo (detentor dos direitos da foto) tinha o direito de cobrar US$1 por cópia. A BATNA do coordenador da campanha era bastante fraca: se um preço razoável não pudesse ser negociado, teriam de jogar fora os panfletos ou enfrentar um processo. Nada disso se concretizou. O coordenador não apenas assegurou o direito de usar a fotografia, como o fotógrafo ainda ofereceu *pagar* US$250 para consumar o acordo.

A chave para o sucesso nessa história: a posição do coordenador de campanha era fraca, mas o fotógrafo não sabia disso. Se soubesse que as três milhões de cópias já haviam sido impressas, o fotógrafo entenderia sua posição de poder e poderia negociar um acordo mais lucrativo.

A lição óbvia: ter uma BATNA fraca não é terrivelmente problemático se o outro lado não sabe disso. Se você tem uma BATNA fraca, não faça alarde!

Surpreendentemente, muitas pessoas não seguem esse conselho; de fato, costumam tornar sua posição pior, ao inadvertidamente revelar a fraqueza de sua BATNA. Você faz isso toda vez que diz ao seu cliente que "tempo é essencial" ou que "podemos nos encontrar quando quiser". Muitas vezes, é importante demonstrar que você está com pouco tempo ou que tem uma agenda flexível. Mas é possível transmitir as mesmas mensagens sem deixar seu desespero transparente. Por exemplo, você pode dizer que "preferimos avançar rapidamente" ou que "temos flexibilidade para nos encontrarmos com você". Quando se está sob pressão e concentrado nas fraquezas da BATNA, é preciso relembrar o uso de uma linguagem menos reveladora.

ESTRATÉGIA 2: SUPERE SUAS FRAQUEZAS POTENCIALIZANDO AS FRAQUEZAS ALHEIAS

Recentemente, um estudante executivo veio a Deepak pedir ajuda em uma negociação. Ele estava tentando vender sua participação de 50% em uma empresa para seu sócio, que controlava os outros 50%. O vendedor (aluno de Deepak) estava se concentrando no desespero da situação: ele precisava logo do valor e seu sócio era o único comprador viável de suas ações. A primeira coisa que queria discutir era até que ponto ele deveria estar disposto a desvalorizar suas ações para fazer o negócio acontecer. "Quanto devo estar disposto a baixar?", perguntou.

Em nenhum momento ele considerou quanto as ações poderiam valer para seu parceiro de negócios — isto é, qual o preço que o comprador poderia estar disposto a pagar. Quando Deepak começou a apontar essa direção, ficou claro que o parceiro de negócios tinha muito a ganhar comprando a outra parte: o sócio tinha bastante dinheiro e há muito tempo desejava levar a empresa para novas direções, às quais o vendedor resistia, e a compra das ações daria controle total sobre o futuro da empresa. À medida que a conversa prosseguia, o aluno começou a perceber que não era o único "fraco"; o comprador também era fraco, embora por razões muito diferentes. Focar esses fatores ajudou o vendedor a aumentar seu alvo e mudar a trajetória da negociação. Em suas discussões com o comprador, ele destacou os muitos benefícios para o comprador fazer essa aquisição, minimizou seu próprio desespero e ancorou agressivamente em sua oferta inicial. Qual o resultado? Os dois lados chegaram a um acordo, no qual o estudante vendeu apenas 40%

da empresa para seu sócio — a um preço total mais alto do que originalmente esperava receber pelos 50%.

Esta história destaca a distinção entre negociadores que se concentram apenas em sua própria BATNA e aqueles que avaliam a BATNA do outro lado. Se a BATNA alheia for fraca, isso significa que você traz muito valor para o negócio — e deve ser capaz de reivindicar parte (ou muito) desse valor. Em outras palavras, ter uma BATNA fraca não é particularmente problemático, se a BATNA do outro lado também o for.

Considere novamente o sucesso do coordenador de campanha de Roosevelt. Imagine que o fotógrafo tivesse descoberto que a BATNA do coordenador era muito fraca. Isso garantiria um bom resultado para o fotógrafo e um resultado ruim para o coordenador de campanha? Não necessariamente — pois a BATNA do fotógrafo também era fraca! Em um caso "sem acordo", a campanha arcaria com os custos de reimpressão dos três milhões de panfletos, mas o fotógrafo também perderia a oportunidade de ("uma vez na vida") obter uma enorme exposição pública por seu trabalho artístico.

O que normalmente acontece quando ambos os lados estão em uma posição de fraqueza? Se relembrar a estrutura fundamental desenvolvida no Capítulo 1, você reconhecerá que quando ambas as partes têm uma BATNA fraca, significa que o ZOPA é grande. Em outras palavras, muito valor é criado quando os dois lados chegam a um acordo. Quem reivindica mais desse valor? Normalmente aquele que entende os fundamentos e potencializa as estratégias que discutimos no Capítulo 1. Nesse caso, quem se sai melhor é quem torna a fraqueza do outro lado mais evidente ao longo da negociação. Ao focar a oportunidade de publicidade do fotógrafo, o coordenador de campanha conseguiu garantir um ótimo resultado para sua equipe. Enquanto isso, o fotógrafo estava tão concentrado na perspectiva de perder uma grande oportunidade, que não considerou o valor que poderia trazer para a campanha de Roosevelt.

ESTRATÉGIA 3: IDENTIFIQUE E POTENCIALIZE SUA PROPOSTA DE VALOR DISTINTO

Empresas que prestam serviços a outros negócios (como consultorias, empresas de *offshore*, fornecedores de *quasi-commodities*, profissionais

236 ● Gênio da Negociação

de construção e paisagismo etc.), muitas vezes se encontram em uma posição de fraqueza. Uma reclamação comum: "Em nosso setor, nossos clientes realizam um leilão para cada negócio. Pedem lances e aceitam o menor. Não há oportunidade de criar valor introduzindo múltiplas questões. Nossos clientes nos dizem que devemos baixar ainda mais nossos preços, caso contrário, irão para nossos concorrentes."

Esses negociadores estão presos à barganha de apenas uma questão (geralmente preço) em uma arena na qual seus concorrentes podem efetivamente competir nessa questão. Embora essas situações representem um exemplo muito específico de "fraqueza", dedicamos atenção especial a elas aqui porque estão entre os problemas mais comuns que nossos alunos e clientes enfrentam.

Como criar e reivindicar valor quando sua contraparte (normalmente, seu cliente) está interessada apenas em discutir preços? Em muitas dessas situações, você pode melhorar suas perspectivas mudando o jogo que está sendo forçado a jogar. Considere que, na negociação, sua capacidade de legitimamente *reivindicar* valor é uma função de sua capacidade de *criar* valor. Se você não trouxer nada que o outro lado não possa obter em outro lugar, sua oferta não será melhor do que a BATNA deles. Em outras palavras, a ZOPA é pequena ou inexistente. Por que iriam querer fazer negócio com você?

A boa notícia é que, com frequência, você traz algo à mesa que o distingue de sua concorrência. É sua *proposição de valor distinto* (DVP, na sigla em inglês), e não precisa ser um preço mais baixo. Você pode ter um melhor produto, um serviço de mais qualidade, uma melhor reputação, uma marca forte, ou uma série de outros pontos fortes que seu cliente valoriza e que você pode fornecer de maneira mais efetiva, ou barata, que seus concorrentes. Tenha em mente que sua DVP não é apenas algo que você *acha* que seu cliente deve valorizar, mas algo que *realmente* valoriza. Se você traz elementos de valor adicional ao negócio, tem a possibilidade de utilizá-los para ter o que deseja (por exemplo, uma alta margem, negócios frequentes etc.). A chave é descobrir como tornar sua DVP um fator da negociação. Isso pode ser difícil quando se está preso em um leilão de preço, quando o outro lado parece desinteressado em discutir qualquer outra questão, ou quando não está familiarizado com o princípio de criação de valor, ao negociar múltiplas questões. Felizmente, todos esses obstáculos são contornáveis. As quatro estratégias a seguir podem ajudar a tornar sua DVP um fator, na próxima vez em que participar de uma negociação ou leilão:

Submeta múltiplas propostas. Nem sempre é possível mensurar adequadamente, antes de uma oferta, se o cliente tem algum interesse além do preço baixo. Por essa razão, licitantes geralmente se perguntam se devem oferecer o preço mais baixo possível ou um preço ligeiramente mais alto que inclua recursos adicionais (como um produto de maior qualidade ou serviços extras). Da próxima vez, tente as duas coisas! Em vez de submeter uma proposta, considere fazer duas ou três simultaneamente, uma estratégia que inicialmente descrevemos no Capítulo 3. Por exemplo, uma proposta pode ter preço e serviço baixos, enquanto outra, mais altos. Caso o cliente valorize o serviço, apreciará saber que pode ter uma atenção extra de sua empresa por um custo adicional. Essa estratégia também aumentará suas chances de submeter uma oferta vencedora: se apenas valorizarem preço, sua oferta mais baixa será competitiva; se valorizarem outras características, sua oferta mais alta será competitiva.

Baixe sua oferta apenas o suficiente para ir para uma segunda rodada. Uma razão pela qual muitas empresas fazem leilões de preço é que existem muitos vendedores em potencial para se escolher. Mas nem todos os leilões terminam com um contrato assinado. Muitas vezes, o leilão é elaborado simplesmente para "estreitar o campo". Por exemplo, um cliente pode convidar dez ou mais empresas para orçar um projeto, e então reduzir a lista a duas ou três empresas que deram ofertas mais baixas. Então, estas são convidadas para negociações individuais. Nossos colegas de Harvard, Guhan Subramanian e Richard Zeckhauser cunharam o termo *negotiauction* (negociação-leilão, em tradução livre) para descrever esse processo de dois estágios.[1] Nessas situações, você não precisa submeter a menor oferta; em vez disso, apenas uma oferta baixa o suficiente para passar a barreira inicial, e então criar valor negociando múltiplas questões com o cliente.

Tenha em mente que seus clientes não necessariamente precisam formalmente "anunciar" uma *negotiauction* (muitos nem conhecem o termo) ou explicar as regras antes da hora. Mas, ainda podem seguir esse processo. Além disso, muitos clientes estarão dispostos a discutir propostas de múltiplas questões, mesmo após o fim do leilão, se você

238 • Gênio da Negociação

for um licitante "barato o suficiente". Assim, geralmente é uma boa ideia se aproximar de seus clientes após ter "perdido" um leilão, para ver se você está em posição de oferecer algum pacote que valorizem.

Recentemente, um de nossos alunos nos descreveu como sua empresa acabou perdendo para essa estratégia. Ele estava competindo contra outras cinco empresas, todas visando o mesmo cliente premiado que planejou um leilão, anunciando que duas das cinco empresas iriam à etapa final das negociações. A empresa do aluno foi uma das que avançaram. "Estávamos bastante empolgados", relembrou o estudante. "Sabíamos como posicionar nossa empresa com relação ao concorrente remanescente, e estávamos confiantes de que o negócio seria nosso. Mas o perdemos para um concorrente que sequer passou para a etapa final!" Enquanto nosso aluno e seus colegas celebravam, a equipe de vendas dessa terceira empresa se aproximou do cliente e fez uma oferta para fornecer um melhor acordo, independentemente do leilão.

Tire o agente do jogo. Uma queixa comum entre negociadores forçados a competir apenas por preço é esta: "Somos um parceiro de alto valor para nosso cliente. Infelizmente, ele utiliza um agente de aquisições para negociar seus acordos, e esse agente é remunerado inteiramente com base no preço baixo que negocia. Sabemos que estamos presos em um leilão no qual a única coisa que importa é quem pode fornecer o produto mais barato. Nós perdemos — e o cliente também. O único vencedor é o agente de aquisições!"

Intermediários como agentes de aquisições — cujos incentivos nem sempre estão alinhados com aqueles que o contrataram para negociar por eles — constituem uma das maiores barreiras para um negócio efetivo. Mas há meios de impedir esses intermediários de arruinarem a negociação. A seguir, duas estratégias para fazer isso, com base na experiência de sucesso de nossos estudantes executivos e clientes:

- *Envie uma cópia de suas propostas ao cliente.* Alguns meses atrás, um de nossos alunos decidiu tentar a estratégia de submeter múltiplas propostas ao agente de aquisições, e assim submeteu uma oferta de valor-alto/preço-alto e outra de valor-baixo/preço-baixo. Sua oferta de preço baixo foi aceita. Algumas semanas depois, ele descobriu, em uma conversa com o cliente, que este nem mesmo soube da proposta de alto valor! Em outras palavras, o agente, convenientemente, a eliminou da lista final submetida ao cliente. Tendo aprendido com essa experiência, nosso aluno agora tem o hábito de enviar a seus clientes ("como cortesia") uma cópia de qualquer proposta submetida ao agente de aquisições. "Mesmo que o cliente escolha não ver a informação que enviei", explica nosso aluno, "apenas o fato de estar na mesa do chefe faz o agente de aquisições pensar duas vezes antes de tentar descartar minha proposta de alto-valor."

- *Negocie um acordo pós-acordo com o cliente.* Quando nossos clientes e estudantes executivos nos dizem que a pressão do agente está fazendo-os deixar de lado uma proposta de valor distinto para baixar o preço, geralmente dizemos para não se preocuparem. Geralmente, agentes de aquisições saem de cena assim que tenham servido ao propósito (mesmo que autosservido) de escolher um vendedor. Se você realmente for capaz de criar valor adicional para o cliente (além do corte de preço), você estará em uma posição de força para apresentar sua proposta quando estiver lidando com a parte que se beneficiará ao ouvi-lo. Em outras palavras, não presuma estar preso em um acordo ineficiente; se ambos os lados podem ficar melhores, você pode sempre revisar o acordo após ter ganhado o negócio.

Eduque seus clientes entre acordos. Com que frequência você se comunica com seus clientes (ou clientes em potencial) quando não há negócio potencial na mesa? Você pode enviar um cartão de boas festas uma vez ao ano, mas com que frequência se aproxima para mostrar sua capacidade de provê-lo com novas fontes de valor? Se você é como a vasta maioria dos negociadores, gasta pouco (se algum) tempo fazendo isso. Porém, se seus clientes não compreendem sua proposição de valor distinto, é exatamente o que você deveria estar fazendo. Não deveria ser surpresa que seus clientes valorizarão suas informações e percepções principalmente quando têm tempo para ouvi-lo, quando estão menos preocupados em cortar custos e quando não estão sob pressão para se comprometer com nada. Essas condições geralmente ocorrem quando não há negócio na mesa — isto é, quando eles provavelmente não

240 • Gênio da Negociação

desconsiderarão seus comentários, em uma tentativa de manipulá-los. No meio de um leilão, preocupações com prazo, custos e pressão para tomar uma decisão final trabalham contra você. Mas quem procura seus clientes (e potenciais clientes) *entre* os leilões tem a possibilidade de construir relacionamentos, conhecer seus interesses e, o mais importante, tornar seu DVP um fator na *próxima* negociação ou leilão. A maioria dos clientes está disposta a discutir esses assuntos abertamente e apreciará seu desejo de compreender suas necessidades. Pelo menos em alguns casos que conhecemos, os fornecedores conseguiram antecipar totalmente os próximos leilões de seus clientes; ao sinalizar interesse em entender e atender às necessidades dos clientes e negociar várias questões simultaneamente, eles conseguiram fechar negócios, antes mesmo de irem a leilão! Isso não deveria ser muito surpreendente: ambos os lados podem se beneficiar ao se engajar em negociações que vão além das discussões sobre preço. Às vezes, tudo o que o cliente precisa é de um pouco de encorajamento — ou educação — para empurrá-lo na direção de seus próprios interesses.

ESTRATÉGIA 4: SE SUA POSIÇÃO É MUITO FRACA, CONSIDERE ABANDONAR O POUCO PODER QUE VOCÊ TEM

Muitos anos atrás, quando Deepak estava no último ano da faculdade, recebeu uma oferta de emprego de uma empresa de consultoria. Ele adorou a oferta, com um porém: o salário era menor do que esperava. Deepak ligou para o gerente de RH e perguntou se os salários eram negociáveis. O gerente disse que não, mas se ofereceu para marcar um almoço com o sócio-gerente, para que Deepak pudesse discutir quaisquer questões que o preocupassem. No almoço, após uma hora de conversa agradável, o sócio-gerente explicou que a empresa calculava os salários iniciais usando uma fórmula muito simples, na qual apenas três fatores importavam: a faculdade que o novo contratado frequentou, sua formação acadêmica e sua experiência profissional anterior. Como já haviam considerado esses fatores, não podiam aumentar o salário de Deepak.

Deepak sabia que tinha muito pouco poder na negociação: nenhuma oferta melhor para usar como trunfo e a estimativa de que "esperar por mais" resultaria em pouco ou nenhum aumento de salário. Ele decidiu tentar um tipo totalmente diferente de estratégia.

Deepak respondeu dizendo que entendia essa perspectiva, que realmente amava a empresa e que definitivamente aceitaria a oferta. Dito isso, continuou Deepak, o sócio-gerente estaria disposto a continuar a discussão sobre salário? Com consentimento, Deepak apresentou um extenso argumento que se resumia ao seguinte: ele traria mais valor para a empresa do que a fórmula simples sugeria. Concluiu enfatizando que o salário não era o mais importante para ele — já havia aceitado a oferta, porque estava muito empolgado com a oportunidade de trabalhar na empresa —, mas o salário era, sem dúvida, *uma* questão, como seria para qualquer jovem começando a vida. Se houvesse alguma ajuda que a empresa pudesse lhe dar, seria muito apreciada.

O sócio-gerente gostou do que ouviu e prometeu a Deepak que pelo menos pensaria um pouco sobre essa perspectiva. No dia seguinte, o sócio ligou para Deepak para dizer que a empresa lhe daria um aumento de 10% no salário, pois haviam "dado outra olhada em sua experiência de trabalho (de verão) e decidiram que isso provavelmente deveria ter recebido mais peso em primeiro lugar".

Esse foi realmente o motivo do aumento? Deepak acha improvável. A razão mais provável é uma percepção simples, mas significativa, a respeito do poder: se você tem pouquíssimo poder, pode ser melhor abandoná-lo totalmente. Dizendo de outra forma, se você não pode sobrepujar o outro lado em uma negociação, pode querer parar de tensionar seus músculos e, em vez disso, simplesmente pedir para ele ajudá-lo. Quando negociadores tentam alavancar seu poder, outros retribuem. Esse padrão pode ser desastroso quando se é a parte mais fraca. Mas quando você deixa claro que não tem intenção de lutar nem de negociar agressivamente, os outros também podem suavizar a postura. Assim que o sócio-gerente decidiu ajudar Deepak, ele simplesmente precisava encontrar uma maneira de justificar sua decisão. Depois de encontrar uma maneira, Deepak conseguiu o que queria.

ESTRATÉGIA 5: ELABORE ESTRATÉGIAS COM BASE EM TODO O SEU PORTFÓLIO DE NEGOCIAÇÕES

Recentemente, Max prestou consultoria a uma empresa de um setor em que as margens de lucro caíram, de cerca de 20%, para menos de 5%, na última década. Essa queda nas margens deveu-se a um aumento de novos entrantes no mercado e a uma percepção crescente entre os

242 ● Gênio da Negociação

clientes de que os concorrentes no setor seriam intercambiáveis. Em uma tentativa de saber mais sobre a empresa e o setor, Max perguntou aos executivos da empresa com que frequência eles simplesmente se recusavam a reduzir suas margens abaixo de 10%. Em outras palavras, com que frequência arriscaram perder o negócio, na esperança de obter uma margem de lucro maior? Os executivos responderam que já se foram os dias em que podiam ser tão duros — eles precisavam de cada dólar de receita que pudessem obter. Max então pediu que estimassem a porcentagem que perderiam de seus negócios se esperassem margens de 10%. A estimativa: pelo menos 25%. Nesse ponto, Max simplesmente recomendou fazer uma conta: "Se vocês dobrarem suas margens (de 5% para 10%)", observou Max, "e perderem até 49% do negócio, ainda estarão melhores, em termos de resultado geral de lucro".

Os resultados dessa simples análise surpreenderam os executivos. Mas essa surpresa não é, de fato, surpreendente. Muitas vezes, quando os negociadores estão míopes, focados na negociação atual, a estratégia que adotam não é eficaz para seu portfólio de negociações. Se você tivesse apenas um negócio em vista, faria sentido reduzir suas margens o necessário para consegui-lo; afinal, qualquer quantia é preferível a dinheiro nenhum (assumindo que dinheiro nenhum é o que você obterá ao buscar sua BATNA). Mas, como geralmente há várias negociações a serem consideradas, é necessária uma estratégia que faça sentido para todo o seu portfólio de negociações. Se você vai negociar muitos acordos com muitos clientes diferentes, pode estar disposto a perder dinheiro em alguma negociação (pois esperou uma margem maior e perdeu o negócio) para ganhar ainda mais dinheiro em outra negociação (pois esperou uma margem maior e eles aceitaram). Melhor ainda, se você puder distinguir entre os negociadores que aceitarão uma margem mais alta e aqueles que não aceitarão — e se puder justificar a cobrança de preços diferentes para clientes diferentes — poderá aumentar ainda mais os lucros, cobrando apenas margens mais altas àqueles que podem pagá-las.

A chave é analisar as suposições implícitas que você faz ao formular sua estratégia de negociação. Você pode se considerar "fraco" se medir força apenas como a capacidade de pressionar qualquer negociação sem perder o negócio. Mas pode descobrir que, na verdade, é bastante "forte" quando começar a pensar em sua capacidade de suportar a perda de alguns negócios, por estar maximizando o valor de todo o seu portfólio de negociações. Quando considera todo o seu portfólio, é muito mais fácil imaginar correr riscos maiores, manter os clientes para os quais você pode agregar mais valor e se tornar mais lucrativo.

ALTERANDO O EQUILÍBRIO DE PODER

Fraqueza é sempre frustrante, mas principalmente quando o outro lado reconhece o valor que você cria, e ainda assim o pressiona — simplesmente porque é maior e mais forte, e pode fazer o que quiser. Talvez seu maior cliente pense que tem o direito de fazer exigências onerosas de último minuto, ou de ignorar algumas responsabilidades contratuais. Ou talvez um concorrente tenha decidido processar você por infringir uma patente — um caso de pouca credibilidade, mas que eles podem litigar ao máximo, por terem dinheiro no bolso. Implicitamente, esses valentões dizem que, se você quiser permanecer no negócio, terá que jogar de acordo com as regras. Em alguns casos, proprietários de pequenos negócios são feitos reféns por seus *funcionários*; o maior vendedor pode ser rude, pouco profissional e muito bem remunerado, mas se deixa a empresa e se une à concorrência, perderá metade dos negócios.

Em cada uma dessas situações, suas perspectivas parecem desoladoras, por dois motivos. Primeiro, você está em uma posição de fraqueza. Segundo, está lidando com uma pessoa ou organização insensível às suas necessidades e totalmente voltada à busca dos próprios interesses. Como negociar em tais circunstâncias? Comece considerando as várias estratégias que desenvolvemos anteriormente para negociar sem poder. Se não forem suficientes, considere aplicar uma diferente e potencialmente poderosa opção: alterar o equilíbrio de poder a seu favor. Como demonstraremos, algumas negociações não requerem que melhoremos nossa habilidade no jogo como ele foi definido, mas que alteremos a natureza do próprio jogo. As seguintes estratégias o ajudarão a virar a mesa sobre os valentões e alcançar resultados muito superiores aos esperados.

ESTRATÉGIA 1: AUMENTE SUA FORÇA CONSTRUINDO COALIZÕES COM OUTRAS PARTES FRACAS

Em seu livro, *Negociando Racionalmente,* Max Bazerman e Margaret Neale contam como Lee Iacocca, então CEO da Chrysler, encontrou um meio de mitigar as fraquezas de sua empresa ao construir uma coalização com outras partes fracas: seus competidores norte-americanos.[2] Em 1986, as três fabricantes montadoras norte-americanas (General Motors, Ford e Chrysler) estavam envolvidas em uma competição pouco saudável, cada uma tentando aumentar sua participação no mercado, por meio de descontos. Cada vez que uma empresa anunciava um desconto, as outras duas corriam para aumentar seus próprios descontos. Em pouco tempo, as montadoras estavam perdendo dinheiro, basicamente, com cada carro que vendiam! Iacocca reconheceu que devido a essa escalada, as fabricantes estavam em uma posição muito fraca em relação aos consumidores. Ele decidiu pôr um fim nisso, anunciando à imprensa que a Chrysler descontinuaria seu programa de descontos — mas que se qualquer uma das outras duas empresas continuasse a oferecer descontos, a Chrysler os igualaria. Essa ação ajudou a acabar com a guerra de descontos, interrompeu a erosão de lucros do setor e devolveu a lucratividade às três montadoras norte-americanas.

Por que a estratégia de Iacocca foi eficaz? Porque transferiu o poder dos compradores para os vendedores. Quando uma empresa se oferece para igualar as ofertas de seus concorrentes, isso pode se tornar um *péssimo* negócio para os consumidores; tais iniciativas eliminam o incentivo que os concorrentes têm de baixar seus preços (ou oferecer descontos) para atrair clientes. Como resultado, as três montadoras norte-americanas, que não podiam mais ser comparadas apenas pelo preço, ganharam poder de barganha.

Você pode usar a mesma estratégia — construir coalizões com outras partes fracas — em suas próprias negociações. Considere que, quando seu cliente tem muitas outras empresas de quem pode comprar, você está em uma posição fraca, mas cada um de seus concorrentes também está. Quando seu chefe tem a opção de contratá-lo ou demiti-lo, você está em posição de fraqueza, mas cada um de seus colegas de trabalho também. E se seu país é pequeno e tem pouca voz em negociações internacionais, ele está em uma posição de fraqueza, mas muitos outros países pequenos também estão. Felizmente, para aqueles com pouca força em suas negociações, às vezes é possível mudar o equilíbrio de poder, ao se alinhar com essas outras entidades fracas.

Por exemplo, ao negociar com a administração, os funcionários geralmente se unem para formar sindicatos. Se uma empresa negociasse com um funcionário de cada vez, poderia ameaçá-lo com uma possível contratação de outra pessoa, caso as exigências do funcionário fossem percebidas como excessivas. Quando os funcionários negociam coletivamente, no entanto, evitam competir uns contra os outros. Geralmente, o resultado é um salário acima do mercado para todos os funcionários. Esse processo efetivamente transfere poder e dinheiro dos acionistas para os funcionários. Uma lógica semelhante levou muitas pequenas empresas nos Estados Unidos a negociar coletivamente com seguradoras para reduzir o custo do seguro saúde e levou muitos pequenos agricultores em países em desenvolvimento a formar "cooperativas" que lhes permitem negociar preços mais altos para levar seus produtos ao mercado.

No campo das relações internacionais, um exemplo vívido do poder das coalizões surgiu durante as negociações da Organização Mundial do Comércio de 2003, em Cancún, no México. Descontentes com a contínua falta de atenção dada às questões que preocupam os países em desenvolvimento (como a redução de tarifas e subsídios agrícolas), 21 países "fracos" se uniram para criar o Grupo dos 21. Este grupo está agora em uma posição muito mais forte para negociar os interesses de seus membros do que qualquer nação-membro estaria por conta própria.

Em cada um desses exemplos, a construção de coalizões entre as partes mais fracas levou a um enfraquecimento da BATNA do lado anteriormente mais poderoso. Quando você constrói — e consegue sustentar — uma coalizão com outras partes fracas, você torna difícil para o outro lado colocar uma parte fraca contra a outra, ou ameaçar com um possível abandono do acordo.

ESTRATÉGIA 2: APROVEITE O PODER DE SUA EXTREMA FRAQUEZA — PODEM PRECISAR DE VOCÊ PARA SOBREVIVER

Em 1919, após o fim da Primeira Guerra Mundial, os líderes das forças aliadas vitoriosas (principalmente Estados Unidos, Grã-Bretanha e França) se reuniram em Paris para conduzir muitos meses de negociações que determinariam o destino da Europa e de várias partes do mundo. Muitos dos países afetados pela guerra foram convidados a fazer apelos e argumentos aos Aliados sobre seu destino. A maioria desses argumentos dizia respeito à reformulação das fronteiras geográficas. As negociações levaram ao nascimento de algumas novas nações,

246 ● Gênio da Negociação

bem como à reformulação das fronteiras existentes, o que favorecia alguns países e prejudicava outros. A maioria das nações que ganharam território haviam sido fortes aliadas dos vencedores e podiam, assim, justificar a reivindicação dos "espólios" da guerra. Mas entre os que lucraram com essas negociações estava um país fraco que havia contribuído relativamente pouco para o esforço de guerra dos Aliados: a Romênia. Quando as negociações terminaram, esse país havia praticamente dobrado de tamanho. Como isso foi possível? Por que a Romênia conseguiu reivindicar tanto valor, tendo feito tão pouco, se é que fez alguma coisa, para criar valor?

O poder da Romênia não residia em sua força, mas em sua fraqueza. Veja o porquê: Quando a guerra terminou, o que se considerava a maior ameaça aos Aliados (em particular, Grã-Bretanha e Estados Unidos) não era a ressurgência do inimigo derrotado, mas o comunismo, filosofia política, então fortalecida pela Revolução de Outubro de 1917, na Rússia. Devido ao grande medo do potencial avanço do comunismo pelo Ocidente, a Romênia, localizada imediatamente a oeste da Rússia, logo tornou-se uma importante questão a se considerar. Se o país caísse, o comunismo ganharia outra grande posição na Europa. Os líderes da Romênia não queriam que isso acontecesse; mais importante, sabiam que as forças aliadas não queriam que isso acontecesse — e assim foram capazes de extrair mais valor das negociações pós-guerra do que "mereceriam" de outra forma. O argumento romeno pode ser simplificado da seguinte maneira: nos dê o que queremos ou permaneceremos fracos; consequentemente, seremos destruídos e vocês sofrerão as consequências.

Dinâmicas similares também ocorrem em contextos de negócios. Em um caso, duas empresas que haviam assinado um acordo de *joint venture* (JV) se viram envolvidas em uma amarga disputa quando uma delas, ansiosa pela crescente presença da outra em um mercado em que competiam, a ameaçou com um processo de violação de patente. A acusada sabia que o caso era inconsistente, mas também sabia que a parte queixosa, uma empresa muito maior, poderia arcar com o litígio até a acusada ir à falência. Apesar de sua situação aparentemente precária, a acusada conseguiu convencer a parceira de JV a deixar o processo, para fazer um acordo mutuamente aceitável. Seu argumento foi essencialmente o seguinte: "Se nos levar ao tribunal, você tem o poder de nos levar à falência. Claro que não queremos isso. Mas vamos também pensar no que isso significa para você: a perda de um parceiro valioso. Seria melhor para nós dois deixar de lado a ameaça de litígio sobre a patente, e ver se conseguimos um acordo que nos permita continuar usando a tecnologia em disputa, de modo que vocês se sintam mais seguros sobre sua posição no mercado, e para nós continuarmos um relacionamento de criação de valor que capitalize nossas sinergias."

Qual é o princípio subjacente a essa estratégia? Se você cria valor para os outros, ganha ao menos algum poder para reivindicar valor para si mesmo — independentemente de o outro lado desejar recompensá-lo pelo que traz à mesa. Em casos extremos, quando pressionam muito, podem machucar a si mesmos. Podem não reconhecer isso, entretanto, e por isso é importante relembrá-los de que força não é simplesmente mensurável por "o que você pode forçar os outros a fazer" ou "quão fácil você pode tornar a vida alheia miserável"; em vez disso, pode ser melhor mensurada por "qual valor você pode criar para os outros". Assim, costuma ser útil dizer ao "valentão" da negociação que uma demonstração de força excessivamente forte pode ser contraproducente: "Se me pressionar muito, você me destruirá — e perderá um parceiro de criação de valor."

ESTRATÉGIA 3: COMPREENDA — E ATAQUE — A FONTE DO PODER

Por muitos anos, as clínicas médicas da Planned Parenthood, nos Estados Unidos, enfrentaram um problema recorrente. De vez em quando, manifestantes antiaborto protestavam do lado de fora das clínicas, na esperança de desencorajar mulheres a entrar. A estratégia parecia funcionar muito bem; muitas mulheres que visitariam as clínicas ficavam assustadas com a perspectiva de passar por uma grande multidão empunhando cartazes e lançando insultos. Deixando de lado os elementos morais e políticos desse conflito, como as clínicas poderiam lidar, estrategicamente, com o problema do número de protestantes intimidadores?

Várias clínicas da Planned Parenthood, em todo os EUA, adotaram uma estratégia particularmente criativa de contra-ataque, geralmente referida como "Pague-um-Protesto". Funciona assim: a clínica pede que seus apoiadores façam doações a ela, com base em *cada protestante*. Quanto mais protestantes aparecem em frente à clínica, mais dinheiro ela consegue via doações! Por exemplo, se alguém doa 50 centavos por cada protestante, e 100 deles aparecerem, o apoiador doará US$50 à clínica. Muitas clínicas utilizaram essa estratégia para reduzir efetivamente o número de pessoas em um protesto, e algumas levantaram dezenas de milhares de dólares em doações. A Planned Parenthood of Central Texas (PPCT), em Waco, até instalou uma placa do lado de fora da clínica informando: "Até os Protestantes Apoiam a Planned Parenthood."

Como essa história de Pague-um-Protesto revela, não é suficiente reconhecer as forças e fraquezas de cada lado. Também é fundamental compreender a *fonte* dessas forças e fraquezas. Quando as clínicas Planned Parenthood compreenderam que a fonte do poder de seus oponentes era reunir grande quantidade de protestantes fora da clínica, foram capazes de pensar em uma nova maneira de diminuir os benefícios disso acontecer.

Um aluno de Deepak, que possui uma empresa de construção civil de grande sucesso, recentemente usou essa estratégia para lidar com um problema que parece estranho a muitos norte-americanos. Sua empresa se localiza em um país em que a corrupção política estrutural é muito mais comum do que nos Estados Unidos. Nesse caso em particular, o construtor esperava pela aprovação governamental para um projeto muito lucrativo que havia assinado. Estava tudo pronto, quando o processo de aprovação foi repentinamente interrompido. O motivo ficou claro dias depois, quando o construtor recebeu uma ligação do filho de uma poderosa autoridade eleita, responsável por assinar a aprovação. O filho queria participação no projeto, e deixou claro que, se sua parceria fosse aceita, a aprovação seria concedida rapidamente. O construtor sabia que era possível contornar o filho (e o pai), indo aos tribunais e contatando outras autoridades mais importantes, mas esse processo levaria muito tempo. Infelizmente, tempo era essencial; sua empresa estava prestes a abrir o capital, com uma oferta pública inicial (IPO) marcada para dali a três meses. Se os investidores em potencial descobrissem que o projeto não seria aprovado, a empresa seria pior avaliada. Mais problemático seria o momento em que apareceria esse rumor. Se o filho do político fosse rejeitado, poderia divulgar os problemas com a aprovação imediatamente antes de a empresa abrir seu capital. O que fazer?

Deepak aconselhou a estratégia a seguir, que o construtor executou com sucesso: divulgar imediatamente as informações sobre possíveis atrasos na aprovação. Em outras palavras, revelar à mídia que o projeto estava a caminho, mas que sua aprovação só aconteceria alguns meses após a abertura de capital da empresa. Ao mesmo tempo, o construtor deveria liberar todos os documentos relacionados aos méritos do projeto, bem como as cartas que o político enviou antes, apoiando a aprovação. Dessa forma, a confiança dos investidores permaneceria alta.

Essa estratégia tem pelo menos três méritos óbvios. Primeiro, ao se antecipar a história, o construtor controla como a notícia é relatada e interpretada. Segundo, ao tornar essas informações públicas, dois meses antes do IPO, as notícias em si se tornam menos visíveis para os investidores, no momento em que a empresa se torna pública. Terceiro, e talvez o mais importante, com a notícia já na imprensa, o filho do político perde sua única fonte de influência, pois seu poder reside principalmente na capacidade de prejudicar o construtor no momento em que está mais vulnerável (durante o IPO), esse é o elemento a ser visado. Assim como a Pague-um-Protesto, essa estratégia identifica e destrói a fonte primária do poder de um oponente.

O mesmo princípio se aplica a negociações de todos os tipos. Se você está com medo de confrontar seu vendedor poderoso ou tem receio de negar seu pedido de mais um aumento exorbitante, considere a fonte do poder. Nesse caso, pode ser que o vendedor tenha um relacionamento mais forte com seus clientes do que você. Sabendo disso, como criar estratégias? Nas próximas semanas e meses, comece a construir relacionamentos com cada um de seus principais clientes. Você pode até prendê-los com atraentes contratos plurianuais. Então, quando enfrentar as exigências de seu vendedor, haverá pouco para ele ameaçá-lo. Ele pode optar por deixar a empresa e ir para um concorrente, mas a capacidade de levar clientes com ele estará significativamente enfraquecida.

O PODER DO GÊNIO

Todas as estratégias e percepções discutidas neste capítulo derivam de uma percepção crucial: embora estar em uma posição de fraqueza, às vezes seja inevitável, você negociará com mais eficiência ao aprimorar os fundamentos — preparação sistemática e formulação cuidadosa da estratégia.

250 ● Gênio da Negociação

Infelizmente, muitos negociadores agravam o problema da fraqueza, ficando obcecados pelos fatores que os tornam fracos. Isso não significa que você deva ignorá-los. Mas, por mais perigoso que seja ignorar suas fraquezas, pode ser igualmente devastador ignorar seus pontos fortes ou presumir que não os possui.

Aqueles que "pensam fraco", inevitavelmente também "agem fraco". Se você ficar obcecado por suas fraquezas, terá menos probabilidade de estabelecer aspirações razoavelmente altas, sentir-se confiante em pedir mais informações, exigir que suas concessões sejam retribuídas ou pressionar o outro lado a considerar a proposição de valor que está oferecendo. Você também estará mais suscetível a táticas de influência e ameaças.

Gênios da negociação reconhecem suas fraquezas e tentam mitigá--las. Após fazer isso, sabem que também devem se concentrar em seus pontos fortes, preparar-se sistematicamente e negociar, com o objetivo de melhorar sua posição de negociação. Fazer isso não atestará a "vitória", mas garantirá que se tenha feito o melhor possível, dada a situação. De fato, o poder do gênio da negociação pode ser mais valioso, precisamente nas situações em que a alternativa é se desesperar — ou confiar no instinto.

CAPÍTULO 12

Quando o Negócio Fica Feio: Lidando com Irracionalidade, Desconfiança, Raiva, Ameaças e Ego

Pela maioria dos relatos de especialistas, a Crise dos Mísseis, em Cuba, deixou o mundo mais próximo da aniquilação nuclear do que jamais esteve. A crise envolveu uma escalada de conflito entre os Estados Unidos e a União Soviética, que aconteceu entre 16 e 28 de outubro de 1962. O que levou duas nações civilizadas ao limite da destruição mútua? Mais importante, como conseguiram negociar seu caminho para a paz, de forma segura e mutuamente aceitável?

Em seu livro *Treze Dias*, Robert Kennedy descreveu os eventos que levaram à crise, indiscutivelmente, as duas semanas mais perigosas na história da humanidade.[1] O conflito foi iniciado quando aviões espiões norte-americanos revelaram que a União Soviética havia começado a colocar mísseis em Cuba, com armas nucleares capazes de atingir os Estados Unidos. Devido à proximidade de Cuba, o governo dos EUA ficou bastante aflito. Para piorar, poucas semanas antes, o embaixador soviético Anatoly Dobrynin havia explicitamente prometido que os mísseis não seriam colocados em Cuba.

Nos dias que se seguiram à descoberta dos mísseis, os dois inimigos trocaram diversas ameaças. Conforme o conflito escalava, as emoções aumentavam e as desconfianças subiam às alturas. Ambos os lados estavam cientes de que um ataque por qualquer um deles levaria à retaliação, então seria completamente irracional tomar qualquer atitude que pudesse levar à guerra. Mas ambos também estavam cientes de que a irracionalidade poderia prevalecer. Como o líder soviético Nikita Khrushchev escreveu em uma carta ao presidente John F. Kennedy durante a crise: "Se de fato uma guerra estourar, não estará em nosso poder interrompê-la, pois essa é a lógica da guerra."

Consciente de que ambos os lados estavam munidos e prontos para lançar armas nucleares, o presidente Kennedy refletiu sobre o sentimento crescente entre seus muitos conselheiros, de que uma resposta militar contra Cuba era a melhor opção. Em vez disso, Kennedy escolheu a opção menos agressiva de instituir um bloqueio naval, explicando a seus conselheiros que "o maior perigo e risco em tudo isso é acontecer um erro de cálculo — um julgamento errôneo". Ações mais beligerantes, argumentou Kennedy, provavelmente levariam o conflito a um ponto sem retorno: "O que me preocupa não é o primeiro passo, mas que escalemos ao quarto e quinto passos — e não iremos ao sexto, pois não haverá mais ninguém para isso." De acordo com Robert Kennedy, "o presidente acreditava, desde o início, que o líder soviético era um homem inteligente e racional que, com tempo suficiente e amostras de nossa motivação, mudaria de posição. Mas sempre há chance de erros, enganos, cálculos errados e incompreensões, e o presidente Kennedy estava determinado a fazer todo o possível para diminuir as chances de isso acontecer do nosso lado."

Porém, comunicação clara e análise rigorosa não seriam suficientes para resolver a crise. Também era questão de ego e orgulho nacional. O mundo inteiro estava assistindo, e nem Kennedy, nem Khrushchev poderiam se dar ao luxo de serem vistos como fracos por seus cidadãos, oponentes políticos, analistas da mídia e pela comunidade internacional em geral. Robert Kennedy relembrou a discussão que aconteceu em uma noite entre o presidente e seus conselheiros: "Nenhum lado quer guerra sobre Cuba, concordamos nisso, mas é possível que um dos lados dê um passo que — por razões de 'segurança', 'orgulho' ou 'enfrentamento' — possa requerer uma resposta do outro lado que, por sua vez, pelas mesmas razões de segurança, orgulho ou enfrentamento — traga uma contrarresposta e, por fim, uma escalada no conflito armado."

Havia muitos motivos para a situação sair totalmente do controle. Então, como os dois lados poderiam negociar um acordo de paz? Segundo Robert Kennedy, foi seu irmão, o gênio da negociação, o presidente John F. Kennedy, que salvou o mundo da guerra nuclear: o presidente Kennedy tornou sua maior prioridade compreender o máximo possível sobre os interesses, as necessidades, os limites e as perspectivas do outro lado. "A lição final da Crise dos Mísseis em Cuba", escreveu Robert Kennedy, "é a importância de nos colocarmos no lugar do outro país. Durante a crise, o presidente Kennedy gastou mais horas tentando determinar o efeito que um determinado curso de ação teria sobre Khrushchev, ou os russos, do que qualquer outro plano que estivesse fazendo. O que guiou todas as suas deliberações foi um esforço em não desgraçar Khrushchev, nem humilhar a União Soviética, para que não sentissem que teriam de escalar a resposta, porque seus interesses nacionais ou de segurança estariam comprometidos."

O acordo final, principalmente negociado de maneira extraoficial, em um esforço para ajudar as partes a manterem as aparências, foi este: a União Soviética removeria os mísseis de Cuba; em troca, os Estados Unidos prometeriam não invadir Cuba e iriam remover os mísseis americanos da Turquia (vistos pelos soviéticos como uma ameaça). Preocupado em como essa última concessão seria julgada pelo público, Robert Kennedy insistiu com o embaixador soviético Dobrynin que a remoção dos mísseis na Turquia não poderia ser vista como uma troca pela remoção dos mísseis em Cuba. Assim, esse elemento do acordo permaneceu oculto por anos.

Em retrospecto, o resultado da crise parece banal: ambas as partes removeram seus mísseis ofensivos e o conflito foi atenuado. Mas vale perguntar: o que teria acontecido se o presidente Kennedy, em vez de se concentrar com tanta intensidade nas necessidades e nos interesses de Khrushchev, tivesse dado ouvidos aos seus conselheiros militares, em sua maioria fortes apoiadores de ataques aéreos contra Cuba, em vez da opção menos agressiva do bloqueio? Considere o seguinte: durante a Crise dos Mísseis em Cuba, relatórios da inteligência dos EUA concluíram que, embora os cubanos tivessem mísseis capazes de *carregar* ogivas nucleares, não tinham as próprias ogivas. Foi apenas anos depois que a verdade — antes conhecida apenas por cubanos e soviéticos — se tornou pública: na época da crise, Cuba tinha ogivas nucleares suficientes para obliterar a costa leste dos Estados Unidos — e tinham autoridade e intenção de usá-las se fosse atacada. Em outras palavras, o resultado banal da Crise dos Mísseis em Cuba não estava de forma alguma assegurado. Se em vez de negociar com o inimigo, o presidente Kennedy tivesse escolhido uma ação dura, flexionado os músculos militares e seguido o conselho de seu primeiro escalão, suas decisões teriam resultado na morte de dezenas de milhões de norte-americanos.

Ao longo deste livro, incentivamos você a tentar entender os interesses, necessidades, limites e preocupações do outro lado e a trabalhar com suas contrapartes para criar valor. Mas o que acontece quando isso parece praticamente impossível? O que acontece quando sua contraparte é um "inimigo" relutante ou incapaz de trabalhar com você para chegar a um resultado mutuamente aceitável? Vale lembrar, nesses momentos, que o presidente Kennedy enfrentou, simultaneamente, o que há de pior quando o negócio fica feio — irracionalidade, desconfiança, raiva, ameaças e ego — e ainda assim obteve sucesso. A seguir, consideraremos cada um desses cinco fatores e, assim, forneceremos um conjunto de princípios e estratégias que você pode utilizar quando o negócio ficar feio para o seu lado.

LIDANDO COM A IRRACIONALIDADE

"Todas essas estratégias que vocês descreveram funcionam quando se está lidando com pessoas que ouvirão a razão", comentou recentemente um estudante executivo exasperado. "Mas as pessoas com quem lido são completamente irracionais. Como negociar com alguém irracional?" Como a pergunta do executivo revela, negociadores muitas vezes lutam com a tarefa de tentar negociar com aqueles que se comportam de forma imprudente, que elaboram estratégias inadequadas e agem de maneiras que parecem contradizer seus próprios interesses; qualquer gênio da negociação em potencial precisa entender como lidar com esses obstáculos.

Nosso conselho é o seguinte: *muito* cuidado em rotular alguém como "irracional". Sempre que nossos alunos ou clientes nos falam sobre suas contrapartes "irracionais" ou "malucas", trabalhamos com eles para considerarem cuidadosamente se o outro lado é de fato irracional. Quase sempre, a resposta é *não*. Na maioria dos casos, o comportamento que parece irracional tem uma causa racional — embora oculta. A seguir, compartilharemos as três razões mais comuns pelas quais os negociadores julgam erroneamente os outros como irracionais.[2] Também descreveremos os perigos de fazer isso e explicaremos como evitar cometer esses erros.

ERRO 1: ELES NÃO SÃO IRRACIONAIS; SÃO DESINFORMADOS

Um executivo (aluno de Deepak) recentemente se envolveu em uma disputa com um ex-funcionário. Este alegou que lhe deviam US$130.000 em comissões pelas vendas que havia feito antes de ser demitido da empresa, alguns meses antes. O executivo, por outro lado, alegou que não devia nada — na verdade, insistiu que o funcionário havia recebido US$25.000 a mais.

Qual o motivo dessa discrepância? Na época em que o funcionário foi demitido, as contas da empresa estavam uma bagunça; os registros haviam sido mal armazenados. Desde então, a empresa contratou um novo contador e atualizou todos os registros. Esses registros agora revelavam claramente que a reivindicação do funcionário era totalmente ilegítima; se alguém tinha uma reclamação a fazer, era a empresa. O executivo não estava interessado em ir ao tribunal para recuperar os US$25.000 e queria deixar o assunto completamente de lado.

O executivo ligou para o funcionário e disse o que os registros contábeis revelaram; ele também se ofereceu para enviar uma cópia dos registros. Então, deixou claro que seu argumento era sólido, mas se ofereceu para perdoar o pagamento indevido de US$25.000 se o funcionário concordasse em abrir mão de seu processo infundado. A resposta do funcionário: "Sem chance. Não preciso dos registros. Nos vemos no tribunal!"

O CEO estava muito confuso. Não havia como o funcionário ganhar na justiça. Por que ele estava se comportando de forma tão irracional?

Deepak sugeriu ao executivo que o problema provavelmente não era que o funcionário fosse irracional, mas que carecia de informações confiáveis. O executivo estava convencido de que venceria a batalha judicial, mas era possível que o funcionário ainda estivesse confiante de que ganharia por não confiar no executivo ou na manutenção de registros da empresa. Como o executivo poderia mostrar ao funcionário suas perspectivas de ganhar o processo? Deepak o aconselhou a procurar uma terceira parte idônea, especificamente uma empresa de contabilidade profissional, para conduzir uma auditoria dos registros pertinentes à disputa e enviar os resultados ao funcionário (Isso seria muito menos dispendioso do que ir ao tribunal). Ter essas informações diminuiria a percepção de vitória do funcionário e tornaria o litígio uma opção menos atraente. O resultado? O funcionário desistiu do processo.

256 ● Gênio da Negociação

Quando Deepak estava na pós-graduação, um professor de economia começou sua primeira aula com a seguinte afirmação: "Quero que lembrem de uma coisa — vocês não são estúpidos, apenas ignorantes. Se fossem estúpidos, não poderíamos fazer muito a respeito. Mas ignorância podemos consertar." Essa ideia é tão relevante para negociadores quanto para estudantes de pós-graduação. Geralmente, quando o outro lado parece irracional, de fato é apenas desinformado. Se você puder ajudar a educá-lo ou informá-lo — sobre seus reais interesses, as consequências de suas ações, a força de sua BATNA, e assim por diante — há grande probabilidade de que tomarão melhores decisões. Por exemplo, se alguém diz não a uma oferta que você sabe ser do interesse da pessoa, não presuma que ela é irracional. Em vez disso, trabalhe para garantir que ela compreenda *por que* sua oferta interessa a ela. A pessoa pode ter simplesmente mal compreendido ou ignorado alguma informação crucial.

ERRO 2: ELES NÃO SÃO IRRACIONAIS; POSSUEM RESTRIÇÕES OCULTAS

Em 2005, o governo dos EUA aprovou uma legislação para aumentar a ajuda alimentar a países que precisavam urgentemente dessa assistência. Essa iniciativa teve muito apoio de políticos e ativistas. Sem surpresa, entretanto, também havia certos grupos, de especial interesse, que se opuseram à legislação. A surpresa *foi*: um desses grupos de oposição era um consórcio de organizações sem fins lucrativos, cuja missão era fazer lobby para aumentar a ajuda alimentar a países menos favorecidos. O que explica esse comportamento aparentemente irracional e autodestrutivo? Por que esse grupo se oporia a uma legislação que beneficiaria exatamente o que almejam?

A resposta não está na compreensão dos interesses do grupo, mas na compreensão de suas restrições. Para aumentar a quantidade de alimentos enviados a países menos favorecidos, no passado, o consórcio se associou a fazendeiros norte-americanos para fazer lobby junto ao governo dos EUA, pedindo ajuda. Por que os fazendeiros se uniram a essa campanha? Porque quando o governo aumentasse a ajuda alimentar, compraria os alimentos desses fazendeiros. Assim, tanto os fazendeiros quanto as organizações sem fins lucrativos obteriam o que queriam.

Esse caso, entretanto, era diferente. Atento ao aumento do déficit do orçamento, o congresso decidiu que a única maneira de aumentar a ajuda alimentar internacional seria comprar alimentos mais baratos — não de fazendeiros norte-americanos, mas de países em desenvolvimento. O que parecia uma vitória dupla para as organizações que apoiavam a legislação (aumento da ajuda alimentar *e* aumento do apoio a fazendeiros pobres de países em desenvolvimento) na verdade criou um dilema. Se as organizações apoiassem a legislação, estariam cortando laços com seus antigos parceiros de coalizão, os fazendeiros norte-americanos. Em vez disso, decidiram que seus interesses de longo prazo seriam melhores, caso se opusessem à legislação. Essa pode ser uma decisão questionável, do ponto de vista moral, ético ou outros, mas parece irracional apenas se ignorarmos as restrições ocultas enfrentadas.

O problema de restrições ocultas está presente em muitas negociações. Quando uma empresa perde um funcionário excelente porque se recusa a aumentar seu salário para o igualar à maior oferta da concorrência, a empresa não está, necessariamente, agindo de maneira irracional; pode estar restrita por políticas de RH que a impeçam de criar grandes diferenças salariais na empresa.

Da mesma forma, quando sua contraparte parece indisposta a fazer até pequenas e razoáveis concessões que poderiam selar o acordo, você pode dizer que são tolos, ou pode tentar descobrir quanto de autoridade possuem para negociar um acordo abrangente e maximizador de valor. Se o outro estiver muito limitado, você pode tentar negociar com alguém de maior autoridade.

Em negociação, existe uma grande variedade de restrições possíveis. O outro lado pode estar restrito por conselhos de seus advogados, por medo de estabelecer um precedente perigoso, por promessas que tenha feito a terceiros, por prazo, e assim por diante. Gênios da negociação tentam descobrir essas restrições — e ajudar a outra parte a superá-las — em vez de chamá-la de irracional.

ERRO 3: ELES NÃO SÃO IRRACIONAIS; POSSUEM INTERESSES OCULTOS

Alguns anos atrás, um grupo de gerentes decidiu dar uma promoção a Leslie, uma das assistentes administrativas da empresa. Leslie trabalhava na empresa há trinta anos e estava a apenas dois anos de se aposentar. Ela havia tido uma boa carreira e recebido aumentos de salário proporcionais ao seu bom desempenho. Como já recebia o teto salarial, não era possível para os gerentes pagarem mais; nem fazer uma análise formal de desempenho. Em vez disso, os gerentes simplesmente decidiram fazer algo legal a Leslie, então a surpreenderam com uma promoção. Suas responsabilidades laborais não mudariam, mas seu novo título lhe daria status e prestígio melhores.

Quando ouviu sobre a promoção, Leslie ficou maravilhada. Ela compreendeu que seu trabalho ou salário não aumentariam, mas tudo bem.

Entretanto, pouco depois de receber a promoção, Leslie descobriu que estava, agora, entre os funcionários mais mal pagos com o mesmo cargo. Também começou a se sentir desconfortável sobre sua "falsa" promoção — ela não tinha mais trabalho ou maior salário do que antes, e isso a fez se sentir constrangida diante de seus colegas. Ela pediu por um aumento e expressou sua disposição para aceitar mais responsabilidades, o que foi prontamente negado.

Poucas semanas após a promoção, Leslie decidiu que era melhor sair do emprego do que ser tratada dessa maneira. Fazendo isso, ela perdeu dois anos de compensações e levou um golpe em seu benefício de aposentadoria. Os gerentes, que tiveram as melhores intenções, ficaram se perguntando: "Por que ela se comportou tão irracionalmente?"

O que os gerentes falharam em perceber foi que dinheiro e status não eram as únicas questões de interesse para Leslie. Ela também se preocupava com percepções de justiça e equidade. Os gerentes sentiram que deram até mesmo mais do que ela merecia. Mas, ao falharem em ver como essa decisão funcionaria no futuro, criaram uma situação na qual Leslie se sentiu desvalorizada, enganada e envergonhada.

De forma geral, às vezes as pessoas rejeitarão sua oferta por acharem-na injusta, por não gostarem de você, ou por outras razões que não têm nada a ver com os méritos óbvios da sua proposta. Essas pessoas não são irracionais; simplesmente estão satisfazendo necessidades que você não pode compreender totalmente. Quando os outros parecem irracionais, gênios da negociação não os rotulam de loucos. Em vez disso, investigam: "O que está levando-o a agir dessa maneira? Quais seus outros interesses?"

MAS E SE ELES REALMENTE FOREM IRRACIONAIS?

Se sua contraparte for realmente irracional — em outras palavras, determinada a trabalhar contra seus próprios interesses —, então suas opções serão menores. Você pode pressionar um acordo, apesar da irracionalidade ou pode tentar "dar a volta", negociando com outra pessoa cuja autoridade parece mais disposta a ouvir a razão (como um chefe ou colega da pessoa), ou pode decidir buscar sua BATNA, pois a irracionalidade eliminou qualquer esperança de criar valor. Você também pode utilizar as várias estratégias para confrontar os vieses da sua contraparte, como apresentamos nos capítulos 4–6.

Porém, sugerimos — novamente — que reconsidere sua avaliação. Negociadores rápidos em rotular a outra parte como "irracional", o fazem com grande custo para si mesmos. Quando usa o rótulo "irracional", você limita suas opções, pois não há muito o que se possa dizer a alguém que você realmente acredita ser incapaz de raciocinar, que é desinteressado sobre seus próprios interesses e incapaz de negociar com eficiência. Suas opções aumentam enormemente quando você reconhece que a outra parte não é irracional, mas simplesmente mal-informada, constrangida ou focada em interesses que você não esperava. E como você sabe, quanto mais opções tiver, com mais eficácia negociará.

LIDANDO COM A DESCONFIANÇA

Alguns anos atrás, houve uma disputa entre um fabricante de equipamentos eletrônicos dos EUA e uma de suas distribuidoras estrangeiras. Cada lado sentia que o outro havia faltado com a palavra sobre suas responsabilidades, e estavam prestes a ir ao tribunal para resolver o assunto. Sem surpresa, os dois tinham perspectivas bem diferentes sobre o que havia dado errado.

O fabricante alegou que a distribuidora não havia cumprido o requisito mínimo de pedido de compra de um produto-chave e que não tinha canais de distribuição suficientes para cumprir suas responsabilidades contratuais. O fabricante queria apenas ser pago pelo equipamento já entregue e rescindir o contrato com o distribuidor. Alegou que não havia mais confiança e não queria nada além de terminar o relacionamento.

Enquanto isso, a distribuidora alegou que, meses após a assinatura do contrato, o fabricante havia introduzido um modelo novo e aprimorado do mesmo produto e se recusado a oferecer os direitos de venda. Ao que tudo indica, alegou a distribuidora, todo o acordo havia sido um esquema para despejar modelos antigos e obsoletos naquela região.

Ao fazer isso, o fabricante defraudou a distribuidora, que demandava milhões de dólares em reparação. Ela também sentia que a quebra de confiança havia sido tão grave que não havia como recuperar o relacionamento.

Acontece que a história tem um final feliz. Os dois lados optaram pela mediação, em vez do litígio. Com a assistência de um mediador, conseguiram chegar a um acordo que agradava ambas as partes, evitando uma longa batalha judicial.

O acordo? Em vez de encerrar o relacionamento e decidir qual parte pagaria à outra pela quebra de contrato, os dois lados concordaram em continuar com uma reestruturação do acordo existente. O fabricante concordou em dar à distribuidora o direito de vender o novo equipamento (incluindo o direito *exclusivo* de distribuição em algumas partes da região), e ambos desistiram de suas reivindicações financeiras.

Quando apresentamos esse caso aos nossos alunos executivos, muitos ficam surpresos com o fato de qualquer uma das partes estar disposta a concordar com tal negócio. O elemento mais importante de qualquer relacionamento é a confiança, argumentam esses executivos; como os dois lados haviam perdido a confiança um no outro, não era sensato negociar a continuação do relacionamento. Quando pedimos aos executivos para elaborarem essa perspectiva, eles geralmente fazem uma ou mais das seguintes declarações:

- "Se não há confiança, nada pode ser feito."
- "Por que fazer um acordo com quem você não confia? Não vale o risco."
- "Se exploraram sua confiança antes, farão isso de novo."

Concordamos com o sentimento captado em cada uma dessas afirmações: de fato, confiança é essencial nas relações; portanto, é um ingrediente fundamental em negociações. Mas discordamos da crença de que confiança não pode ser recuperada. Mais especificamente, discordamos da crença de que se deva encerrar uma negociação (ou um relacionamento) no momento em que achar que o outro lado não é confiável. Gênios da negociação consideram a desconfiança um grande obstáculo à negociação. Mas antes de abandonarem a esperança de reconquistar a confiança perdida, trabalham para reconstruí-la.

O primeiro passo para reconstruir a confiança é diagnosticar a desconfiança existente. Negociadores costumam pensar na confiança como unidimensional: ou sua contraparte é "confiável" ou não. Mas, considere que há muitos tipos diferentes de confiança.[3] Por exemplo, você confiará em seu cirurgião, principalmente se tiver competência para realizar uma cirurgia, mas confiará mais em seu cônjuge se ele for honesto com você. Da mesma forma, existem muitas dimensões nas quais podemos confiar em nossos parceiros de negócios, advogados, funcionários, filhos, amigos e assim por diante. Também podemos confiar em alguém em uma dimensão ("meu advogado é muito competente"), mas não em outra ("meu advogado, às vezes, é desonesto"). Quando isso acontece, você deve decidir qual dimensão de confiança é mais importante para o relacionamento. Se alguém não merece confiança na dimensão fundamental, você deve corrigir o problema de confiança ou considerar alternativas para lidar com isso.

Duas amplas categorias de desconfiança são relevantes para muitas negociações: desconfiança do *caráter* do outro e desconfiança da *competência* do outro.[4] Considere que, na disputa fabricante-distribuidora, ambos desconfiavam um do outro — mas por razões diferentes. O fabricante acreditava que a distribuidora era incompetente: não tinha infraestrutura nem experiência para vender o equipamento para o qual estava licenciada a distribuir. Já a desconfiança da distribuidora era mais uma questão de caráter: só uma empresa desonesta e antiética despejaria equipamentos obsoletos em sua região e esconderia informações sobre modelos mais novos durante a negociação inicial.

Depois de diagnosticar a origem da desconfiança, você pode identificar os passos necessários para recuperá-la. Como a distribuidora e o fabricante podem recuperar a confiança um no outro? Como cada lado está lidando com um tipo diferente de desconfiança, o processo será diferente para cada um deles. No caso da distribuidora, ela deve demonstrar ao fabricante que é de fato competente. Como? Podem convidar o fabricante a visitar sua região para ver os canais de distribuição em primeira mão, podem mostrar dados do pedido de compra que confirmam sua capacidade de alcançar altas vendas ou podem fornecer justificativas razoáveis de por que seu pedido inicial não atendeu ao mínimo de compras estabelecido.

Enquanto isso, para ganhar a confiança da distribuidora, a administração do fabricante deve demonstrar que é honesta e ética. Podem fazer

262 • Gênio da Negociação

isso explicando à distribuidora que é uma prática comum nos Estados Unidos não revelar informações sobre produtos em desenvolvimento — embora agora eles entendam que essa prática possa ser vista como negativa em alguns outros países. O fabricante também pode oferecer uma oferta de paz (na forma de considerações financeiras ou outras), como um pedido de desculpas pela transgressão não intencional. Por fim, a decisão do fabricante de permitir que a distribuidora venda o novo produto pode, por si só, ajudar a superar a percepção de que pretendia explorar a distribuidora o tempo todo.

Se os dois lados nessa negociação — ou em qualquer outra — forem capazes de identificar e eliminar a fonte de desconfiança, a confiança pode ser claramente reconstruída. Infelizmente, os negociadores costumam descartar essa possibilidade. Em vez disso, depois de rotularem a outra parte como "não confiável", procuram apenas informações que confirmem essa crença. Além disso, quando eles próprios são os não confiáveis, muitas vezes ficam na defensiva, ou com raiva, em vez de se concentrarem em tentar eliminar sistematicamente essa percepção. Gênios da negociação compreendem que quando o outro lado diz (ou implica) que você não é confiável, é hora de investigar: "Por que ele pensa assim? O que seria necessário para superar essa percepção?"

LIDANDO COM A RAIVA

Alguns anos atrás, Deepak estava jogando sinuca em um bar com um amigo e dois estranhos. De repente, um grupo de cerca de oito universitários irrompeu no local. Eles jogaram um taco de sinuca na mesa, interrompendo o jogo, e começaram a gritar e xingar. Desnecessário dizer, Deepak e seu amigo ficaram surpresos. Os estranhos que jogavam com eles imediatamente se dirigiram ao líder da gangue de estudantes. Em segundos, o amistoso de bola oito se tornou uma partida de empurra-empurra. Uma briga estava prestes a começar — e não estava claro o porquê.

Tentando parar a briga, Deepak e seu amigo se colocaram entre os dois principais combatentes. Logo ficou claro que os universitários estavam transtornados porque acreditavam que, momentos antes, alguém da mesa de Deepak havia interrompido o jogo *deles* na sala ao lado. Deepak sabia que isso não era verdade, mas a acusação apenas despertou a raiva em ambos os lados. Deepak e seu amigo queriam esclarecer o mal-entendido, mas a situação estava ficando cada vez mais física. Seria bem fácil para Deepak e o amigo simplesmente irem embora — no momento, a briga era inteiramente entre os universitários e os dois estranhos —, mas isso não parecia o certo a se fazer.

Depois que ficou claro que os provocadores não estavam dispostos a considerar a situação como um mal-entendido, Deepak tentou uma abordagem diferente.

"Certo", disse ao líder dos universitários. "Entendemos que alguém mexeu com você. Mas, do que precisamos para evitar uma briga?"

O líder olhou para Deepak apenas o suficiente para responder.

"Não sei, mas vocês estragaram nosso jogo, então é um pouco tarde para pedir desculpas", ele disse antes de voltar à discussão.

Deepak decidiu tentar de novo:

"Certo, mas agora vocês estragaram nosso jogo também — então estamos quites?"

"Não, não estamos *quites*", o estudante gritou. "Vocês começaram!"

"Certo. Bom, digamos que alguém nessa sala realmente começou alguma coisa", disse Deepak. "Você consegue pensar em algo que preferia estar fazendo agora, em vez de estar brigando? Se sim, o que seria?"

O líder ficou incrédulo, mas considerou a pergunta por um momento.

"Bom, eu preferia estar jogando sinuca", ele respondeu, "mas teríamos que começar uma nova partida."

"E quanto custa?", perguntou Deepak.

"Um dólar", respondeu o estudante.

Deepak tirou uma nota da carteira e estendeu ao líder.

"O que acha? O próximo jogo é por minha conta."

O líder sorriu enquanto vagarosamente pegava o dinheiro.

"Sabe, isso é legal", ele disse. "Bem legal da sua parte." Ele passou os próximos minutos acalmando os amigos, depois os levou para fora

264 ● Gênio da Negociação

da sala. A briga foi evitada, nenhum sangue foi derramado, nenhum osso foi quebrado. Só custou um dólar.

Como essa história mostra, negociadores costumam enfrentar contrapartes raivosas ou contrariadas. E embora possamos pensar que essas emoções não sejam inteiramente justificadas, isso não muda o fato de que a parte raivosa pense que sua raiva seja justificada.

Como você costuma lidar com essas situações? Embora a raiva de outra pessoa possa evocar a sua própria, muitos de nós reconhecem que essa não é a resposta mais efetiva à explosão emocional de alguém. Em vez disso, há um mérito óbvio em tentar neutralizar a raiva alheia e reorientar a atenção para os problemas em questão. Mas é mais fácil falar do que efetivamente neutralizar a raiva de alguém. A maioria dos negociadores não tem um meio sistemático de lidar com a raiva de sua contraparte de negociação. Além disso, raiva aparentemente injustificada muitas vezes surge quando menos se espera. O que fazer quando isso acontece? As seguintes estratégias melhorarão suas habilidades em lidar com negociadores raivosos, de modo a salvar o negócio e a relação.

ESTRATÉGIA 1: PROCURE ENTENDER POR QUE ESTÃO COM RAIVA

Quando sua contraparte na negociação está com raiva, você deve descobrir por quê. A resposta apontará a estratégia apropriada para lidar com a situação. Por exemplo, se a outra parte está raivosa porque está mal informada, a solução é informá-la; se está raivosa porque se sente desrespeitada, a solução é respeitá-la; se está raivosa porque não entendeu o que você disse, a solução é esclarecer suas intenções, e assim por diante. Só porque você *sabe* que a sua contraparte não tem razão para estar contrariada, não significa que *ela* também o saiba. Na disputa da sala de sinuca, por exemplo, a raiva do estudante era explicável (embora exagerada), já que ele deixou claro que *pensavam* ter sido atacados primeiro. Em consonância com a abordagem que temos enfatizado ao longo deste livro, a melhor maneira de lidar com emoções incompreendidas é investigar a fonte.

ESTRATÉGIA 2: PERMITA QUE EXPRESSEM A RAIVA

A maioria dos negociadores reconhece que a raiva costuma ser contraproducente. Assim, ao lidar com alguém que perdeu a paciência, a maioria provavelmente fará o possível para suprimir a expressão da raiva. Você pode ficar tentado a dizer: "Ficar com raiva não nos levará a lugar algum"; ou "Não vamos sentar aqui e ouvir você gritar"; e até mesmo: "É do interesse de todos que você se acalme."

Todas essas afirmações são razoáveis, mas ignoram um fato importante: se você não der a um negociador raivoso a oportunidade de expressar sua frustração, ele provavelmente ficará ainda mais zangado — ou, pelo menos, ressentido. Uma abordagem muito melhor é encorajar as pessoas a expressar sua raiva e ajudá-las a entender sua fonte. Você pode dizer, por exemplo: "Vejo que está com raiva e quero entender por quê. Diga o que está pensando." A chave é dar legitimidade aos sentimentos da outra pessoa. Você pode (e deve) questionar a legitimidade do que ela acredita, mas não deve perder tempo questionando a legitimidade da raiva *diante* do que a pessoa acredita ser verdade.

ESTRATÉGIA 3: EVITE A EMOÇÃO

Alguns anos atrás, o instrutor de artes marciais de Deepak lhe deu um importante conselho sobre como se defender de um chute ou soco: "A melhor defesa é *não estar lá*." Em outras palavras, quando tenta parar o ataque de alguém, fazendo sua própria ação (uma defesa), você está colocando poder contra poder — e a parte mais forte terá vantagem. Mas se puder evitar o ataque, evitará o golpe, manterá o equilíbrio e permanecerá no controle da situação.

O mesmo é verdadeiro quando se trata de emoções na negociação. Quando o outro lado estiver com raiva, não se permita ser o alvo, levando para o lado pessoal. Em vez disso, entenda que a raiva é uma consequência natural das crenças da pessoa. Se ela pensasse de forma diferente, não ficaria com raiva. A melhor coisa a fazer, então, é manter a compostura e ajudá-la a mudar suas crenças. Evitar emoções, com certeza, não é fácil — especialmente quando o outro lado lança ataques pessoais e parece determinado a provocar uma resposta. Para ajudar a evitar a emoção, faça a si mesmo as seguintes perguntas:

- Se eu estivesse no lugar dela, estaria agindo da mesma forma?
- É uma emoção genuína ou uma tática para intimidar?
- Essa pessoa se comporta assim com todo mundo?

Se você puder concluir se a raiva da pessoa é natural, dada a posição, ou se está simplesmente agindo para manipulá-lo, ou se é dessa forma que trata a todos, será mais fácil evitar o ataque e manter o controle de suas próprias emoções.

ESTRATÉGIA 4: AJUDE-OS A SE CONCENTRAREM EM SEUS INTERESSES BÁSICOS

A parte mais difícil da negociação do salão de sinuca de Deepak não foi descobrir os interesses básicos da outra parte (jogar sinuca e não ser humilhado). Em vez disso, era destacar os interesses da outra parte a *ela mesma*. A raiva impede que as pessoas se concentrem nas questões substanciais com as quais se preocupam profundamente. Sua tarefa é ajudar o negociador raivoso a desviar a atenção dos elementos que alimentaram sua raiva, para os elementos que atenderiam aos seus interesses. Tente fazer perguntas como estas:

- "O que você gostaria que acontecesse agora?"
- "O que você preferiria estar fazendo?"
- "O que nos ajudaria a deixar isso para trás?"
- "Há mais alguma coisa que gostaria de discutir ou esclarecer, antes de retornarmos às questões substanciais que você destacou anteriormente?"

Todas essas perguntas facilitam uma transição da raiva para o que interessa.

LIDANDO COM AMEAÇAS E ULTIMATOS

Deepak tem um cliente, CEO de uma grande empresa agrícola, que estava recentemente negociando uma linha de crédito multimilionária com um grande banco comercial. Como o CEO tinha conexões pessoais com um diretor do banco, ele não se preocupou em verificar ofertas de outros bancos concorrentes. Após meses de negociações, o acordo foi estruturado e ambas as partes estavam prontas para assiná-lo. Antes que pudesse acontecer, porém, o CEO descobriu, em uma conversa com um especialista do setor, que o banco estava cobrando de sua empresa uma taxa ajustada ao risco significativamente mais alta do que a cobrada por outros bancos. O CEO ficou surpreso e chateado. Seu "amigo" do banco tinha se aproveitado dele? Mesmo que fosse o caso, não estava claro se o CEO poderia ameaçar ir para a concorrência; essa opção poderia ter sido viável há alguns meses, mas agora a empresa precisava da linha de crédito para breve. Reiniciar todo o processo de negociação com outro banco poderia custar muito.

O CEO ligou para o diretor do banco, compartilhou o que havia descoberto, e propôs uma revisão dos termos do acordo. Ao ouvir a proposta de revisão do CEO, o diretor ficou muito zangado. Em particular, ficou "muito desapontado" com a sugestão de que o CEO queria "renegar" o acordo verbal. Em um longo e-mail que se seguiu à conversa, o diretor começou informando: "Minha flexibilidade de preços é nula." Se isso fosse inaceitável, continuou, então eles "deveriam ter uma discussão séria" sobre as informações confidenciais que o CEO estava impedido de compartilhar com os concorrentes do banco. A ameaça era implícita, mas clara: "Não podemos avançar nessa questão. Fique à vontade para ir aos nossos concorrentes."

O CEO abordou Deepak para pedir conselhos sobre como responder ao e-mail do diretor. Ele tinha uma série de perguntas: isso era um "ultimato verdadeiro" ou simplesmente uma "tática" de negociação? Ele deveria continuar pressionando por uma estrutura de preços melhor ou, em vez disso, pedir concessões menores em outras questões menos espinhosas? Ele deveria ser enérgico ou simpático? Deveria continuar demonstrando aborrecimento ou deveria parecer calmo e controlado? Os conselhos de Deepak, descritos abaixo, utilizam três estratégias para lidar com ameaças e ultimatos na negociação.

ESTRATÉGIA 1: IGNORE A AMEAÇA

Deepak começou aconselhando o CEO a ignorar completamente o ultimato ("Minha flexibilidade de preços é nula") — fingindo que essa afirmação nunca foi feita. Em vez disso, deveria responder aos elementos substanciais e menos duros do e-mail, que se referiam a "confiança nas taxas de mercado", "preços competitivos" e "taxas de estruturação que refletem o padrão do mercado". Especificamente, ele disse para o CEO agradecer ao diretor por concordar em pensar no acordo por uma

268 ● Gênio da Negociação

perspectiva consistente com as taxas de mercado predominantes — e para não mencionar a alegada rigidez do diretor quanto ao preço. Por quê? Se o diretor deu o ultimato por frustração, ignorância ou desejo de salvar a própria pele, a pior coisa que o CEO poderia fazer seria chamar a atenção para isso, tornando mais difícil para o diretor recuar dessa declaração no futuro. Seria muito melhor ignorar o ultimato, dando ao diretor a oportunidade de recuar nos próximos dias e semanas. Vale a pena apontar que esse conselho soa ainda melhor se o ultimato *for* real — isto é, se o outro não quiser ou não puder oferecer mais nenhuma concessão. Se for este o caso, e você ignorou o ultimato, tenha certeza de que será mencionado de novo.

O presidente Kennedy usou uma estratégia similar durante a Crise dos Mísseis em Cuba. No auge da crise, ele recebeu duas mensagens diferentes (e um tanto contraditórias) de Khrushchev, em um período de 24 horas. Uma delas (a mensagem "dura") era bastante agressiva; nela Khrushchev exigia a retirada de mísseis norte-americanos da Turquia, em troca da remoção dos mísseis soviéticos de Cuba. Na mensagem "leve", muito menos antagônica, Khrushchev ofereceu remover os mísseis em troca de os Estados Unidos encerrarem o bloqueio e da promessa de que não atacariam Cuba. Conforme os conselheiros deliberavam sobre como elaborar uma mensagem que respondesse todas as questões contidas nas duas mensagens, Robert Kennedy sugeriu uma abordagem diferente: ignorar a mensagem dura. Robert Kennedy estava entre os que acreditavam que essa mensagem (a única pública) havia sido feita mais para ajudar Khrushchev a evitar uma humilhação perante a comunidade mundial do que para promover discussões substanciais. Ignorar a mensagem dura — cujos termos os EUA não poderiam aceitar de imediato — e, em vez disso, concordar com os termos da mensagem leve, argumentou Robert Kennedy, seria uma estratégia muito mais produtiva.

De maneira mais geral, é possível ignorar o ultimato do outro lado, mesmo que não inclua uma mensagem leve. Considere o seguinte ultimato: "Esta é nossa oferta final: é pegar ou largar." Como responder a essa afirmação e ainda ignorar o ultimato? Considere as seguintes respostas possíveis:

- "Parece bastante claro que você acha difícil fazer mais concessões nas questões que temos discutido. Sugiro que nos concentremos nos outros aspectos do acordo e voltemos a este ponto quando todos os elementos estiverem na mesa."

- "Vejo que você acredita mesmo que já concedeu mais do que o necessário para fechar negócio. Acontece que nos sentimos exatamente da mesma forma com relação às concessões que fizemos. Felizmente, isso significa que estamos perto de chegar a um acordo. Então, vamos continuar."

- "Entendo sua frustração. Nós dois sabemos que há um negócio a ser feito e, ainda assim, não conseguimos encontrá-lo. Pode me ajudar a entender melhor sua perspectiva? Por que acha que ainda não chegamos lá?"

Perceba que todas essas respostas ignoram o "pegar ou largar". Em vez disso, estão focadas em suavizar a afirmação do outro lado, para que não seja uma barreira no futuro se, de fato, for possível para eles fazer concessões posteriores.

ESTRATÉGIA 2: NEUTRALIZE QUALQUER AMEAÇA ADICIONAL QUE ESTEJAM TENTADOS A FAZER

Retornando à história da negociação bancária, em seguida Deepak aconselhou o CEO a antecipar (na medida do possível) qualquer ameaça adicional que o diretor pudesse estar tentado a fazer. Ele o fez ajudando o CEO a antecipar as ameaças e contra-argumentos que sua resposta pudesse gerar, e então o encorajou a responder, de maneira abrangente, as possíveis reações. Por exemplo, uma resposta possível do diretor seria (implicitamente) ameaçar arrastar as negociações, sabendo que a perspectiva de discussões longas provavelmente forçaria o CEO a se render. Antecipando isso, Deepak aconselhou o CEO a incluir o seguinte texto no e-mail: "Entendemos que essas novas questões podem causar atrasos na estruturação e implementação do acordo final. Se você também prevê esses atrasos, sugerimos envolver outros diretores seniores do banco no processo desde o começo." Por que essa afirmação neutralizaria uma possível ameaça do diretor? Porque o CEO sabia que o envolvimento de diretores seniores faria o diretor perder credibilidade no banco, algo que ele estaria altamente motivado a evitar.

Antecipar-se à agressão do outro lado também é uma tática útil quando se está lidando não com ameaças, mas com reclamações ou preocupações legítimas. Por exemplo, o diretor pode ter ficado genuinamente preocupado com o fato de que ter de reestruturar o negócio nesse estágio avançado da negociação causaria constrangimento, pois seria forçado a dizer ao chefe que o negócio renderia menos dinheiro do que ele havia dito anteriormente. Nesses casos, você pode fortalecer sua própria posição se for capaz de expressar as reclamações ou preocupações legítimas do outro lado, em vez de esperar que levantem essas questões. Por exemplo, você pode dizer: "Entendemos que a política corporativa e outros obstáculos institucionais às vezes tornam difícil fazer até mesmo mudanças razoáveis em um acordo em estágio tão avançado, mas gostaríamos de trabalhar com você para descobrir maneiras de fazer isso acontecer. Também sentimos — e esperamos que concorde — que a questão mais importante continua sendo chegar a um acordo consistente com as taxas de mercado vigentes." Quando você é o primeiro a expressar as preocupações *deles*, diminui o grau de antagonismo com o qual podem argumentar contra você. Eles ainda podem revidar, mas não estarão em posição de sugerir que você esteja preocupado apenas consigo mesmo, ou que não entende a perspectiva deles.

ESTRATÉGIA 3: SE NÃO CONSIDERA A AMEAÇA CRÍVEL, DEIXE QUE SAIBAM

Se a ameaça do diretor fosse crível — se ele realmente preferisse não fechar um acordo, a uma mudança de preço — então o CEO teria pouco espaço para manobrar. Muitas vezes, no entanto, uma ameaça não é crível — você sabe que eles não a cumprirão —, mas ainda é impossível ignorá-la totalmente ou antecipá-la. Como responder? No tom mais positivo possível, sinalize ao outro lado que, por entender as restrições e interesses *deles*, você não considera a ameaça crível. Veja, por exemplo, como o CEO poderia ter reagido à ameaça do diretor do banco sobre desistir do negócio:

> *Sinal 1: Suas restrições não permitirão que você cumpra esta ameaça:* "Por fim, no que diz respeito à taxa de juros: ficamos tranquilos em saber que você seguirá, como sempre, a política de precificação de risco do seu banco, de acordo com os padrões de mercado. Isso nos dá a confiança

de que, ao calcular os números e examinar os dados, você encontrará maneiras de reduzir a taxa. Como mencionou no passado, este é um dos benefícios de trabalhar com um grande banco como o seu: no final das contas, não precisamos discutir sobre o que é justo — podemos dar uma olhada o mercado."

Sinal 2: Seus interesses não permitirão que você cumpra esta ameaça: "É óbvio que existem algumas discrepâncias sobre como estamos calculando o risco neste caso. Mas sabemos que, como nós, você está trabalhando neste acordo há muitos meses e não vai querer vê-lo se desfazer por causa de um problema. Então, vamos trabalhar para resolver isso, de uma forma que seja agradável para todas as partes."

Ambas as respostas são amigáveis e graciosas, mas deixam claro para o diretor que você não considera sua ameaça (velada ou explícita) digna de crédito.

LIDANDO COM A NECESSIDADE DE MANTER AS APARÊNCIAS

Quando você expõe o fato de que a ameaça do outro lado não é crível, que sua raiva não tem base ou que uma falta de confiança é infundada, há todos os motivos para comemorar: você estava certo e eles errados. Mas você ainda não está livre. A menos que o outro seja capaz de manter as aparências — isto é, evitar constrangimento ou humilhação — ele pode relutar muito em mudar sua perspectiva ou comportamento. Em vez disso, pode agir de forma a preservar a própria dignidade ou salvar o ego, mas destruindo valor.

Gênios da negociação não apenas darão oportunidades a suas contrapartes, mas também as *ajudarão* a manter as aparências. "Acima de tudo, enquanto defendemos nossos próprios interesses vitais", disse o presidente Kennedy em um discurso na American University, logo após a Crise dos Mísseis em Cuba, "as potências nucleares devem evitar confrontos que levem o adversário a escolher entre uma derrota humilhante ou uma guerra nuclear".[5] Em suas negociações, as apostas não serão tão altas. Mas se o presidente Kennedy estava preocupado com a possibilidade de alguém entrar em uma guerra nuclear para evitar humilhação, considere o quão mais provável é que alguém se afaste de milhares ou milhões de dólares para manter as aparências.

Suponha que esteja negociando a compra de um produto ou serviço e uma vendedora lhe diga: "Não temos como baixar o preço — esta é nossa última oferta." Depois, fica claro para vocês dois que ela terá que baixar o preço para que você faça a compra. Aqui estão algumas maneiras de ajudar sua contraparte a manter as aparências:

- "Estou feliz por ter conseguido encontrar maneiras de compensá-la por um preço mais baixo, pois sei que você não poderia baixá-lo de outra forma."

- "Percebo que você está me fazendo um favor, ao reduzir o preço além do que normalmente é possível, e agradeço muito."

- "Temos sorte de termos superado a discussão sobre preço, na qual você já fez tudo o que podia. Em vez disso, fomos capazes de nos concentrar em criar um pacote que agradasse a nós dois."

Cada uma dessas respostas reduz a probabilidade de que o outro lado cumpra seu ultimato, porque cada uma oferece uma maneira legítima e salvadora de mostrar sua decisão em mudar de curso. Frequentemente, suas contrapartes encontrarão a própria maneira de justificar voltar atrás em suas reivindicações originais; se não puderem, ajuda se você der uma história para contarem a si mesmos — e a outras pessoas que possam questionar a decisão de recuar. Vale ressaltar, no entanto, que cada uma dessas respostas seria menos necessária se, desde o início, você tivesse seguido a estratégia de ignorar totalmente o ultimato.

Também vale a pena ter em mente que não é apenas sua contraparte que tem uma forte necessidade de manter as aparências. Você tem a mesma probabilidade de sabotar seus próprios interesses, quando persegui-los faria você sofrer uma humilhação. Portanto, quando estiver envolvido em um desentendimento ou disputa, não coloque seu ego em jogo. Isso significa se abster de fazer ameaças vazias ou ultimatos. Também significa pensar cuidadosamente nas implicações de chamar alguém de mentiroso, atacar com raiva ou reivindicar firmemente uma posição que um dia você pode ter que abandonar. Gênios da negociação evitam esses comportamentos e, em vez disso, concentram-se em alternativas que servem ao mesmo propósito, mas que envolvem menos riscos. Em vez de chamar alguém de mentiroso, peça-lhe que comprove suas alegações. Em vez de fazer um ataque raivoso, diga à sua contraparte por que você está chateado. E, em vez de jurar que nunca recuará de uma determinada posição, ancore agressivamente e forneça uma justificativa para a âncora.

O QUE PARECE BOM VERSUS O QUE FUNCIONA BEM

Muitas das estratégias e táticas que apresentamos para lidar com situações difíceis em negociação não são do tipo que se vê em filmes de Hollywood. Em um filme (e, lamentavelmente, em alguns textos sobre negociação), o protagonista combate fogo com fogo, bate o punho na mesa e não recua em uma briga. Essas táticas parecem boas na telona, mas a maioria delas não funciona bem na prática. Gênios da negociação abordam negócios "feios" da mesma forma que abordam os "bonitos" — com uma abordagem investigativa que foca nos interesses fundamentais de cada lado. Terminaremos com outra citação sábia do instrutor de artes marciais de Deepak: "Se estiver em perigo, não dê um chute giratório na cara do outro. Golpeie o joelho. O chute na cara parece bonito, mas o chute no joelho salvará sua vida." O mesmo princípio se aplica aqui: deixe a coreografia para o palco, e seja um gênio na mesa de negociação.

CAPÍTULO 13

Quando *Não* Negociar

Esta história aconteceu em 1º de abril de 2005 — sim, no Dia da Mentira — mas, por mais estranho que possa parecer, aconteceu de verdade. Tudo começou com um professor de economia de Harvard à procura de estrume (sim, você leu certo). Por anos, esse professor (que *não* é nenhum dos autores) costumava dirigir até parte de uma fazenda a cerca de 15 km de sua mansão, enchia sua caminhonete com estrume e o levava para usar em seu jardim. Claro que tirar algo da propriedade de alguém, sem conhecimento e sem pagamento, é ilegal — mesmo que esse algo seja estrume. Há evidências que sugerem que esse professor não estava ciente de estar agindo contra a lei por todos aqueles anos. Entretanto, ficou muito claro, naquela noite de 1º de abril de 2005, que ele estava em uma grande enrascada. Um dos responsáveis pela fazenda avistou o professor tentando sair da propriedade com o estrume na caminhonete e prontamente bloqueou o caminho com seu próprio veículo. O fazendeiro, sobrinho do proprietário, estava claramente irritado e ameaçou chamar a polícia, enquanto o professor precisou pensar rapidamente. Ele tinha duas opções à vista: poderia se apoiar em suas habilidades interpessoais (se desculpar, alegar ignorância, prometer se redimir etc.), ou poderia se apoiar em sua educação de economista. Ele escolheu esta última.

Avaliando o estrume na caminhonete em não mais que US$20, o professor ofereceu esse valor ao fazendeiro — que ficou ainda mais irritado. Acreditando ter oferecido mais que o valor de reserva, o professor deve ter ficado surpreso; apesar disso, subiu a oferta para US$40. Como resposta, o fazendeiro chamou a polícia. O professor foi acusado de invasão, furto e destruição de propriedade (sim, ainda estamos falando de estrume). Mas essas acusações logo se tornariam a menor das preocupações do professor. Quando o fato veio a público, alastrou-se rápido

276 ● Gênio da Negociação

pelas mídias locais, nacionais e internacionais. Até Jay Leno fez piada sobre as desventuras do professor de Harvard, em seu monólogo no *Tonight Show*.

Onde o professor errou? Obviamente em não reconhecer que estava roubando estrume. Pior ainda, ignorou todos os sinais de que não estava em posição de negociar sua saída da confusão. Se tivesse percebido o quão fraca era sua BATNA ("Se não houver acordo, enfrentarei problemas legais e serei exposto ao ridículo") e quão forte era a BATNA do fazendeiro ("Se não houver acordo, ele chamará a polícia"), ele poderia ter decidido não tentar barganhar. Além disso, vendo como o fazendeiro estava chateado, o professor poderia ter percebido que sua "negociação" poderia parecer um suborno e apenas aumentar o problema. Por fim, mesmo decidindo que uma oferta monetária ajudaria a resolver a questão, por que o professor ofereceria tão pouco? Dada a situação — a força da BATNA do fazendeiro e as emoções afloradas — uma abordagem muito melhor teria sido pedir desculpas, alegar ignorância e *perguntar ao fazendeiro* o que seria necessário para reparar a situação infeliz. Em vez disso, o professor decidiu negociar — e foi aí que o estrume realmente atingiu o ventilador.

Este livro foi elaborado para ajudá-lo a melhorar suas habilidades de negociação e fornecer as ferramentas necessárias para alcançar melhores resultados para você e para as pessoas de quem gosta. Embora intitulado "Quando *Não* Negociar", até mesmo este capítulo visa expandir sua capacidade de negociação, porque um aspecto fundamental da especialização em qualquer domínio é reconhecer seus limites. Ao ler este livro, você pode ficar tentado a experimentar suas novas habilidades de negociação em todos os lugares — o tempo todo e com todos — para ver se consegue que os outros façam o que você deseja.

Nosso conselho: vá com calma. Reconheça que os aspectos "mais leves" do que você aprendeu (ouvir, compreender, ter empatia e assim por diante) são algumas das ferramentas mais gerais que pode aproveitar, especialmente em situações delicadas, em que táticas movidas a adrenalina podem apenas piorar as coisas. Tornar-se um gênio da negociação é uma questão de saber *como* negociar, mas também *quando* negociar.

Especificamente, a negociação pode não ser a melhor opção: quando os custos da negociação excedem o valor que você pode ganhar, quando sua BATNA é ruim (e todos sabem disso), quando a negociação pode enviar um sinal errado para a outra parte, quando o dano potencial ao relacionamento excede o valor esperado da negociação, quando negociar é culturalmente inapropriado, ou quando sua BATNA supera a melhor oferta possível do outro lado. Este capítulo irá ajudá-lo a entender melhor — e criar estratégias melhores — para cada uma dessas situações.

QUANDO TEMPO É DINHEIRO

Muitos anos atrás, Max estava ministrando um curso em Bangkok, na Tailândia. Os alunos, naturalmente, estavam curiosos para saber se Max saberia negociar no mundo real ou se conhecia o assunto apenas de uma perspectiva acadêmica. Então, toda aula começava da mesma maneira. Um dos alunos perguntava a Max aonde ele havia ido na noite anterior e fazia a pergunta-chave: "Quanto pagou ao taxista para voltar ao alojamento da universidade?" À época, na Tailândia, era comum negociar o preço da corrida com o taxista antes de entrar no carro. Os alunos poderiam, então, julgar se Max havia pagado o mesmo que os locais, ou se pagou o preço reservado a estrangeiros — e àqueles sem fortes habilidades de negociação. No final da primeira semana, Max já entendia o mercado de táxi local muito bem, e conseguia impressionar seus alunos regularmente com sua capacidade de negociar um bom preço.

Então, Marla, esposa de Max, chegou à Tailândia. Na noite de sua chegada, Max e Marla fizeram uma longa caminhada pela cidade até um bom restaurante. Após o jantar, do lado de fora do restaurante, Max chamou um táxi e, em seu fraco tailandês, informou seu destino ao motorista. O motorista pediu 70 baht (US$2,80 na época), um preço muito alto. Max respondeu com 30 baht (US$ 1,20), o preço mais baixo possível para uma corrida de táxi local, e o que Max havia pagado alguns dias antes por uma corrida semelhante. O motorista baixou rapidamente o preço para 50 baht; Max repetiu sua oferta de 30 baht. O motorista desceu para 40 baht. Max insistiu em 30 baht. O motorista decidiu seguir sua BATNA e foi embora.

Max chamou outro táxi e informou o destino ao motorista. A resposta do motorista foi um preço de 50 baht — uma primeira oferta muito mais razoável que a do motorista anterior. Max respondeu com uma oferta de 30 baht. O motorista baixou para 40 baht, Max repetiu sua oferta de 30 baht. Mais uma vez, o motorista foi embora.

278 • Gênio da Negociação

Nessa hora, Marla, exausta de sua viagem ao redor do mundo, perguntou a Max o que estava acontecendo. Ele explicou que os taxistas estavam pedindo US$1,60 pela corrida, mas que ele sabia que poderia negociar até baixar para US$1,20. Marla não estava nada impressionada, mas também bastante irritada. Ela se ofereceu para "inteirar" os 40 centavos, se assim pudessem fechar negócio e ir embora. Max quis explicar que era importante para ele conseguir um acordo que impressionasse sua turma no dia seguinte, mas decidiu não insistir. Em vez disso, aprendeu uma lição importante. Ele não estava apenas ignorando o valor de seu próprio tempo, mas, mais importante, o valor do tempo de Marla.

É comum que negociadores fiquem tão focados em "fazer um bom negócio" ou "vencer" que deixem de considerar o valor do tempo que estão usando (ou desperdiçando) em busca de justiça ou vitória. Ao fazer isso, muitas vezes perdem tempo em negociações triviais, quando poderiam estar fazendo negócios mais importantes, concluindo outras tarefas ou simplesmente relaxando. Muitos negociadores afirmam ser pessoas extremamente ocupadas, constantemente com pouco tempo disponível — mas essas mesmas pessoas fazem um trabalho muito ruim ao priorizar seu tempo. Se você costuma alegar que tem pouquíssimo tempo livre, considere onde seu esforço traria maior retorno. Então, concentre-se mais em melhorar seu desempenho nessas negociações fundamentais e menos em negociações triviais, como aquelas que lhe dariam apenas um desconto nominal sobre um preço inicial já aceitável.

Infelizmente, fazer essa mudança não é tão simples quanto reconhecer que tempo é um recurso limitado, que não deve ser desperdiçado. Você também precisa reconhecer as muitas maneiras pelas quais foi condicionado a cometer esse tipo de erro e trabalhar duro para mudar seus hábitos. Por exemplo, considere que, em todas as culturas, as pessoas são condicionadas a procurar o melhor negócio, a não desperdiçar dinheiro, a evitar penalidades e multas e a comer tudo o que puseram no prato. O que há de errado com esses conselhos?

Normalmente não há nada de errado em seguir essas regras, mas, às vezes, elas nos motivam a tomar decisões irracionais que destroem valor. Deepak descobriu isso certa noite, quando sua esposa, Shikha, pediu que ele devolvesse um DVD que haviam alugado na noite anterior. O DVD deveria ser entregue antes da meia-noite; senão, teriam que pagar uma multa. O problema era que Deepak estava sentado confortavelmente na sala, e sem vontade nenhuma de se levantar, vestir-se e dirigir 3 km para devolver um filme. Deepak explicou que preferia fazer a devolução no dia seguinte, quando passasse pela locadora a caminho do trabalho, e que poderia arcar com uma multa de US$3. Shikha via as coisas de maneira diferente. Ela não se importou com a posição de Deepak sobre o assunto, que caracterizou como "preguiçosa".

Deepak sugeriu que olhassem para a situação de maneira diferente. "Suponhamos que não exista DVD ou multa", ele disse. "Imagine que há alguém fora da videolocadora oferecendo US$3 a qualquer um que entre. Você quer que eu me levante, me arrume e dirija 3 km para pegar esses US$3? Não mesmo! Se não vale a pena sair por esses US$3 hipotéticos, não existe nenhuma razão para eu fazer isso agora."

Shikha concordou com o argumento de Deepak, mas, como sempre, melhorou sua análise. "De agora em diante", ela disse, "talvez tenhamos que nos planejar para não estar em situações em que tenhamos de escolher entre perder dinheiro e perder tempo." Na verdade, ela apontou, Deepak poderia ter devolvido o DVD a caminho do trabalho naquela manhã, evitado a multa e aproveitado a noite em casa, sem a necessidade de toda essa conversa. Porém, de acordo com Deepak, não teria sido tão divertido — ou elucidativo.

Como essa história revela, somos frequentemente tentados a subestimar o valor do nosso tempo, pois estamos aplicando mal os conselhos que são aparentemente razoáveis (como conseguir o melhor negócio, não aceitar o que é injusto, evitar multas etc.) Além disso, como mostra a solução de Shikha sobre o problema do DVD, geralmente é possível tomar decisões racionais e, ao mesmo tempo, evitar transações desagradáveis, preparando-se efetivamente desde o início.

QUANDO SUA BATNA É PÉSSIMA — E TODOS SABEM DISSO

Em nosso trabalho como professores da Escola de Negócios de Harvard, estudantes do segundo ano do MBA costumam nos procurar desejando conselhos para negociar suas ofertas de trabalho. Com frequência, os alunos se sentam e descrevem a excelente oferta que receberam — ótima empresa, ótima localização, ótimo chefe e ótimo cargo inicial. Nós os parabenizamos por terem conseguido a oferta e perguntamos como podemos ajudar. Eles explicam que a oferta está um pouco abaixo em uma questão — salário. Parece que muitos de seus amigos receberam melhores ofertas monetárias em suas empresas.

Nesse momento, fazemos as perguntas que eles aprenderam a esperar de nós no primeiro ano do curso de negociação: "Qual sua BATNA? Quais outras ofertas você tem?" Eles costumam se queixar que negociar seria fácil — e que não precisariam de conselho — se tivessem outras ofertas. O problema, explicam, é que têm apenas uma oferta e que o possível empregador sabe disso (ou saberá em breve, pois o aluno não mentirá a respeito).

Como esses estudantes deveriam negociar por um salário mais alto? Embora dependa da situação, um conselho que geralmente oferecemos — baseado na história de Deepak, no Capítulo 11 — surpreende um pouco os alunos: eles devem ligar para o futuro empregador, expressar o entusiasmo pela empresa e pela oferta e aceitar o trabalho. Então, depois de aceitar, devem pedir aos seus novos chefes um favor: "Se importaria de dar uma olhada nos dados referentes aos salários iniciais de alguns alunos de MBA graduados em Harvard? Gostaria que considerasse se um salário inicial, um pouco maior, seria possível e justo." Por fim, eles devem esclarecer que já aceitaram a oferta, independente da alteração de salário — o que acontecer nessa negociação, não afetará a decisão de se juntar à empresa.

Nossos alunos costumam protestar, dizendo que perderiam muito poder na negociação ao aceitar primeiro. "Sobre qual poder você está se referindo?", perguntamos. "Se você tenta negociar com seu novo empregador, e sua BATNA é permanecer no mercado de trabalho sem uma oferta, e o empregador sabe que deu algo maior do que seu valor de reserva, então você tem pouco poder, para começar." Em uma situação assim, você pode não querer jogar o jogo da "negociação". Pode ser melhor um jogo diferente — por exemplo, o jogo chamado "honestidade" ou outro chamado "poderia me ajudar?" De maneira geral, você pode querer evitar a negociação quando uma análise racional sugere que você perderá o jogo da negociação, mas que pode ganhar em outro tipo de jogo. Especialmente, quando sua BATNA é péssima, a BATNA deles é boa, e todas essas informações são de conhecimento comum, você pode simplesmente aceitar a negociação, e então mudar o jogo.

Esse conselho funciona? Relembre como Deepak negociou uma oferta de emprego com seu empregador desejado. Sua estratégia foi aceitar a oferta antes de negociar e depois criar um ambiente em que o sócio-gerente gostasse dele, quisesse ajudá-lo e pudesse encontrar maneiras de justificar um aumento de salário. O resultado: um aumento de 10% no salário inicial, depois de o departamento de RH e o sócio-gerente terem dito que os salários não eram negociáveis.

QUANDO NEGOCIAR ENVIA O SINAL ERRADO

Steve, um gerente sênior de uma empresa de contabilidade altamente lucrativa, foi surpreendido certa manhã ao receber um telefonema do presidente da empresa. "O que ele poderia querer comigo?", perguntou-se Steve, que nunca havia se encontrado ou conversado com o presidente. O presidente disse a Steve que estava planejando uma série de mudanças na organização e que uma das principais envolveria a reestruturação da equipe executiva: algumas pessoas sairiam e novas entrariam. O presidente pediu para Steve se encontrar com ele no dia seguinte para uma breve conversa. No outro dia, com apenas alguns minutos de conversa, o presidente ofereceu a Steve um novo cargo no nível executivo, uma promoção que o levaria a três níveis acima na organização.

A maioria dos funcionários da maioria das organizações ficaria absolutamente entusiasmada em receber essa oportunidade. Mas esta situação era diferente. Em sua posição atual, Steve não apenas ganhava um salário alto, como também era membro de um grupo de bônus altamente cobiçado, o que geralmente triplicava seu salário anual. O novo cargo, ainda que de nível executivo, poderia acabar pagando bem menos. Não havia sido discutida a remuneração e Steve se perguntou se o presidente sabia qual seria o salário do novo cargo. Ele estava empolgado, mas extremamente preocupado com a perspectiva de ver sua remuneração reduzida pela metade, ou menos! O que fazer? Deveria perguntar o salário? Deveria ancorar a negociação revelando quanto recebia no momento, e então esperar uma resposta? Deveria pedir mais tempo para tomar a decisão e então tentar obter informações adicionais de outras fontes? Deveria simplesmente aceitar ou rejeitar a oferta de uma vez?

282 ● Gênio da Negociação

Pode não haver uma única abordagem "certa" para essa situação. Mas vamos considerar o que Steve fez e, mais importante, por que ele fez.

Com base na rapidez com que o presidente da empresa fez a oferta e no fato de que esperou para fazê-la até que estivessem cara a cara, Steve deduziu que deveria ser uma decisão rápida. Além disso, o presidente *escolheu* não tocar no tópico da remuneração. Steve interpretou isso como uma de duas coisas: ou o presidente estava confiante de que a remuneração seria suficiente, ou estava evitando o assunto de propósito, porque não queria que a decisão fosse motivada, principalmente, por razões financeiras. Dada a ênfase que o presidente continuava colocando em "construir uma nova equipe com uma visão compartilhada", Steve raciocinou que a última alternativa era quase certa. Nesse caso, talvez a pior coisa a fazer seria trazer o salário à tona.

Steve chegou à conclusão de que não era hora de negociar. Por um lado, mesmo que a remuneração fosse muito baixa, ele poderia estar em melhor posição para negociar um salário mais alto depois de ter provado seu valor na nova função. Poderia ser que ele se arrependesse da decisão de não negociar, se não conseguisse um salário adequado depois, mas podia correr o risco. Mais importante, tentar negociar nas circunstâncias atuais enviaria o sinal errado — de que ele estava mais interessado em dinheiro do que em fazer parte da equipe de liderança e a ajudar a remodelar a organização.

Steve disse ao presidente que, embora alguns aspectos do trabalho obviamente ainda não estivessem claros, ele compartilhava de sua visão e estava animado para se juntar à equipe. E acrescentou: "Confio plenamente no senhor para ajudar a fazer minha transição para esta nova, bem-sucedida e mutuamente gratificante função."

Mais tarde, alguns dos colegas de Steve disseram que ele deveria ter negociado o salário — estava em uma ótima posição para fazê-lo, pois o presidente claramente o havia procurado.

A resposta de Steve? "Talvez eu pudesse ter tentado negociar um pacote de remuneração astronômico, e talvez me arrependa de não ter negociado quando tive a chance. Mas estou absolutamente certo de que enviei exatamente os sinais certos — de que sou um membro da equipe, que confio no presidente e que não sou motivado apenas por dinheiro

— a uma pessoa poderosa com quem espero ter um relacionamento próximo de longo prazo."

O que acabou acontecendo? Ao receber a promoção, o salário de Steve foi cortado pela metade — mas ele recebeu tantos bônus, ações e opções futuras, que sua remuneração anual efetivamente dobrou.

Como o raciocínio por trás da decisão de Steve revela, a decisão de negociar sempre envia *algum* sinal. Normalmente, o sinal que você envia ao iniciar uma negociação é que exige mais valor antes de fechar o negócio. E, normalmente, é um bom sinal a se enviar. Entretanto, em algumas situações, o sinal que você envia quando decide negociar é de que não confia no outro lado ou que está mais preocupado com o que ganhará com o negócio, do que com o relacionamento, ou sobre a razão do negócio em si.

Se sua decisão de negociar enviará o sinal "errado", você tem três opções.

1. Negociar de qualquer maneira. Você pode decidir que o resultado da negociação supera os custos de enviar o sinal errado.

2. Mudar o sinal. Você pode administrar ativamente a maneira que a outra parte percebe sua decisão de negociar. Por exemplo, Steve poderia ter iniciado a conversa sobre remuneração da seguinte forma: "Estou bastante empolgado com a oferta e espero ter um papel na transformação da organização. Também aprecio sua confiança em mim. Antes de assinar, tenho algumas questões. Estou certo de que não será nenhuma surpresa. Seria possível ter mais informações sobre função, responsabilidades e remuneração? Com relação ao salário — não quero que tenha a ideia errada. Não estou supervalorizando o dinheiro. Mas é algo que alguém com três crianças pequenas precisa, ao menos, considerar. Podemos conversar a respeito?" Ao dizer isso, Steve poderia ter tornado menos provável que uma negociação sobre remuneração aborrecesse ou ofendesse o presidente.

3. Decidir não negociar. Se você acha que o custo de enviar um sinal negativo é alto demais e que seria difícil alterá-lo, pode decidir, como Steve, que não é hora de negociar.

QUANDO AS RELAÇÕES PODEM SOFRER

Sharon e Mark compraram um terreno e prosseguiram com seus planos de construir uma casa dos sonhos. A construção iria pesar no orçamento, mas eles planejaram com cuidado para conseguir o menor preço possível. Felizmente, Sharon e Mark participaram de um seminário anunciado no jornal local sobre "conseguir o preço justo". O instrutor disse a eles que quanto mais ofertas procurassem, menor seria o preço. Assim, eles levaram seus planos arquitetônicos para oito construtores diferentes, e ficaram maravilhados quando um construtor apresentou uma oferta surpreendentemente baixa — 10% mais baixa do que a segunda oferta mais baixa.

O curso de negociação parecia estar valendo a pena. Se o construtor estivesse desesperado por projetos, especularam Sharon e Mark, talvez aceitasse fazer mais algumas concessões. Pessoalmente, eles pressionaram por um preço mais baixo. A princípio, o construtor resistiu. Mas quando Sharon e Mark se ofereceram para assinar o contrato no mesmo dia, colocaram um cheque na mesa (outro truque aprendido na aula de negociação) e ameaçaram procurar outro, o construtor teve que repensar. Ele considerou seu desejo de manter sua equipe empregada e concordou em baixar o preço em mais 3%, balançando a cabeça e resmungando se ainda teria algum lucro. Sharon e Mark pareciam ter negociado o melhor preço que poderiam obter — o menor valor de reserva da outra parte! A felicidade os impediu de perceber o fato de que o construtor se sentiu em uma armadilha e que estava insatisfeito com o desenrolar da negociação.

Depois que o contrato foi assinado, o arquiteto de Sharon e Mark apresentou uma série de mudanças que eles acharam ótimas. Levaram esses "pedidos de alteração" aparentemente pequenos ao construtor e ficaram chocados com os preços que ele exigiu para seguir com as alterações no plano de trabalho. Sharon e Mark pressionaram bastante por um preço mais baixo, mas desta vez o construtor se recusou a fazer concessões. Seu excelente preço inicial continuou subindo, devido não apenas às mudanças solicitadas, mas também ao aumento do custo do material (o contrato tinha um ajuste por custo de material). Aconteceram muitas conversas difíceis com o construtor, que continuava mal-humorado com sua margem de lucro, e Sharon e Mark frustrados com o aumento de preço.

Quando o construtor disse que a casa provavelmente ficaria pronta em três meses, Sharon e Mark venderam o apartamento em que moravam e estabeleceram uma data de saída coincidente com a previsão de entrega. Entretanto, a casa não ficou pronta a tempo e Sharon e Mark foram obrigados a se mudar para um local temporário. Diversas vezes eles discutiram com o construtor sobre a necessidade da entrega, que repetidamente culpava terceiros pelos atrasos. Sharon e Mark checaram o contrato e não encontraram cláusula sobre atrasos.

Após nove semanas no local temporário, Sharon e Mark finalmente se mudaram para a suposta "casa dos sonhos". De primeiro momento, ficaram satisfeitos. Mas quanto mais tempo viviam na casa, mais problemas encontravam: um dos sistemas de aquecimento falhou em pleno inverno, dois equipamentos não eram confiáveis, parte do serviço de carpintaria não foi terminado e rachaduras começaram a surgir em uma parede. Alguns desses itens estavam na garantia; outros não. O construtor demorou para atender até mesmo os itens em garantia; afinal, ele já havia sido totalmente pago pelo serviço. "Sei que preciso consertar as rachaduras na parede", disse o construtor em uma conversa acalorada com Sharon, "mas não sou obrigado a fazer isso de acordo com a sua conveniência."

No fim das contas, Sharon e Mark se arrependeram até mesmo de ter decidido construir a casa dos sonhos. O antigo apartamento supria as necessidades deles e era muito menos problemático.

Por que o projeto de construção foi esse desastre? Sharon e Mark conseguiram um ótimo preço por uma casa que por fim acabaram não querendo. Concentraram-se em conseguir o menor preço à custa de outras questões importantes, como prazo e qualidade da construção. Mais importante: insistiram em um preço que, embora desejável, destruiu a relação com a outra parte. Quando Sharon e Mark receberam o baixo orçamento do construtor, eles provavelmente deveriam ter aceitado e negociado questões "amigáveis", por exemplo, como lidar com alterações, possível adição de cláusula de atraso, bônus por pontualidade, e assim por diante. Sharon e Mark fizeram um bom trabalho negociando o preço da casa dos sonhos, mas teriam feito um trabalho muito melhor negociando o resultado completo, evitando baixar o preço até o valor de reserva do negociador.

Enquanto pensamos em como Sharon e Mark deveriam ter conduzido sua negociação, vale a pena relembrar (do Capítulo 1) o que

286 ● Gênio da Negociação

aconteceu quando Albert Einstein estava "negociando" sua oferta de emprego com o Instituto de Estudos Avançados. Einstein pediu um salário anual de US$3.000, e responderam oferecendo-lhe US$15.000 anuais. A decisão do instituto de oferecer a Einstein um salário adequado, em vez de aceitar (ou pechinchar) sua oferta mais baixa, foi acertada — e não apenas porque a outra parte era Albert Einstein. As organizações, muitas vezes, enfrentam uma escolha entre pagar aos funcionários o mínimo necessário para atraí-los e retê-los e pagar um salário "mais justo" ou mais generoso. Deixando de lado as considerações éticas, as organizações (e também consumidores, como Sharon e Mark) geralmente se beneficiam de uma perspectiva de longo prazo que envolve a construção de uma reputação de honestidade e de contribuição para o bem-estar de seus parceiros de negociação.

QUANDO NEGOCIAR É CULTURALMENTE INAPROPRIADO

Vamos revisitar as negociações de táxi de Max, na Tailândia, e ver como elas poderiam funcionar — ou não — em sua volta a Boston. Imagine que Max retorne aos Estados Unidos, saia do terminal do aeroporto e espere na fila por um táxi. Quando seu táxi chega, Max pergunta ao motorista quanto custará uma corrida até sua casa em Cambridge. O motorista diz que vai seguir o taxímetro, mas estima que ficará perto de US$20. Enquanto outros viajantes esperam impacientemente atrás dele, Max começa a pechinchar. Oferece US$10. O taxista pragueja e chama o atendente responsável pela administração do ponto de táxi. O atendente puxa Max de lado, diz que ele está segurando a fila e que terá que entrar no carro ou encontrar uma maneira diferente de ir para casa. Max deveria ficar surpreso com o fracasso dessa negociação? Claro que não. Também não deveria se surpreender se, em seguida, fosse a uma mercearia e não conseguisse negociar com o balconista sobre o preço de uma garrafa d'água. Alguns comportamentos que Max considerou perfeitamente aceitáveis na Tailândia seriam ridículos, até mesmo ofensivos, nos Estados Unidos. Vale a pena mencionar que alguns alunos ocasionalmente nos contam sobre seus sucessos na negociação de itens aparentemente não negociáveis (como o preço de um café na Starbucks). Você também deve se lembrar de como Shikha, esposa de Deepak, teve sucesso negociando com um motorista de táxi em Boston (como descrito no Capítulo 3). Mas muitas vezes essas negociações falham porque não são culturalmente apropriadas.

Inseridos em nossa própria cultura, tendemos a saber quais comportamentos são consistentes com as normas sociais, e quais não. O conhecimento de nossa própria cultura nos diz a que horas devemos aparecer para uma festa que "começa às 19h", e se é aceitável arrotar após uma refeição ou mostrar a sola dos sapatos, e incontáveis outras regras de conduta. O entendimento de nossa própria cultura também nos diz quando é apropriado negociar — e quando não. Infelizmente, com frequência violamos essas regras em outras culturas. Se Max, em Bangkok, tivesse simplesmente aceitado os 70 baht pedidos pelo taxista, ele não apenas teria pagado mais caro, como também teria dado ao motorista uma história engraçada (sobre o estrangeiro ignorante) que ele compartilharia com os amigos. Em outro exemplo, considere que em algumas culturas e contextos pode ser aceitável ancorar agressivamente e ir negociando até um acordo mutuamente aceitável; em outros casos, sua disponibilidade para alterar sua âncora original e justificada pode sinalizar à outra parte que inicialmente você estava mentindo ou sendo ganancioso.

Como saber se é aceitável negociar em uma cultura específica? Como iniciar negociações em uma cultura diferente? O primeiro passo para responder a essas perguntas é sempre a preparação. Antes de viajar, peça conselhos de pessoas que fizeram negócios, ou que façam parte dessas culturas. Aprenda tudo o que puder, incluindo o que é ou não apropriado dizer e discutir, quando e como iniciar discussões substanciais, como construir afinidade e confiança, como administrar questões de status e respeito, e quão agressivamente é possível ancorar. Quanto mais você souber na entrada, melhor preparado estará para negociar de forma eficaz.

Mesmo que você não seja culturalmente sofisticado, nem tudo está perdido. Imagine que você se encontre tentando negociar sozinho em uma terra estrangeira, da qual conheça pouco da cultura local e das normas sociais. O que fazer? Pergunte para descobrir. Muitas pessoas em muitas partes do mundo não ficarão ofendidas — provavelmente gostarão — de uma afirmação como a seguinte:

> Como sabe, nunca fizemos negócios neste país. Essa é uma das razões pelas quais estamos entusiasmados por ter a oportunidade de nos encontrarmos com vocês para

discutirmos questões de interesse mútuo. No entanto, isso também significa que nem sempre sabemos a maneira correta de articular ou transmitir certas ideias. Esperamos que vocês nos perdoem se dissermos ou fizermos algo que pareça estranho. Garantimos que não queremos desrespeitá-los e que, embora possamos tropeçar ocasionalmente, aprendemos rapidamente. Talvez vocês estejam sentindo uma ansiedade semelhante, se sim, podemos garantir que entendemos suas boas intenções. Acho que todos nos beneficiaremos se nos sentirmos à vontade para discutir os problemas abertamente, fazer perguntas e sermos pacientes. Esperamos que concordem. Estamos entusiasmados com a oportunidade, não apenas de fazer negócios com vocês, mas também de aprender sobre sua cultura.

Como você responderia se alguém com quem está negociando fizesse essa declaração? É muito provável que você aceitaria os sentimentos deles e se sentiria mais relaxado e confortável. Infelizmente, ao negociar entre culturas, muitas pessoas decidem "fingir", confiar em estereótipos culturais ou ignorar completamente o elemento cultural. Nenhuma dessas estratégias supera a abordagem investigativa que apresentamos no Capítulo 3: quando você não souber alguma coisa, tente descobrir.

QUANDO SUA BATNA SUPERA A MELHOR OFERTA POSSÍVEL DELES

Em 1981, Roger Fisher e William Ury publicaram um livro curto chamado *Como Chegar ao Sim: Como Negociar Acordos sem Fazer Concessões*. Como você deve saber, o livro se tornou um best-seller e transformou a prática da negociação. Antes dele, a maioria dos escritos sobre o tema da negociação focava em proteger "o que é seu" e obter o máximo possível do "que é deles" — uma abordagem que muitas pessoas descreveriam como negociação "ganha-perde". Ao contrário, *Como Chegar ao Sim* encorajou acordos e exaltou a busca de negócios "ganha-ganha".

De maneira geral, *Como Chegar ao Sim* deixou um impacto bastante positivo na sociedade. Mas, entre alguns de seus entusiastas, o livro parece ter criado um viés muito forte para *sempre* "chegar ao sim". O incrível sucesso de *Como Chegar ao Sim* contribuiu para a percepção de que um impasse, ou um "sem acordo", é equivalente a uma negociação fracassada. Mas, às vezes, em negociações, você *não* deve chegar ao sim! Às vezes, sua BATNA é melhor do que qualquer oferta que sua contraparte de negociação possa fazer, e um "sem acordo" é o melhor resultado que dois negociadores totalmente racionais podem esperar alcançar. Nesses casos, o melhor que você pode fazer é chegar ao "não" da maneira mais eficiente possível. Como você saberá quando "sem acordo" é o melhor resultado? Procure os seguintes sinais:

- Você disse a eles sobre suas outras ofertas e eles não conseguem igualar ou superar o valor que essas alternativas oferecem.

- Em vez de tentar atender às suas necessidades, eles estão se esforçando para convencê-lo de que os seus interesses não são o que você pensa que são.

- Eles parecem mais interessados em estender a negociação do que em trocar informações, construir um relacionamento ou estruturar um acordo.

- Apesar de seus melhores esforços, eles não responderão a nenhuma de suas perguntas; nem perguntarão sobre suas necessidades ou interesses.

Em tais situações, não há virtude em negociar por negociar, ou negociar bem depois do tempo que deveria levar para você descobrir que não existe ZOPA. Quando não há ZOPA, não deveria haver acordo. Em tais situações, em vez de "chegar ao sim", exercite sua BATNA.

UM GÊNIO PODE NEGOCIAR TUDO?

Como enfatizamos ao longo deste livro, frequentemente uma negociação permite criar valor acima e além das alternativas de acordo. Mas vale ter em mente que nem todo aspecto da vida é uma negociação. Ao se considerar o contexto da negociação, as relações envolvidas e as alternativas fora da mesa, você estará apto a identificar quando negociar, quando aceitar um acordo sem negociação e quando simplesmente ir embora. Alguns "especialistas" em negociação dirão que "você pode negociar tudo". Talvez possa — mas não significa que *deva*. Geralmente, há coisas melhores a se fazer do que negociar. Gênios da negociação são capazes de reconhecer e utilizar essas alternativas.

CAPÍTULO 14

O Caminho do Gênio

Alguns anos atrás, um de nós participou de uma aula de MBA ministrada por um conhecido professor de negociação. Era o último dia do curso de seis meses e o professor se referia aos alunos como "especialistas em negociação" (por exemplo, "agora que vocês são especialistas em negociação", e assim por diante). Consideramos isso bastante preocupante. Aqueles alunos não eram especialistas — certamente, não ainda. Alguns deles podem nunca se tornar especialistas em negociação. E, no entanto, o último dia do curso estava sendo celebrado como o último passo do processo de aprendizagem. Nós não temos tais ilusões. Pelo contrário, acreditamos que a leitura deste livro é seu *primeiro* passo rumo a se tornar um especialista — ou gênio da negociação.

Relembre a distinção que fizemos no Capítulo 6, entre experiência e especialização. Experiência é o que se obtém quando se faz uma determinada tarefa (como uma negociação) diversas vezes. Especialização é o que se obtém quando é possível infundir experiência à "conceituação estratégica" do que está se fazendo.[1] Infelizmente, muitas pessoas confundem essas duas ideias e erroneamente pensam que sua vasta experiência em negociação os qualifica como especialistas.

Um de nossos alunos executivos recentemente nos disse que não esperava aprender muito em um curso de negociação. Ele acumulava muitos anos de experiência e já tinha "visto de tudo". Em apoio ao seu argumento da supremacia da experiência, ele até citou Benjamin Franklin: "A experiência é uma cara professora." Infelizmente, para o aluno (e suas perspectivas de aprendizagem), ele compreendeu mal esse ponto. Quando Franklin usa a palavra "cara", o faz no sentido de "custosa", não de "querida". Isso se torna claro quando se considera a citação completa: "A experiência é uma cara professora, mas os tolos não aprenderão com nenhuma outra." Sim, experiência é uma parte extremamente importante de se tornar um gênio da negociação, mas não é suficiente.

Os alunos cujo professor disse que eles eram especialistas, o negociador que veio até nós, com vinte anos de experiência em negociação e você, todos têm uma coisa em comum: quando se trata de negociação, a pessoa faz algumas coisas bem, outras mal, e a melhor maneira de se tornar um negociador mais eficaz — um gênio da negociação — é pensar de forma mais profunda e analítica sobre a estrutura que desenvolvemos. Somente aproveitando as experiências *e* percepções será possível alcançar, de fato, a especialização.

QUE HISTÓRIA VOCÊ CONTARÁ?

Tente se lembrar de uma negociação recente em que chegou a um acordo, mas fez um péssimo negócio. Agora imagine que você reclamou do resultado para seu chefe, colega, amigo ou cônjuge. Como você justificou seu resultado? Aqui estão algumas explicações comuns que ouvimos de negociadores:

- "A outra parte disse que tinha uma oferta melhor do que a concorrência. Não havia mais nada que eu pudesse fazer."
- "O mercado se voltou contra nós."
- "Não houve tempo o suficiente para tentar um acordo melhor."

E aqui estão algumas explicações que raramente ouvimos:

- "Eu não me preparei sistematicamente."
- "Nossa equipe não foi bem coordenada."
- "Não coletei as informações de que precisava antes da negociação."
- "Deixei escapar uma oferta antes de pensar melhor."

A diferença entre as duas listas é crucial. A primeira consiste em atribuições *externas*. A falha ocorreu devido a fatores além do controle. O problema estava na situação, não no que se fez ou deixou de ser feito. Em contraste, a segunda lista consiste em atribuições *internas* pelo fracasso — havia coisas que se poderia ter feito diferente para se obter um melhor resultado. Quando pensamos em nossos sucessos, somos muito rápidos em atribuí-los a fatores sob nosso controle. Mas quando pensamos nos fracassos, geralmente encontramos maneiras de externalizar a culpa.

A *boa* notícia é que esses tipos de atribuições externas podem salvar sua reputação com seu chefe. Eles também farão você se sentir melhor com o "fato" de que o mau negócio não foi sua culpa e que você fez o melhor que pôde. A *má* notícia é que o mau resultado provavelmente foi, ao menos parcialmente, culpa sua; assim, você não está sendo totalmente honesto consigo mesmo ou com os outros. Na maioria das vezes, quando você faz um mau negócio, é porque estava em uma situação difícil *e* não lidou com ela tão bem quanto poderia. Agora, a notícia *péssima*: quando você atribui suas falhas a fatores externos, torna muito difícil aprender com a experiência e melhorar como negociador.

Como negociador, você enfrenta uma escolha: quer se sentir bem consigo mesmo ou quer aprender? Como você chegou ao último capítulo deste livro, presumimos que escolha a segunda opção. Nesse caso, seu objetivo é encontrar maneiras de integrar em sua vida os princípios, estratégias e táticas apresentados neste livro. Terminamos sugerindo algumas formas de fazer isso.

MELHOR FEITO QUE PERFEITO

Já foi dito que "melhor feito que perfeito", um princípio que se aplica à mudança pessoal em muitas áreas. Se você tentar fazer tudo em pouco tempo, ficará sobrecarregado. Por exemplo, você pode tentar memorizar todas as ideias e estratégias que achou úteis neste livro, para estar preparado para todas as eventualidades possíveis em sua próxima negociação. Se tentar fazer isso, inevitavelmente ficará aquém de suas expectativas — e de seu potencial.

Além de reconhecer as virtudes do progresso gradual (em vez de apressado), você deve antecipar os vários obstáculos à mudança que, sem dúvida, enfrentará. Você pode achar difícil experimentar novas ideias ou estratégias porque é avesso ao risco ou porque acha o status quo reconfortante. Ou pode achar difícil mudar de atitude quando todos ao seu redor esperam que você acredite em certas coisas e se comporte de determinada maneira. Também é possível que você simplesmente não tenha o tempo necessário para se dedicar à mudança. Reconheça que todos esses obstáculos — e outros que possa imaginar — são comuns. Sua necessidade de enfrentar esses obstáculos não diz nada sobre você ou sobre suas perspectivas de mudança efetiva; significa simplesmente que você é humano. Essa compreensão pode lhe dar algum alívio, mas não resolve seu problema. Como superar obstáculos comuns à mudança e aproveitar de forma eficaz as ideias deste livro?

Aqui estão algumas etapas práticas que você pode seguir para fazer a transição da *leitura* sobre as principais ideias e estratégias de negociação para mudar a forma como você realmente negocia:

1. Revise o livro (ou quaisquer anotações que possa ter feito durante a leitura) e faça uma lista de todas as estratégias e táticas que gostaria de tentar em suas próprias negociações. Depois de fazer isso, identifique quais itens da lista requerem maior consideração e quais você pode usar imediatamente.

2. Entre as ideias que você deseja considerar mais a fundo, identifique um conceito-chave no qual trabalhará por algum tempo na próxima semana. Reserve algum tempo em sua agenda para pensar mais profundamente sobre essa ideia. Como aplicá-la às suas negociações? Quais os pontos fortes e fracos? Como integrar esse princípio em sua maneira de pensar? Faça o mesmo para todas as outras ideias que gostaria de considerar mais adiante: uma ideia por semana. Se tiver tempo para explorar mais ideias em uma determinada semana, adicione itens à lista semanal.

3. Identifique outras pessoas, como amigos e colegas, com quem gostaria de discutir estratégias de negociação específicas. Peça-lhes para bancar o advogado do diabo em relação à sua estratégia proposta e para criticar seus planos. Experimentar novas estratégias de negociação com amigos ou colegas solidários, não apenas lhe dará a confiança necessária para transferir suas novas habilidades para negociações importantes, mas também o ajudará a identificar erros que você pode ter esquecido.

4. Para as estratégias que esteja pronto para implementar imediatamente, pense em suas negociações atuais (ou futuras). Anote quais estratégias e táticas específicas gostaria de em-

pregar em cada negociação. Para evitar "dar um jeito" ao chegar à mesa de negociações, você também deve planejar exatamente como implementará essas estratégias.

5. Após suas negociações, pense em outras estratégias que poderia ter aplicado, mas não o fez. Pense em como fazer isso no futuro.

6. De vez em quando, revisite o livro para ver se há outras ideias, estratégias ou táticas que pareçam relevantes para suas negociações atuais ou futuras.

CRIANDO O AMBIENTE CERTO PARA O GÊNIO

Um estudante executivo que dirige uma empresa de médio porte voltou para visitar Deepak, um ano depois de fazer seu curso de negociação. O executivo ficou tão entusiasmado com o material do curso que queria que todos os seus funcionários aprendessem e dominassem as estratégias discutidas em sala de aula. Durante aquele ano, relatou, havia se esforçado muito para ensinar seus funcionários. Infelizmente, alcançou resultados muito diferentes. Ele descreveu o problema:

"Na minha empresa, temos duas divisões: os 'Abridores' e os 'Fechadores'. O trabalho dos Abridores é trazer clientes em potencial. Uma vez que o potencial cliente esteja suficientemente interessado no que temos a oferecer, ele é repassado aos Fechadores, cujo trabalho é fechar negócio. Quando tentei ensinar meus funcionários sobre negociação investigativa, criação e reivindicação de valor etc., algo estranho aconteceu. Os Abridores aprenderam rápido. Ficaram entusiasmados para aproveitar essas novas ideias nas negociações com clientes em potencial. Mas os Fechadores não entenderam bem. Olharam para mim como se eu estivesse falando um completo absurdo. Voltaram ao trabalho e não mudaram nada. Continuam reivindicando muito pouco valor e fazendo o necessário para fechar o negócio. Eles parecem não ter noção dos méritos da criação de valor, ou do potencial da reivindicação de valor!"

O executivo se perguntou em voz alta se o problema era que estava recrutando mais pessoas de mente aberta como Abridores e mais pessoas de mente fechada como Fechadores. Deepak respondeu perguntando se, em sua empresa, essas duas divisões eram realmente chamadas de "Abridores" e "Fechadores". O executivo disse que sim. "Por que, então", perguntou Deepak, "você está tão surpreso que seus Fechadores estejam fechando negócios para você?" O executivo não tinha certeza se tinha entendido, então Deepak fez outra pergunta: "Do que você acha que os Fechadores têm mais medo no trabalho?" O executivo pensou por um momento e respondeu: "De perder o negócio". Deepak perguntou se havia algum sistema de incentivo para recompensar os Fechadores. Havia: seus bônus estavam vinculados ao número de negócios que fechavam.

Esse era o problema. Esses funcionários estavam sendo informados (literalmente) de que seu trabalho era fechar negócio. Também estavam sendo recompensados financeiramente com base na quantidade de negócios fechados. Ainda assim, o executivo ficou surpreso quando os Fechadores ignoraram sua sugestão de tentar reivindicar o máximo de valor possível. Por que eles fariam qualquer coisa que pudesse arriscar perder um negócio?

Este problema é comum. Muitas vezes, nós — ou nossos funcionários e colegas de trabalho — temos a capacidade analítica para aprender novas habilidades e o desejo de mudar nosso comportamento, mas somos limitados pela cultura ou sistemas de incentivo que existem em nossas organizações. Para que as ideias deste livro tomem forma no mundo real, você precisa tomar medidas para remover essas restrições. Se estiver em uma posição de autoridade, avalie a cultura e os sistemas de incentivo que gerenciam sua equipe, divisão ou organização. Se você perceber que esses sistemas sufocarão as mudanças que se espera firmar nos comportamentos de negociação de seus funcionários ou colegas, trabalhe para facilitar uma mudança. Se você não está em uma posição de autoridade, mas pode ver como a cultura ou o sistema de incentivo de sua organização cria uma barreira à mudança, considere assumir a responsabilidade de educar aqueles que podem fazer algo a respeito.

O CÍRCULO QUE DESAPARECE

Quando executivos e estudantes de MBA se matriculam em um curso de negociação, costumam chegar com suposições sobre as "coisas negociáveis" da vida. Geralmente, pensam, há um pequeno círculo de coisas negociáveis: comprar ou vender uma casa, um carro ou um negócio; pechinchar com um vendedor ambulante; negociar salário com um empregador; e pouco mais que isso. Ficam ansiosos para aprender como serem mais eficazes nessas negociações. Porém, conforme o curso progride, discutimos diferentes estratégias e táticas para negociar em uma ampla variedade de contextos, o círculo de coisas negociáveis começa a crescer. Mais e mais questões, conflitos e situações parecem negociáveis. Os alunos costumam dizer que é um sentimento de empoderamento. Mas onde acaba? Na realidade, quão grande é o círculo?

Aqueles que refletem profundamente as ideias apresentadas em seus cursos de negociação — ou neste livro — em meses e anos seguintes após as aulas (ou a leitura), descobrem que, por fim, o círculo cresce ao infinito; isto é, o círculo simplesmente *desaparece*. Não existem "coisas negociáveis" e "coisas não negociáveis". Em vez disso, descobrem que aprenderam um conjunto de princípios básicos de interação humana — que não são sobre comprar, vender, costurar negócios, alcançar acordos, superar vieses e assim por diante. Essas atividades são meras aplicações dos princípios mais fundamentais para se relacionar com sucesso com pessoas que, como você, geralmente são seres humanos bem-intencionados com diferentes interesses e perspectivas.

Um gênio da negociação é alguém para quem o círculo desapareceu — o que importa são ideias e princípios, entranhados em sua abordagem ao lidar com todos os tipos de interação humana. Para um gênio da negociação, botar em prática as ideias neste livro durante uma transação comercial complexa não é diferente de botá-las em prática em uma conversa com o cônjuge, ou com um amigo ou funcionário. Os princípios da negociação investigativa são tão aplicáveis a uma disputa legal quanto a uma rixa com um colega de trabalho; táticas de influência podem ser aplicadas não apenas na comercialização de seus serviços, mas também nas negociações com seus filhos.

O GÊNIO DA NEGOCIAÇÃO É ALCANÇÁVEL

Terminamos com uma observação sobre genialidade. É um engano pensar que algumas pessoas nascem geniais (Einstein, Mozart, Michael Jordan etc.) e outras não. De fato, genialidade costuma ser uma combinação de habilidade natural e trabalho duro. Porém, você argumentará, nenhum trabalho duro o tornará Michael Jordan, Mozart ou Einstein. Você está correto — é improvável que tenha a "matéria-prima" necessária para alcançar conquistas como as deles. A boa notícia é que você tem a matéria-prima necessária para se tornar um gênio da negociação — muitas pessoas a têm. Ser um gênio da negociação é conhecer interações humanas, e a única matéria-prima necessária é a capacidade de mudar suas crenças, suposições e perspectivas. Você tem essa capacidade. Se agora você se esforçar para implementar o que aprendeu, então se tornará um gênio da negociação — alguém para quem é fácil alcançar resultados brilhantes em todos os tipos de negociação. Esperamos que se esforce para isso. E que este livro seja uma motivação e um guia ao longo do caminho.

GLOSSÁRIO

acordo pareto-eficiente: Um acordo no qual não há como melhorar a situação de uma parte sem prejudicar, ao menos, outra parte.

acordos pós-acordo: Acordos negociados após a assinatura do acordo inicial, realizados com o objetivo de criar valor adicional.

âncora: Um valor, como primeira oferta, que concentra as atenções e expectativas e ajuda a resolver incertezas.

assimetria de informação: O fato de que cada lado na negociação está inevitavelmente ciente de fatos e dados que a contraparte desconhece.

atribuições em proveito próprio: A tendência de fazer julgamentos causais, de forma a ajudar o negociador a se sentir bem consigo mesmo.

aversão à perda: A tendência de as pessoas serem mais motivadas a evitar perdas do que a acumular ganhos.

barganha: A troca iterativa que ocorre após a oferta inicial de cada parte.

BATNA (melhor alternativa a um acordo negociado): O curso de ação que um negociador buscará se e quando sua negociação atual não obtiver sucesso (isto é, terminar em um impasse).

cegueira por desatenção: Um fenômeno no qual as pessoas estão tão atentamente focadas em uma tarefa, que falham em ver as informações óbvias em seu ambiente.

compatíveis com incentivo: Cláusulas negociadas que oferecem incentivos à outra parte para se comportar de maneiras consistentes com o espírito do acordo.

compromisso da escalada irracional: O ato de prosseguir em um curso de ação falho, com base na forte necessidade psicológica de justificar (a si e aos outros) suas decisões e comportamentos anteriores.

300 ● Gênio da Negociação

concessões de contingência: Em negociação, concessões que são explicitamente ligadas a ações específicas da outra parte. São elaboradas de modo a deixar claro que as concessões serão feitas apenas se o outro lado fizer sua parte.

consciência limitada: A falha sistemática em ver rapidamente uma informação disponível que é relevante para uma decisão, mas que não é objeto de foco.

contrato de contingência: Uma disposição em um acordo que deixa elementos específicos do negócio em aberto, até que determinada fonte de incerteza seja resolvida no futuro. Tais disposições permitem, a ambos os lados da negociação, "apostar" em suas diferentes suposições quanto à probabilidade de um evento futuro.

coopetição: Situações em que uma parte tem incentivo para cooperar com outra parte em algumas frentes, enquanto competem em frentes diferentes.

criação de valor: O ato de aumentar a quantidade total de valor em disputa na negociação. Isso é feito, por exemplo, quando os negociadores identificam as prioridades um do outro e se envolvem em um toma-lá-dá-cá.

criação de valor parasita: Criação de valor que ocorre os quando negociadores ficam em melhor posição extraindo valor de partes que não estão na mesa de negociação.

desvalorização reativa: A tendência que negociadores têm de denegrir o valor de uma concessão ou ideia, simplesmente porque feita por alguém visto como adversário.

dilema do prisioneiro: Uma situação competitiva, na qual ambas as partes ficam em melhor posição individual usando uma estratégia não cooperativa, mas em melhor posição coletiva usando uma estratégia cooperativa.

efeito contraste: A tendência de julgar a magnitude de algo, não com base em seu tamanho absoluto ou objetivo, mas em sua aparência relativa a um (talvez arbitrário) ponto de referência.

efeitos de enquadramento: A tendência comum de negociadores tratarem riscos envolvendo ganhos percebidos de maneira diferente de riscos envolvendo perdas percebidas.

egocentrismo: A tendência de que nossas percepções e expectativas estejam enviesadas de maneira egoísta.

estereotipar: Identificar uma característica-chave percebida em alguns membros de um grupo, aplicando essa descrição a todos do grupo, falhando em notar a singularidade de cada membro individualmente.

estratégia pé na porta (FITD): Uma estratégia de influência baseada na premissa de que a disposição alheia de concordar com um pedido leva a um maior comprometimento em concordar com pedidos adicionais que, naturalmente, se seguem ao pedido inicial.

estratégia porta na cara (DITF): A técnica de aumentar a disposição alheia em atender seu pedido, pedindo inicialmente para concordar com um pedido ainda mais extremo, que provavelmente será rejeitado.

estratégias desenviesantes: Os passos que um negociador toma para reduzir seus vieses decisórios naturais.

excesso de confiança: Um viés que descreve a tendência de negociadores serem mais confiantes em suas avaliações do que a realidade sugere.

excitação competitiva: Um estado emocional que resulta de percepções elevadas de rivalidade, e que pode criar nos negociadores o desejo de "ganhar a qualquer custo".

ilusão de superioridade: Um viés que faz com que as pessoas se vejam como melhores do que as outras em uma variedade de atributos desejáveis.

ilusões positivas: Crenças positivas irrealistas sobre nossas habilidades ou futuro. Pode-se dizer que tais crenças contribuem para nosso bem-estar psicológico e material ao proteger nossa autoestima e motivação para perseverar diante de tarefas difíceis.

imposto do estereótipo: O custo que arcamos quando baseamos nossas decisões sobre os outros em estereótipos, e não em informações mais úteis sobre eles como indivíduos.

maldição do vencedor: Situações em que alguém ganha o negócio pagando mais do que o produto vale, devido à falha em considerar a vantagem informacional da outra parte.

melhoria de pareto: Mudanças em um acordo que deixam ao menos uma pessoa em melhor posição, sem deixar ninguém pior.

negligência do grupo de referência: A falha comum — e prejudicial — dos negociadores em considerar adequadamente a força da oposição.

negociação de soma diferente de zero: Uma negociação na qual o ganho de uma das partes não é associado com uma perda equivalente da outra parte. Em tais negociações, o valor total do acordo depende de quão bem as partes empregam estratégias de criação de valor.

negociação de soma zero: Uma negociação em que uma determinada parte ganha resultados equivalentes à perda da outra parte. Também referida como "negociação de soma fixa" e "negociação distributiva".

negociação investigativa: Uma mentalidade e metodologia de negociação que se concentra em descobrir interesses, prioridades, necessidades e restrições comumente ocultos ou velados da outra parte.

negotiauction (negociação-leilão): Um processo de duas etapas de negociação/leilão em que uma oferta inicial delimita o campo dos candidatos mais promissores, que são então convidados a negociações individuais.

norma de reciprocidade: A expectativa e compreensão amplamente aceitas de que as partes devem retribuir ou recompensar as outras por seus comportamentos benevolentes ou prestativos. Em negociação, a norma da reciprocidade cria uma expectativa de que ambos os lados se revezarão nas concessões.

otimismo aprendido: A perspectiva de que a tendência de uma pessoa superestimar suas chances de sucesso é um atributo aprendido e funcional; teoricamente, altos níveis de otimismo irrealista motivarão a persistência diante da rejeição.

otimismo irracional: Uma ilusão positiva que leva a maioria de nós a acreditar que nossos futuros serão melhores e mais brilhantes do que os das outras pessoas.

pacote de valor de reserva: O valor de "ir embora", calculado com base em todas as questões da negociação. É o mínimo valor total necessário para se obter na negociação, se quiser abrir mão de sua

BATNA. Costuma ser preciso usar um sistema de pontos para ajudar a calcular seu pacote de valor de reserva.

pesquisas de decisão comportamental: Uma área de pesquisas que se concentra nas formas sistemáticas com as quais a mente humana se desvia da racionalidade; leva a revoluções científicas em campos como economia, psicologia, finanças, direito, medicina, marketing e negociações.

ponto de referência: Qualquer ponto de comparação evidente. Pontos de referência podem afetar o julgamento dos negociadores sobre o valor de uma questão ou oferta específica.

preço-alvo: O resultado que um negociador espera alcançar em uma negociação. Também chamado de nível de aspiração do negociador.

proposta de valor distinto: A série de ativos que sua contraparte na negociação valoriza e que você pode fornecer de modo mais efetivo ou mais barato que seus concorrentes.

prova social: Um princípio psicológico que afirma que, quando há incerteza ou ambiguidade em relação ao curso de ação apropriado, as pessoas procuram orientação no comportamento de outras pessoas semelhantes.

querer *versus* dever: A negociação interna que as pessoas muitas vezes enfrentam entre fazer o que querem e fazer o que acham que devem fazer.

raciocínio analógico: O processo de aprender, comparando e contrastando lições similares de dois episódios ou eventos diferentes.

toma-lá-dá-cá: O ato de fazer concessões entre questões em uma negociação. Em particular, um toma-lá-dá-cá envolve dar ao outro lado algo que ele valorize mais, em troca de receber algo que você valoriza mais.

utilidade marginal: A felicidade associada a alterações graduais nas circunstâncias; por exemplo, quão feliz fica um negociador ao receber uma concessão adicional sobre algo já recebido ou esperado.

valor de reserva: O ponto para o negociador sair da negociação. Se o valor oferecido pelo outro lado é igual ao valor de reserva, é indiferente para o negociador aceitar ou rejeitar a oferta para buscar sua BATNA.

viés cognitivo: Os enganos sistemáticos que negociadores cometem devido ao modo como suas mentes operam.

viés da vivacidade: A tendência de negociadores darem muita atenção às características vívidas de ofertas e subestimar preocupações menos vívidas que podem, entretanto, ter um forte impacto em sua satisfação.

viés do bolo fixo: Negociadores costumam falhar na criação de valor porque presumem que "o que quer que seja bom para eles, é ruim para nós"; isto é, acreditam que existe um "bolo fixo" de valores ou recursos, mesmo quando é possível aumentar o tamanho do bolo.

vieses motivacionais: Uma série de percepções errôneas resultantes da frequente tendência humana de ver o mundo como gostaria que fosse, em vez de como realmente é. Particularmente, o desejo de nos vermos como mais justos, bondosos, gentis, competentes, generosos, merecedores e com maior probabilidade de sucesso do que outros.

vieses psicológicos: Desvios sistemáticos da racionalidade que podem inviabilizar uma estratégia de negociação sólida.

visão externa: A perspectiva que negociadores geralmente adotam quando não estão pessoalmente envolvidos em uma decisão ou negociação. A visão externa é menos suscetível a vieses, e menos provável de ser baseada em intuição, do que a visão interna. A visão externa ajuda negociadores a generalizar as situações e a identificar padrões e lições relevantes.

visão interna: A perspectiva que negociadores tipicamente adotam quando estão pessoalmente envolvidos em uma decisão ou negociação. A visão interna é mais suscetível a vieses, e tem maior probabilidade de se basear em intuição, do que a visão externa.

ZOPA (zona de possível acordo): O conjunto de todos os resultados possíveis em uma negociação, que seriam aceitáveis por todas as partes. Em uma negociação de preço apenas, é o espaço entre o valor de reserva do vendedor e o valor de reserva do comprador.

NOTAS

CAPÍTULO 1: REIVINDICANDO VALOR NA NEGOCIAÇÃO

1. Essa história foi recontada por David Lax e James Sebenius em seu livro de 1986 *The Manager as Negotiator: Bargaining for Cooperation and Competitive Gain* (publicado pela Free Press).

2. Adaptado de D. Malhotra (2005). Hamilton Real Estate: Confidential Role Information for the Executive VP of Pearl Investments (SELLER). Harvard Business School Exercise 905-053. Disponível, com Informações do Papel de "Comprador" e Nota do Professor, pela Harvard Business School Publishing.

3. Fisher, R., e Ury, W. (2018). *Como chegar ao Sim.* Rio de Janeiro: Sextante.

4. Northcraft, G. B., e Neale, M. A. (1987). Experts, Amateurs, and Real Estate: An Anchoring-and-Adjustment Perspective on Property Pricing Decisions. *Organizational Behavior & Human Decision Processes,* 39(1), 84–97.

5. *Ibid.*

6. Malhotra, D. (2004). Trust and Reciprocity Decision: The Differing Perspectives of Trustors and Trusted Parties. *Organizational Behavior and Human Decision Processes,* 94: 61–73.

7. Shell, R. G. (2000). *Negociar é Preciso: Estratégias de Negociação para Pessoas de Bom Senso.* Rio de Janeiro: Elsevier.

8. Galinsky, A. D., Mussweiler, T., e Medvec, V. H. (2002). Disconnecting Outcomes and Evaluations: The Role of Negotiator Focus. *Journal of Personality and Social Psychology,* 83(5), 1131–1140.

CAPÍTULO 2: CRIANDO VALOR NA NEGOCIAÇÃO

1. Essa afirmação foi feita por Richard Holbrooke durante um painel de discussão na Universidade de Harvard, em outubro de 2004.

306 • Gênio da Negociação

2. Adaptado de A. Tenbrunsel & M. Bazerman (2006). Moms.com Simulation and Teaching Note. (Dispute Resolution and Research Center, Northwestern University.)

3. Valley, K. L., Neale, M, A., e Mannix, E. A. (1995). Friends, Lovers, Colleagues, Strangers: The Effects of Relationships on the Process and Outcome of Dyadic Negotiations. *Research on Negotiation in Organizations*, 65–93, eds. R. J. Bies, R. J. Lewicki, B. H. Sheppard. Greenwich, CT: *JAI*.

4. Raiffa, H. (1985). Post-Settlement Settlements. *Negotiation Journal*, 1, 9–12.

CAPÍTULO 3: NEGOCIAÇÃO INVESTIGATIVA

1. *ABC News* (13 de julho de 2004). Nader Campaign Accepts Republican Donations. From http://abclocal.go.com/kgo/story?section=News&id=1873814.

2. Brandenburger, A. M., e Nalebuff, B. J. (1996). *Co-opetição*. Rio de Janeiro: Rocco.

CAPÍTULO 4: QUANDO A RACIONALIDADE FALHA: VIESES DA MENTE

1. Malhotra, D., e Hout, M. (2006). Negotiating on Thin Ice: The 2004–2005 NHL Dispute. Harvard Business School Cases: 906-038 e 906-039.

2. LaPointe, J. (27 de dezembro de 2004). Bettman's Vision for the NHL Did Not Include Labor Strife. *New York Times*, D1; (10 de janeiro de 2005); Worst Managers: Gary Bettman, National Hockey League, *Business Week*, 76.

3. LaPointe, Bettman's Vision for the NHL Did Not Include Labor Strife, *op. cit.*

4. Cannella, S. (17 de fevereiro de 2005). Shameless and Pointless: Bettman, Goodenow Disgrace the NHL More than Ever, *Sports Illustrated* online.

5. Hahn, A. (26 de julho de 2005). NHL: Players OK Pact. *Newsday*, A86.

6. Farber, M. (17 de fevereiro de 2005). Down with the Ship: With Season Sunk, Bettman, Goodenow Should Resign. *Sports Illustrated* online.

7. Originalmente citado por Ross, L., e Stillinger, C. (1991). Barriers to Conflict Resolution. *Negotiation Journal*, 7(4), 389–404.

8. Bazerman, M., Baron, J., e Shonk, K. (2001). *"You Can't Enlarge the Pie": Six Barriers to Effective Government*. New York: Basic Books.

9. Thompson, L. (2009). *O Negociador*. São Paulo: Pearson Prentice Hall.

10. Stillinger, C., Epelbaum, M., Keltner, D., e Ross, L. (1990). The Reactive Devaluation Barrier to Conflict Resolution. Manuscrito não publicado, Stanford University.

11. Babcock, L., e Laschever, S. (2003). *Women Don't Ask: Negotiation and the Gender Divide*. Princeton, NJ: Princeton University Press.

12. Ku, G., Malhotra, D., e Murnighan, J. K. (2005) Towards a Competitive Arousal Model of Decision Making: A Study of Auction Fever in Live and Internet Auctions. *Organizational Behavior and Human Decision Processes*, 96(2), 89–103.

13. Sebenius, J. K., e Wheeler, M. A. (30 de outubro de 1994). Sports Strikes: Let the Games Continue. *New York Times*, 3, 9.

14. Tversky, A., & Kahneman, D. (1981). The Framing of Decisions and the Psychology of Choice. *Science*, 211(4481), 453–458.

CAPÍTULO 5: QUANDO A RACIONALIDADE FALHA: VIESES DO CORAÇÃO

1. Homer (R. Lattimore, trad.) (1999). *The Odyssey*. New York: HarperCollins.

2. Schelling, T. C. (1984). *Choice and Consequence: Perspectives of an Errant Economist*. Cambridge, MA: Harvard University Press, 58.

3. Bazerman, M. H., Gibbons, R., Thompson, L. L., e Valley, K. L. (1998). Can Negotiators Outperform Game Theory? *Debating Rationally: Nonrational Aspects in Organizational Decision Making*. Halpern, J. J., e Stern, R. N., eds. Ithaca, NY: ILR; O'Connor, K. M., De Dreu, C. K. W., Schroth, H., Barry, B., Lituchy, T. R., e Bazerman, M. H. (2002). What We Want to Do Versus What We Think We Should Do: An Empirical Investigation of Intrapersonal Conflict. *Journal of Behavioral Decision Making*, 15(5), 403–418.

4. Loewenstein, G. (1996). Out of Control: Visceral Influences on Behavior. *Organizational Behavior and Human Decision Processes*, 65(3), 272–292.

5. O'Connor, K. M., De Dreu, C. K. W., Schroth, H., Barry, B., Lituchy, T. R., e Bazerman, M. H. (2002). What We Want to Do Versus What We Think We Should Do: An Empirical Investigation of Intrapersonal Conflict. *Journal of Behavioral Decision Making*, 15(5), 403–418.

6. *U.S. News & World Report* (30 de janeiro de 2005), 52. Também é interessante notar que o perdedor pagar as despesas legais do vencedor é lei em algumas partes do mundo, como na Inglaterra.

308 ● Gênio da Negociação

7. Bazerman, M. H., e Neale, M. A. (1982). Improving Negotiation Effectiveness Under Final Offer Arbitration: The Role of Selection and Training. *Journal of Applied Psychology*, 67(5), 543–548; Babcock, L., e Loewenstein, G. (1997). Explaining Bargaining Impasse: The Role of Self-Serving Biases. *Journal of Economic Perspectives*, 11(1), 109–126.

8. Diekmann, K. A., Samuels, S. M., Ross, L., & Bazerman, M. H. (1997). Self-Interest and Fairness in Problems of Resource Allocation: Allocators Versus Recipients. *Journal of Personality and Social Psychology*, 72(5), 1061–1074.

9. Harris, S. (1946). *Banting's Miracle: The Story of the Discovery of Insulin*. Toronto: J. M. Dent and Sons.

10. Ross, M., e Sicoly, F. (1979). Egocentric Biases in Availability and Attribution. *Journal of Personality and Social Psychology*, 37(3), 322–336.

11. Rawls, J. (1971). *Uma Teoria da Justiça*. São Paulo: Martins Fontes.

12. Taylor, S. E. (1989). *Positive Illusions: Creative Self-Deception and the Healthy Mind*. New York: Basic Books.

13. Kramer, R. M., Newton, E., e Pommerenke, P. L. (1993). SelfEnhancement Biases and Negotiator Judgment: Effects of Self-Esteem and Mood. *Organizational Behavior and Human Decision Processes*, 56(1), 110–133. Kramer, R. M. (1994). *Self-Enhancing Cognitions and Organized Conflict*. Manuscrito não publicado.

14. Taylor, S. E., e Brown, J. D. (1988). Illusion and Well-Being: A Social Psychological Perspective on Mental Health. *Psychological Bulletin*, 103(2), 193–210; Bazerman, M. H. (2005). *Judgment in Managerial Decision Making* (6th ed.). New York: John Wiley & Sons.

15. Seligman, M. E. P. (2019). *Aprenda a ser otimista*. São Paulo: Objetiva.

16. Babcock, L., e Loewenstein, G. F. (1997). Explaining Bargaining Impasse: The Role of Self-Serving Biases. *Journal of Economic Perspectives*, 11(1), 109–126; Kramer, *Self-Enhancing Cognitions and Organized Conflict*.

17. Brewer, M. B. (1986). Ethnocentrism and Its Role in Intergroup Conflict. In S. Worchel & W. G. Austin (eds.), *Psychology of Intergroup Relations*. Chicago: Nelson Hall; Kramer, *Self-Enhancing Cognitions and Organized Conflict*.

18. Diekmann, K. A., Samuels, S. M., Ross, L., e Bazerman, M. H. (1997). Self-Interest and Fairness in Problems of Resource Allocation: Allocators Versus Recipients. *Journal of Personality & Social Psychology*, 72(5), 1061–1074; Tenbrunsel, A. E. (1998). Misrepresentation and Expectations

of Misrepresentation in an Ethical Dilemma: The Role of Incentives and Temptation. *Academy of Management Journal*, 41(3), 330–339.

19. Sorenson, T. C. (1965). *Kennedy*, New York: Harper and Row, 322.

20. Kramer, R. M. (1994). *Self-Enhancing Cognitions and Organized Conflict*. Manuscrito nao publicado.

21. Salovey, P., e Rodin, J. (1984). Some Antecedents and Consequences of Social-Comparison Jealousy. *Journal of Personality and Social Psychology*, 47(4), 780–792.

22. Kramer, R. M. (1994). *Self-Enhancing Cognitions and Organized Conflict*. Manuscrito não publicado.

23. Malhotra, D., e Murnighan, J. K. (2002). The Effects of Contracts on Interpersonal Trust. *Administrative Science Quarterly*, 47(3), 534–559.

24. Medvec, V. H., Madey, S. F., e Gilovich, T. (1995). When Less Is More: Counterfactual Thinking and Satisfaction Among Olympic Medalists. *Journal of Personality & Social Psychology*, 69(4), 603–610.

25. Larrick, R., e Boles, T. L. (1995). Avoiding Regret in Decisions with Feedback: A Negotiation Example. *Organizational Behavior and Human Decision Processes*, 63, 87-97; Kahneman, D., e Miller, D. T. (1986). Norm Theory: Comparing Reality to Its Alternatives. *Psychological Review*, 93(2), 136–153.

26. Spranca, M., Minsk, E., e Baron, J. (1991). Omission and Commission in Judgment and Choice. *Journal of Experimental Social Psychology*, 27(1), 76–105.

CAPÍTULO 6: NEGOCIANDO RACIONALMENTE EM UM MUNDO IRRACIONAL

1. Dawes, R. M. (1988). *Rational Choice in an Uncertain World*. New York: Harcourt, Brace, and Jovanovich.

2. Neale, M. A., e Northcraft, G. B. (1990). Experience, Expertise, and Decision Bias in Negotiation: The Role of Strategic Conceptualization. In B. H. Sheppard, M. H. Bazerman, and R. J. Lewicki (eds.), *Research in Negotiation in Organizations* (vol. 2). Greenwich, CT: JAI Press.

3. Stanovich, K. E., e West, R. F. (2000). Individual Differences in Reasoning: Implications for the Rationality Debate. *Behavioral and Brain Sciences*, 23, 645–665.

4. Kahneman, D., e Frederick, S. (2002). Representativeness Revisited: Attribute Substitution in Intuitive Judgment. In T. Gilovich, D. Griffin, and

310 ● Gênio da Negociação

D. Kahneman (eds.), *Heuristics and Biases: The Psychology of Intuitive Judgment*. New York: Cambridge University Press, 49–81.

5. Chugh, D. (2004). Why Milliseconds Matter: Societal and Managerial Implications of Implicit Social Cognition. *Social Justice Research*, 17(2), 203–222.

6. Ball, S. B., Bazerman, M. H., e Carroll, J. S. (1991). An Evaluation of Learning in the Bilateral Winner's Curse. *Organizational Behavior and Human Decision Processes*, 48(1), 1–22.

7. Loewenstein, J., Thompson, L., e Gentner, D. (2003). Analogical Learning in Negotiation Teams: Comparing Cases Promotes Learning and Transfer. *Academy of Management Learning and Education*, 2(2), 119–127.

8. Kahneman, D., e Lovallo, D. (1993). Timid Choices and Bold Forecasts: A Cognitive Perspective on Risk Taking. *Management Science*, 39, 17–31.

9. *Ibid.*

10. Cooper, A., Woo, C., e Dunkelberg, W. (1988). Entrepreneurs' Perceived Chances for Success. *Journal of Business Venturing*, 3, 97–108.

11. Kahneman, D., e Lovallo, D. (1993). Timid Choices and Bold Forecasts: A Cognitive Perspective on Risk Taking. *Management Science*, 39, 17–31.

12. Lewin, K. (1947). Group Decision and Social Change. In T. M. Newcomb and E. L. Hartley (eds.), *Readings in Social Psychology*. New York: Holt, Rinehart, & Winston.

13. Lewis, M. (2015). *Moneyball: o homem que mudou o jogo*. Rio de Janeiro: Intrínseca.

14. Thaler, R., e Sunstein, C. (1º de setembro). Who's on First? *The New Republic*, 229, 27.

15. Bazerman, M. H. (2014). *Processo Decisório* (8ª ed.). Rio de Janeiro: Elsevier.

CAPÍTULO 7: ESTRATÉGIAS DE INFLUÊNCIA

1. Cialdini, R. (1993). *Influence: Science and Practice*. New York: HarperCollins.

2. Cialdini, R. (verão de 2003). The Power of Persuasion: Putting the Science of Influence to Work in Fundraising. *Stanford Social Innovation Review*, 18–27.

3. O falecido Amos Tversky e o Prêmio Nobel Daniel Kahneman notaram pela primeira vez que "perdas parecem maior que ganhos" em seu trabalho sobre "teoria das perspectivas", publicado em 1979. Kahneman, D. e

Tversky, A. (março de 1979). Prospect Theory: An Analysis of Decision Under Risk. *Econometrica* 47, 263–292.

4. Kalichman, S. C., e Coley, B. (1995). Context Framing to Enhance HIV-Antibody-Testing Messages Targeted to African American Women. *Health Psychology*, 14, 247–254.

5. Rothman, A. J., Salovey, P., Pronin, E., Zullo, J., e Lefell, D. (1996). Prior Health Beliefs Moderate the Persuasiveness of Gain and Loss Framed Messages. Dados brutos não publicados.

6. Meyerowitz, B. E., e Chaiken, S. (1987). The Effect of Message Framing on Breast Self-Examination: Attitudes, Intentions, and Behavior. *Journal of Personality and Social Psychology*, 52, 500–510.

7. Em sua obra seminal sobre teoria das perspectivas, Amos Tversky e Daniel Kahneman explicaram que tais preferências resultam da maneira com a qual avaliamos as perspectivas de vitória ou derrota em relação a pontos de referência evidentes (como o status quo). Especificamente, argumentam que as pessoas têm *utilidade marginal* decrescente associada a ganhos e desutilidade marginal decrescente associada a perdas. Kahneman, D., e Tversky, A. (março de 1979). Prospect Theory: An Analysis of Decision Under Risk. *Econometrica,* 47, 263– 292.

8. Cialdini, R., Vincent, J., Lewis, S., Catalan, J., Wheeler, D., e Darby, B. (1975). Reciprocal Concessions Procedure for Inducing Compliance: The Door-in-the-Face Technique. *Journal of Personality and Social Psychology,* 31, 206–215.

9. Taylor, T., e Booth-Butterfield, S. (1993). Getting a Foot in the Door with Drinking and Driving: A Field Study of Healthy Influence. *Communication Research Reports,* 10, 95–101.

10. Burger, J. M., e Guadagno, R. E. (2003). Self Concept Clarity and the Foot-in-the-Door Procedure. *Basic and Applied Social Psychology,* 25, 79–86.

11. Langer, E. J., Blank, A., e Chanowitz, B. (1978). The Mindlessness of Ostensibly Thoughtful Action: The Role of "Placebic" Information in Interpersonal Interaction. *Journal of Personality and Social Psychology,* 36, 635–642.

12. Cialdini, R. B. (janeiro de 2004). Everybody's Doing It. *Negotiation,* 7.

13. Festinger, L. (1954). A Theory of Social Comparison Processes. *Human Relations,* 7, 117–140.

14. James, J. M., e Bolstein, R. (inverno de 1992). Large Monetary Incentives and Their Effect on Mail Survey Response Rates. *Public Opinion Quarterly,* 56, 442–453.

312 ● Gênio da Negociação

15. Malhotra, D. (2004). Trust and Reciprocity Decisions: The Differing Perspectives of Trustors and Trusted Parties. *Organizational Behavior and Human Decision Processes*, 94, 61–73.

16. Tversky, A., e Kahneman, D. (1981) The Framing of Decisions and the Rationality of Choice. *Science*, 211, 453–458.

17. Thaler, R. (1985). Mental Accounting and Consumer Choice. *Marketing Science*, 4, 199–214.

18. Bazerman, M. H. (2014). *Processo Decisório*, 8ª ed. Rio de Janeiro: Elsevier.

CAPÍTULO 8: PONTOS CEGOS NA NEGOCIAÇÃO

1. Feder, B. (26 de janeiro de 2006). Quiet End to Battle of the Bids. *New York Times*, C1.

2. Feder, B., e Sorkin, A. R. (3 de novembro de 2005). Troubled Maker of Heart Devices May Lose Suitor. *New York Times*, A1.

3. Feder, B. (26 de janeiro de 2006). Quiet End to Battle of the Bids. *New York Times*, C1.

4. Meier, B. (10 de novembro de 2005). Guidant Issues Data on Faulty Heart Devices. *New York Times*, C5.

5. Bajaj, V. (28 de dezembro de 2005). F.D.A. Puts Restrictions on Guidant. *New York Times*, C1.

6. Feder, B., e Sorkin, A. R. (18 de janeiro de 2006). Boston Scientific, with Abbott's Help, Raises Bid for Guidant. *New York Times*, C1.

7. Saul, S. (25 de janeiro de 2006). J&J Passes on Raising Guidant Bid. *New York Times*, C1; Feder, B. (26 de janeiro de 2006). Quiet End to Battle of the Bids. *New York Times*, C1.

8. Harris, G., e Feder, B. (27 de janeiro de 2006). F.D.A. Warns Device Maker over Safety. *New York Times*, C1.

9. Tully, S. (16 de outubro de 2006). The (Second) Worst Deal Ever. *Fortune*, 154 (8).

10. Bazerman, M. H., e Chugh, D. (2006). Decisions Without Blinders. *Harvard Business Review*, 84(1).

11. (10 de novembro de 1995). American Won't Make First Bid on USAir. *Charleston Daily Mail*, C4.

12. Akerlof, G. (1970). The Market for Lemons: Qualitative Uncertainty and the Market Mechanism. *Quarterly Journal of Economics*, 89, 488–500.

Notes • 313

13. Ball, S. B., Bazerman, M. H., e Carroll, J. S. (1991). An Evaluation of Learning in the Bilateral Winner's Curse. *Organizational Behavior and Human Decision Processes*, 48(1), 1–22.

14. Bereby-Meyer, Y., e Grosskopf, B. (2002). *Overcoming the Winner's Curse: An Adaptive Learning Perspective*. AOM Conflict Management Division 2002 meetings, No. 13496. http://ssrn.com/ abstract=324201.

15. Moore, D. A., e Kim, T. G. (2003). Myopic Social Prediction and the Solo Comparison Effect. *Journal of Personality and Social Psychology*, 85(6), 1121–1135.

16. Camerer, C., e Lovallo, D. (1999). Overconfidence and Excess Entry: An Experimental Approach. *American Economic Review*, 306–318.

17. Fox, C. R., e Tversky, A. (1998). A Belief-Based Account of Decision Under Uncertainty. *Management Science*, 44(7), 879-895.

18. Ênfase adicionada. Comentários de Brahimi realizados durante um painel de discussão na Escola de Negócios de Harvard, em outubro de 2002.

19. Simons, D. J. (2003). Surprising Studies of Visual Awareness. [DVD]. Champaign, IL: VisCog Productions, http://www.viscog.com.

20. Neisser, U. (1979). The Concept of Intelligence. *Intelligence*, 3(3), 217–227.

CAPÍTULO 9: ENFRENTANDO MENTIRAS E TRAPAÇAS

1. Gladwell, M. (2016). *Blink: a decisão num piscar de olhos*. Rio de Janeiro: Sextante.

2. Ekman, P. (2002). *Telling Lies: Clues to Deceit in the Marketplace, Marriage, and Politics*. New York: W.W. Norton.

3. Malhotra, D. (2004). Smart Alternatives to Lying in Negotiation. *Negotiation*, 7(5).

CAPÍTULO 10: RECONHECENDO E SOLUCIONANDO DILEMAS ÉTICOS

1. Banaji, M. R., Bazerman, M. H., e Chugh, D. (dezembro de 2003). How (Un)Ethical Are You? *Harvard Business Review*.

2. De fato, na maioria dos estados norte-americanos, o corretor imobiliário tem responsabilidade fiduciária formal para com o vendedor.

3. Cain, D., Loewenstein, G., e Moore, D. (2005). The Dirt on Coming Clean: Perverse Effects of Disclosing Conflicts of Interest. *Journal of Legal Studies*, 34, 1–25.

314 • Gênio da Negociação

4. Greenwald, A. G., McGhee, D. E., e Schwartz, J.L.K. (1998). Measuring Individual Differences in Implicit Cognition: The Implicit Association Test. *Journal of Personality and Social Psychology*, 74(6), 1464–1480.

5. Chugh, D. (2004). Why Milliseconds Matter: Societal and Managerial Implications of Implicit Social Cognition. *Social Justice Research*, 17(2), 203–222.

6. Gillespie, J. J., e Bazerman, M. H. (1997). Parasitic Integration: Win-Win Agreements Containing Losers. *Negotiation Journal*, 13(3), 271–282. Usamos o termo "criação de valor parasita" à semelhança do termo "integração parasita" de Gillespie e Bazerman.

7. O juiz de direito administrativo decidiu a favor das empresas farmacêuticas. Um painel bipartidário da Comissão Federal de Comércio anulou a decisão do juiz administrativo por 5 votos a 0. Que, por sua vez, foi rejeitado por um tribunal de apelações. A Suprema Corte dos EUA recusou-se a ouvir o recurso da Comissão Federal de Comércio sobre a decisão do tribunal de apelação, ajudando a criar o modelo para a criação de valor parasita que se tornou ainda mais comum na arena farmacêutica.

8. Murnighan, J. K. (1994). Game Theory and Organizational Behavior. In B. M. Staw and L. L. Cummings (eds.), *Research in Organizational Behavior*. Greenwich, CT: JAI Press.

9. Kim Wade-Benzoni, Ann Tenbrunsel, e Max Bazerman desenvolveram uma simulação baseada nesse tipo de problema em que participantes interpretavam papéis de representantes de diversos grupos e empresas de pesca recreativa, encontrando-se em uma conferência para discutir a crise. Eles descobriram que os participantes fizeram interpretações egoístas sobre o que era justo, e que essas interpretações enviesadas foram um excelente previsor da pesca excessiva.

10. Caruso, E., Epley, N., e Bazerman, M. H. (2006). The Good, the Bad and the Ugly of Perspective Taking in Groups. In E. A. Mannix, M. A. Neale, and A. E. Tenbrunsel (eds.), *Research on Managing Groups and Teams: Ethics and Groups* (vol. 8). London: Elsevier.

11. Chugh, D. (2004). Why Milliseconds Matter: Societal and Managerial Implications of Implicit Social Cognition. *Social Justice Research*, 17(2), 203–222.

CAPÍTULO 11: NEGOCIANDO DE UMA POSIÇÃO DE FRAQUEZA

1. Subramanian, G., e Zeckhauser, R. (fevereiro de 2005). "Negotiauctions": Taking a Hybrid Approach to the Sale of High-Value Assets. *Negotiation*.

2. Bazerman, M. H., e Neale, M. A. (1992). *Negotiating Rationally*. New York: Free Press.

CAPÍTULO 12: QUANDO O NEGÓCIO FICA FEIO: LIDANDO COM IRRACIONALIDADE, DESCONFIANÇA, RAIVA, AMEAÇAS E EGO

1. Kennedy, R. (1971). *Thirteen Days: A Memoir of the Cuban Missile Crisis*. New York: W. W. Norton.
2. Malhotra, D. (2006). Is Your Counterpart Irrational... *Really? Negotiation*, 9(3).
3. Mayer, R. C., Davis, J. H., e Schoorman, F. D. (1995). An Integrative Model of Organizational Trust. *Academy of Management Review*, 20, 709–734.
4. Dirks, K. T., e Ferrin, D. L. (2001). The Role of Interpersonal Trust in Organizational Settings. *Organization Science*, 12, 450–467.
5. *Thirteen Days*, 97.

CAPÍTULO 14: O CAMINHO DO GÊNIO

1. Neale, M. A., e Northcraft, G. B. (1990). Experience, Expertise, and Decision Bias in Negotiation: The Role of Strategic Conceptualization. In B. H. Sheppard, M. H. Bazerman, and R. J. Lewicki (eds.), *Research in Negotiation in Organizations* (vol. 2). Greenwich, CT: JAI Press.

ÍNDICE

A

ACELA 116
acordo pós-acordo 75–77, 239
a fonte do poder 247–249
agente de aquisições 238–239
Albert Einstein 286
alterando o equilíbrio de poder 243
ameaças e ultimatos 266–270
American Airlines 177–178
âncora 25–32
aspirações altas 33
atribuições
em proveito próprio 133–134
externas 292–293
aversão
ao lamento 134–135
à perda 156–159

B

barganha 39–42
BATNA 17–18, 232–235, 276–277

C

cegueira por desatenção 188–190
círculo de coisas negociáveis 297
como evitar a escalada 116–117
comportamento ético 228–229
compromisso da escalada irracional 113–117
concepção estratégica 138
concessões
contingentes 41
de última hora 88–89
simbólicas 166–168

confiança
excesso de 130–133
conflitos de interesse 215–218
conjuntos de ofertas 73–74
consciência limitada 175, 189–190
construa coalizões com outras partes fracas 243–244
construção de confiança 94–96
contexto da negociação 34–39
contrapartes raivosas 264–266
contrato de contingência 38–39, 73–77, 151, 202–203
compatíveis com incentivo 68
criando o ambiente certo para o gênio 295–296
Crise dos Mísseis 251–254

D

Daniel Kahneman 144
dê algumas informações 96–97
defendendo-se de estratégias de influência 169–171
desescalar 117
desvalorização reativa 108–109
detecção de mentiras 198–203, 203–206
Dia da Mentira 275–277
diferenças de todos os tipos para criar valor 75–76
diplomacia corporativa 186–188

E

efeito contraste 160–161
egocentrismo 127–130

eles não são irracionais
possuem interesses 257–259
possuem restrições 256–257
são desinformados 255–256

enquadramento
suscetibilidade ao 117–120

escalada de conflito 204–205, 251–254

especialização 138, 291–292

estereótipos e associações 218–221

estreitar o campo 237–238

expandir sua consciência 189–190

experiência 137–138, 291–292

F

faça múltiplas ofertas
simultaneamente 98–99

fontes de informação 35–38

Frederick Banting e John Macleod
128–129

G

George Akerlof 182–184

George W. Bush 84–86

gerenciar seus próprios vieses 138

I

ilusão de superioridade 132–133

imóvel em Hamilton 15–16

informações vívidas 111–112

interesses
comuns 86–88
subjacentes 84–86

interesses, necessidades, limites
e perspectivas do outro lado
253–254

interprete demandas como
oportunidade 88–89

J

Johnson & Johnson 173–175

L

lidar com mentiras e trapaças
191–194

Liga Nacional de Hóquei 103–105

limites da influência 172

M

Mães.com 50–52

maldição do vencedor 183–185

manter as aparências 271–273

Margaret Neale e Greg Northcraft
138

Max Bazerman e Margaret Neale
243–244

melhor feito que perfeito 293–295

mentalidade do Sistema 1 139–140,
147

mentalidade do Sistema 2 138–140,
147

motivações
conflitantes 124–127
para não mentir 194–198

múltiplas propostas 237

múltiplos interesses 69–70
da outra parte 71

N

negligência do grupo de referência
185–186

negociação

conceitos de 143
de soma zero 49
é um jogo de informação 100
fraqueza na 232–236
investigativa 82, 190
poder na 280–281
post mortem 22–23, 54–56
pouco poder na 240–241
negociação de múltiplas questões
50–53
negociação de múltiplas questões
simultaneamente 72–73
negociação-leilão 237–238
negociadores
enviesados 147–149
negociadores reticentes 94–100
negociando sem poder 233–240
negociar múltiplas questões
simultaneamente 98–99
norma de reciprocidade 40–42,
97–98

O

oferta rejeitada 91–92
O poder da Romênia 246–247
otimismo
aprendido 131–132
irracional 130–133

P

pacote do valor de reserva 70
Pareto
melhoria de 62
perspectiva de diplomata 187–188
pesquisas de decisão
comportamental 105–106

pitch 92–93
Planned Parenthood 247–248
poder
da ética limitada 214–215
da justificativa 163–165
da prova social 165–166
ponto cego 175–178
ponto de referência 120–121,
135–136
portfólio de negociações 241–243
posição de fraqueza 236–237
preços-alvo 33–34
preferências internas conflitantes
127
principais ideias e estratégias de
negociação 294–295
Problema da Doença Asiática
117–118
proposição de valor distinto
236–237
psicologia da influência e da
persuasão 155

Q

quando negociar envia o sinal
errado 281–283
quando sua BATNA é péssima
279–281
quando tempo é dinheiro 277–279
questões éticas 206–211
questões menos ameaçadoras
96–97

R

raciocínio analógico 141–142
reconstruir a confiança 261–262
regras decisórias 178–180

320 • Gênio da Negociação

reivindicação excessiva de crédito
226–227
relacionamento 42–44
restrições 89–91
revisar múltiplas negociações
142–143
Roger Fisher e William Ury
288–289

S

se eles realmente forem irracionais
258
sistema de pontuação 70–71,
112–113

T

Tailândia 277–279, 286–288
taxas de concessão 42
técnica
pé na porta 161–163
porta na cara 159–160
toma-lá-dá-cá 56–59

V

valor
adicional 59–62
criar 14–17
de reserva 18–20
do tempo 278–279
parasita 222–225
Vicki Medvec, Scott Madey e Tom
Gilovich 134–135
viés
da ignorância 130
da vivacidade 110–113
do bolo fixo 106–110
do egocentrismo 129–130
vieses
alheios 145–151
conflitos decorrentes de 151–152
decisórios 138
visão
externa 143–145
interna 143–145

Z

ZOPA 20, 31–33, 289